# Kontrastsprache Niederländisch

Reiner Arntz
Jos Wilmots

# Kontrastsprache Niederländisch

## Ein neuer Weg zum Niederländischen auf der Grundlage der germanischen Sprachverwandtschaft

gottfried egert verlag
2008

**Kontrastsprache Niederländisch.**
**Ein neuer Weg zum Niederländischen auf der Grundlage der germanischen Sprachverwandtschaft**

von

**Prof. Dr. Reiner Arntz**
Institut für Angewandte Sprachwissenschaft der Universität Hildesheim, Fremdsprachenzentrum der Hochschulen im Lande Bremen

**Prof. Dr. Dr. h.c. Jos Wilmots**
Universiteit Hasselt

**Bibliografische Information der Deutschen Nationalbibliothek**
Die Deutsche Nationalbibliothek verzeichnet diese Publikation in der Deutschen Nationalbibliografie; detaillierte bibliografische Daten sind im Internet über http://dnb.d-nb.de abrufbar.

ISBN 978-3-936496-26-0


www.egertverlag.de
Gedruckt auf Recyclingpapier aus 100% Altpapier

Herstellung: WM-Druck GmbH, Wiesloch
Printed in Germany

**Vorwort**

Die Vielsprachigkeit Europas und die damit verbundenen Chancen und Probleme treten immer stärker in den Blickpunkt des öffentlichen Interesses. Besonders für diejenigen, die sich professionell mit Sprachen beschäftigen, wird es immer wichtiger, nicht nur das unverzichtbare Englisch, sondern eine oder mehrere weitere Sprachen zumindest passiv zu beherrschen. Gerade wenn es um das Erlernen verwandter Sprachen geht, sind erwachsene Lerner sehr daran interessiert, ihre bereits vorhandenen Kenntnisse zu aktivieren und sie beim Erlernen der "neuen" Sprache zu nutzen.

Die Erfahrung zeigt, dass man bei geschicktem Vorgehen mit erträglichem Zeitaufwand eine akzeptable Sprach- und Übersetzungskompetenz erwerben kann. Dazu empfiehlt es sich, das Lernziel zunächst auf einzelne Fertigkeiten, z.B. das Lese- und / oder Hörverstehen, einzuengen und diese anschließend in modularer Form sukzessive zu erweitern. Auf der Grundlage dieser Überlegungen wurde am Institut für Angewandte Sprachwissenschaft der Universität Hildesheim ein dreisemestriges Fremdsprachenprogramm in mehreren germanischen und romanischen Sprachen entwickelt, bei dem der Erwerb einer fachbezogenen Lesekompetenz jeweils am Anfang steht.

Die Besonderheit des Kurses *Niederlandisch als Kontrastsprache* besteht darin, dass der deutsch-niederländische Sprachvergleich einen wichtigen Raum einnimmt. Daneben findet auch der englisch-deutsche Sprachvergleich Beachtung. Durch die systematische Berücksichtigung dieser beiden mit dem Niederländischen verwandten Sprachen soll vorhandenes Wissen genutzt und das Bewusstsein für Ähnlichkeiten und Unterschiede zwischen den drei Sprachen geschärft werden. Dabei spielt nicht nur die geschriebene, sondern auch die gesprochene Sprache eine wichtige Rolle. Um einen authentischen Eindruck von der Aussprache des Niederländischen zu vermitteln, wurden die Texte von Modul I aufgenommen; die Sprecher sind Muttersprachler. Die Aufnahmen stehen auf der Internetseite des Gottfried Egert Verlags (www.egertverlag.de) zur Verfügung.

Die Verfasser, die beide über langjährige Erfahrungen im Niederländischunterricht für Deutsche und im Deutschunterricht für Niederländer verfügen, haben das vorliegende Kursmaterial mit mehreren Gruppen von Studierenden am Institut für Angewandte Sprachwissenschaft der Universität Hildesheim erprobt.

Ihr herzlicher Dank gilt Herrn Andrés Ré und Frau Claudia Wiethaus für wertvolle Unterstützung bei der graphischen Gestaltung des Bandes sowie Herrn Prof. Dr. Otto Winkelmann und Herrn Gottfried Egert für wichtige Anregungen.

Die Verfasser hoffen, mit dem vorliegenden Buch zur weiteren Verbreitung des Niederländischen im deutschen Sprachraum beizutragen. Gleichzeitig möchten sie die Methodik, die diesem Buch zugrunde liegt, zur Diskussion stellen.

Reiner Arntz     Jos Wilmots

# Einleitung: Niederländisch als Kontrastsprache

## 1. „Interkomprehension“ – ein neuer Ansatz in der Fremdsprachendidaktik

In der internationalen Kommunikation lassen sich heute zwei gegenläufige Tendenzen feststellen: einerseits entwickelt sich das Englische immer mehr zu einer *lingua franca*, die eine mehr oder weniger gute Verständigung zwischen Sprechern unterschiedlicher Muttersprachen sicherstellt. Auf der anderen Seite sind immer mehr Sprachgemeinschaften intensiv bemüht, die Bedeutung und den Status ihrer Sprache zu festigen. Solche Bestrebungen werden auf europäischer Ebene insbesondere durch sprachpolitische Maßnahmen der Europäischen Union unterstützt. Dabei spielen die Fachsprachen und ihre systematische Weiterentwicklung eine wichtige Rolle, denn eine Sprache kann auf Dauer nur dann überleben, wenn sie auch in allen Bereichen der Fachkommunikation funktionsfähig ist. Das bedeutet, dass ungeachtet der gefestigten Position des Englischen die Nachfrage nach Übersetzungs- und Dolmetschleistungen in zahlreichen weiteren Sprachen eher noch zunehmen wird.

Wer sich professionell mit der Sprachmittlung beschäftigt, hat also auch in Zukunft weit bessere Chancen auf dem Arbeitsmarkt, wenn er über das unverzichtbare Englisch hinaus über eine oder mehrere weitere Arbeitssprachen verfügt. Da sich auch hier die Nachfrage im Laufe der Zeit ändern kann, sollte man sich auch nach Abschluss der Ausbildung die Fähigkeit und die Bereitschaft bewahren, eine oder mehrere weitere Fremdsprachen – zumindest passiv – zu erlernen. Dabei bietet es sich an, das methodische Wissen, das man bereits früher beim Erlernen von Sprachen erworben hat, gezielt einzusetzen. Dies liegt dann besonders nahe, wenn es um verwandte Sprachen geht.

Der Gedanke, Ähnlichkeitsbeziehungen zwischen verwandten Sprachen für die Sprach- und Übersetzungsdidaktik nutzbar zu machen, hat immer wieder Sprachwissenschaftler fasziniert und sie zu kreativen Lösungen inspiriert. So zeigt Frederick Bodmer (1943) in seinem bekannten Werk *The Loom of Language* am Beispiel der germanischen und der romanischen Sprachfamilie praktische Wege zum Erwerb einer Sprachkompetenz auf, die sich nicht auf eine bestimmte Sprache beschränkt, sondern mehrere miteinander verwandte Sprachen umfasst. Mario Wandruszka (1969) führt in *Sprachen, vergleichbar und unvergleichlich* auf der Grundlage eines umfangreichen Textcorpus in den Sprachen Deutsch, Englisch, Französisch, Spanisch, Italienisch und Portugiesisch einen umfassenden multilateralen Übersetzungsvergleich durch, der originelle Anregungen für den Übersetzungsunterricht bietet. Diesen Beispielen ließen sich leicht weitere hinzufügen.

Trotzdem ist eine breit angelegte, systematische Nutzung der didaktischen Möglichkeiten des Sprachvergleichs erst in jüngster Zeit festzustellen. Damit reagiert die moderne Fremdsprachendidaktik darauf, dass aufgrund der stark zunehmenden internationalen Kontakte die Zahl der Personen, die Fremdsprachenkenntnisse benötigen, ständig steigt. Da jedoch für den Erwerb solcher Kenntnisse nur ein begrenzter Zeitraum zur Verfügung steht, werden didaktische Konzepte benötigt, die auf die speziellen Bedürfnisse der jeweiligen Lernergruppe eingehen und insbesondere den thematischen Rahmen und die zu vermittelnden sprachlichen Fertigkeiten (Sprechen, Hörverstehen usw.) eingrenzen, um schneller zu Lernerfolgen zu gelangen.

Mit dem Ziel, eine rezeptive Kompetenz in Fremdsprachen und speziell in den weniger verbreiteten Sprachen Europas zu fördern, ist in den letzten Jahren eine ganze Reihe unterschiedlicher Initiativen entwickelt worden, die zu einem erheblichen Teil durch sprachpolitische Bemühungen der Europäischen Union inspiriert wurden. Wichtige Anregungen gingen von dem Expertenseminar zur *Compréhension multilingue en Europe* aus, das 1997 in Brüssel von der EU-Kommission durchgeführt wurde (Klein 1999:57). Hier wurden drei didaktische Aspekte herausgearbeitet, die für eine umfassende Förderung der Mehrsprachigkeit in Europa von grundlegender Bedeutung sind:

- eine deutliche Unterscheidung zwischen den einzelnen Kompetenzen, z.B. Sprechen und Hörverstehen,
- der Erwerb von Teilkompetenzen mit der Möglichkeit, diese modular zu erweitern,
- die Nutzung der Verwandtschaftsbeziehungen zwischen den Sprachen.

Diese drei Gesichtspunkte werden inzwischen in einer Vielzahl von Projekten in zahlreichen europäischen Ländern berücksichtigt, deren gemeinsames Ziel die Entwicklung der „Interkomprehension", d.h. eines gegenseitigen Verstehens innerhalb von Sprachfamilien, ist. Die Fernuniversität Hagen hat in zwei vielbeachteten Kongressen 1998 und 2001 (Kischel/Gothsch 1999; Kischel 2002) Vertreter dieser Projekte zusammengeführt und eine vorläufige Bilanz gezogen. Große Beachtung fand in diesem Zusammenhang das an der Universität Frankfurt betriebene Projekt EuroComRom (Klein/Stegmann 2000), bei dem es darum geht, in kurzer Zeit eine rezeptive Kompetenz in einer beliebigen romanischen Sprache zu entwickeln. Auf der Grundlage angemessener Französischkenntnisse erhalten die Lerner eine umfassende Einführung in das Spanische, Italienische, Portugiesische, Katalanische oder Rumänische, gegebenenfalls auch in eine seltenere romanische Sprache wie Rätoromanisch. Sie erfahren, dass sie bereits viel mehr von der neuen Sprache kennen als sie ahnen und gewinnen auf diese Weise Selbstvertrauen im

Umgang mit der Fremdsprache. Die erste Etappe ist dabei der Erwerb der Lesekompetenz; von dieser relativ leicht zu schaffenden Basis aus können anschließend Hör-, Sprech- und Schreibkompetenz entwickelt werden. Damit wird insbesondere der Zugang zum Erlernen solcher Sprachen, die bislang weniger häufig gelernt werden, erheblich erleichtert. Das dargestellte Konzept hat sich als ausgesprochen erfolgreich erwiesen, so dass es nun an andere Sprachfamilien angepasst wird; so gibt es inzwischen ein Projekt EuroComSlav mit der Ausgangssprache Russisch (Zybatow 2002) und ein Projekt EuroComGerm (Hufeisen 2002).

## 2. Neue Wege zum Niederländischen

Das Niederländische ist für diesen Ansatz geradezu prädestiniert: mit seinen etwa 22 Millionen Sprechern ist Niederländisch unter den Sprachen Europas keine „kleine" Sprache – die meisten EU-Sprachen haben weit weniger Sprecher. Niederländisch ist Amtssprache in den Niederlanden und (neben Französisch) in Belgien, zwei Nachbarn und wichtigen Handelspartnern Deutschlands. Trotzdem wird Niederländisch in Deutschland und Europa eher selten gelernt; es ist auch nicht allgemein bekannt, dass die Standardsprache in den Niederlanden und im nördlichen Teil Belgiens, in Flandern, völlig identisch ist. Es liegt also nahe, mit Hilfe eines modularen bzw. kontrastiven Ansatzes Hemmschwellen bei potentiellen Lernern abzubauen und ihnen den Weg zu dieser wichtigen Kultursprache zu ebnen.

Einen Ansatz hierzu bietet die bereits erwähnte Methode EuroComRom, denn sie nutzt in systematischer Weise die Verständnishilfen, die sich aus der Sprachverwandtschaft ergeben. Dies gilt nicht nur für den Wortschatz, sondern für alle sprachlichen Ebenen, auch für die Syntax. Ähnlich ist die Vorgehensweise bei EuRom4 (Blanche-Benveniste 1997), einer Methode, die an den Universitäten Lissabon, Salamanca, Rom und Aix-en-Provence im Rahmen des LINGUA-Programms entwickelt wurde. Allerdings hat man sich hier von vornherein für einen multilateralen Ansatz entschieden. Dieser Kurs bietet Personen, die Portugiesisch, Spanisch, Italienisch oder Französisch beherrschen, die Möglichkeit, die jeweiligen drei anderen romanischen Sprachen zu erlernen; daher ist das Kursmaterial viersprachig angelegt. Didaktische Überlegungen dieser Art lassen sich leicht auf die Vermittlung des Niederländischen, das eine Zwischenposition zwischen Deutsch und Englisch einnimmt, übertragen.

Aufgrund der Nähe des Niederländischen zum Deutschen benötigt ein Deutscher zum Erlernen des Grundwortschatzes weniger Zeit als bei den meisten anderen Sprachen. Problematisch sind die so genannten „falschen Freunde", d.h. Wörter, die in beiden Sprachen ähnlich sind, sich in der Bedeutung jedoch erheblich unterscheiden, z.B. *kapsel* (Haarschnitt), *deftig* (vornehm), *huren* (mieten), *bekwaam* (fähig), *knap* (hübsch).

Eine große Hilfe beim Verstehen und Erlernen des niederländischen Wortschatzes ist die Kenntnis der sprachgeschichtlichen Gesetzmäßigkeiten, durch die *p, t, k* im Niederländischen erhalten geblieben, im Deutschen jedoch zu *pf/f, z, s, ch* geworden sind, z.B. in *peper* (Pfeffer), *twee* (zwei), *ook* (auch). Hier finden sich auch Parallelen zum Englischen: *schl* im Anlaut, z.B. *schlafen,* ist im Niederländischen *slapen* und im Englischen *sleep.*

Die Beispiele zeigen bereits, dass auch eine enge Verwandtschaft zum Englischen besteht. Dies zeigt sich deutlich im Wortschatz, z.B. in *wiel* (wheel), *spelling* (spelling), *sinds* (since), *Kerstmis* (Christmas) und vielen anderen Wörtern. Noch größer sind die Gemeinsamkeiten zwischen Niederländisch und Englisch in der Grammatik.

## 3. Niederländisch als Kontrastsprache - ein modularer Ansatz

Die Vermittlung fachbezogener Lesekenntnisse tritt immer mehr in den Blickpunkt des Interesses. Damit wächst auch die Einsicht, dass es hier weit mehr als im traditionellen Fremdsprachenunterricht darauf ankommt, dass das Lehrmaterial auf die spezifischen Voraussetzungen des Lerners, insbesondere auf seine Vorkenntnisse und sein Lernziel, abgestimmt ist.

Auf der Grundlage dieser Überlegungen werden am Institut für Angewandte Sprachwissenschaft der Universität Hildesheim speziell konzipierte jeweils dreisemestrige Lehrveranstaltungen zu so genannten Kontrastsprachen angeboten, die sich an Sprachstudierende höherer Semester wenden (Arntz 1999: 107). Den Ausgangspunkt für die Entwicklung dieses Lehrangebots bildete der Wunsch von Studierenden, neben den beiden regulär studierten Sprachen innerhalb eines überschaubaren Zeitraums solide Grundkenntnisse in einer weiteren Sprache zu erwerben, um ihre Chancen auf dem Arbeitsmarkt zu verbessern. Bei den behandelten Sprachen geht es um weniger häufig gelernte germanische und romanische Sprachen, zunächst um Niederländisch, Italienisch und Portugiesisch. Diese Sprachen bieten besonders gute Voraussetzungen für die Anwendung der kontrastiven Methode, da alle Lerner bereits mindestens eine germanische bzw.

romanische Sprache – als Muttersprache oder als Fremdsprache – beherrschen; diese schon vorhandenen Sprachkenntnisse werden nun systematisch für das Erlernen der neuen Sprache nutzbar gemacht.

Ebenso wichtig ist der modulare Aufbau des Kursprogramms: jedes Modul ist eine in sich geschlossene Einheit, so dass die Teilnehmer sich auf Modul I, das eine rezeptive Kenntnis der betreffenden Sprache vermittelt, beschränken können. Im Normalfall gehen sie jedoch anschließend zu Modul II über, das auf eine aktive Sprachbeherrschung abzielt. Seine Abrundung findet das Programm in Modul III – Übersetzen von Sach- und Fachtexten aus der Fremdsprache in die Muttersprache – das ebenfalls eine in sich geschlossene Einheit darstellt.

Dieses Konzept wurde Mitte der 90er Jahre in einem groß angelegten Projekt im Rahmen des EU-Programms LINGUA erprobt. Ziel des Projekts war die Entwicklung von Lehrmaterial zur Vermittlung fachsprachlicher Lesekenntnisse im Italienischen. Das hier erarbeitete Material, mit dem bis heute in Hildesheim gearbeitet wird, wendet sich ebenfalls an deutsche Muttersprachler, wobei die bereits vorhandenen Kenntnisse in weiteren romanischen Sprachen genutzt werden (Cavagnoli/Veronesi 1997). Im Anschluss daran wurde in den letzten Jahren ein Kurs „Kontrastsprache Portugiesisch“ entwickelt, der nur eine romanische Bezugssprache hat, die allerdings in der Kursstruktur eine zentrale Rolle spielt: das Spanische (Arntz/Ré 2007). Zeitlich parallel und in engem inhaltlichem Zusammenhang mit dem genannten LINGUA-Projekt wurde in Hildesheim zunächst im Rahmen eines Pilotprojekts der Kurs „Rezeptive Kompetenz Niederländisch“ (Arntz/Wilmots 2002) erprobt. In diesem Kurs werden die muttersprachlichen Deutschkenntnisse sowie die Englischkenntnisse der Kursteilnehmer systematisch genutzt. Dieser Ansatz wurde anschließend zu einer dreisemestrigen modularen Struktur erweitert, die im folgenden näher erläutert werden soll:

### – Modul I

Modul I (Rezeptive Kompetenz) soll den Lernern den Einblick in die niederländische Sprache vermitteln, den sie benötigen, um niederländische Sach- und Fachtexte mit Hilfe eines Wörterbuchs lesen zu können.

Das Lehrmaterial ist in 10 Lektionen unterteilt. Im Mittelpunkt jeder Lektion steht ein niederländischer Originaltext; dabei handelt es sich um Sachtexte mit landeskundlichem Schwerpunkt. Am Anfang stehen Texte, die die Besonderheiten der niederländischen Sprache und ihr Verhältnis zu den übrigen germanischen

Sprachen, insbesondere zum Deutschen und Englischen, behandeln. Eine Reihe weiterer Texte setzt sich mit der gesellschaftlichen und wirtschaftlichen Situation der Niederlande und Belgiens auseinander. Den Schwerpunkt des Schlussteils bilden Texte, in denen es um die jüngere Geschichte beider Länder und ihre Rolle in Europa geht.

Grundsätzlich wird im Laufe der 10 Lektionen die gesamte relevante Grammatik des Niederländischen behandelt. Der Schwerpunkt liegt jedoch auf den sprachlichen Phänomenen, die in der geschriebenen Sprache, vor allem in Sachtexten, besonders häufig auftreten. Daher werden diese Phänomene auch in anderer Reihenfolge und mit anderer Gewichtung dargestellt als in den gängigen Lehrwerken. Der kontrastive Ansatz kommt darin zum Ausdruck, dass insbesondere bei der Arbeit mit den Texten vielfältige implizite und explizite Vergleiche zum Deutschen und zum Englischen gezogen und in Übungen vertieft werden. Eine innovative Komponente liegt in den vielfältigen Übungsformen, die speziell für diesen Kurs entwickelt wurden.

**– Modul II**

Beim Einstieg in Modul II (Aktive Kompetenz) sind die Studierenden mit den Strukturen des Niederländischen weitgehend vertraut und setzen dieses Wissen nun zum Erwerb der Sprechfähigkeit und zum Ausbau ihrer lexikalischen und phraseologischen Kenntnisse ein. Während die Texte in Modul I eher darstellenden Charakter haben, werden viele der Texte in Modul II in Dialogform präsentiert. Es geht nun darum, die Lernenden auch mit der niederländischen Alltagssprache vertraut zu machen und sie gleichzeitig tiefer in die Realität der Niederlande und Belgiens bzw. Flanderns einzuführen. Diesem Ziel dient auch – wie bereits in Modul I – vielfältiges Übungsmaterial.

**– Modul III**

In dem abschließenden Modul III (Übersetzerische Kompetenz) werden Sachtexte unterschiedlicher Schwierigkeitsgrade zu verschiedenen Themenbereichen gelesen, analysiert und übersetzt. Das Spektrum reicht von der Politik über Medizin und Psychologie bis hin zur Technik. In diesem Modul spielt das Textverständnis, das durch geeignetes Übungsmaterial vertieft wird, eine wichtige Rolle. Gleichzeitig wird der kontrastive Ansatz, d.h. der systematische Vergleich von Sprachstrukturen, weitergeführt.

Mit seinen drei Modulen bietet der Kurs eine solide Grundlage im Niederländischen, auf der die Studierenden problemlos entsprechend ihren speziellen Wünschen und Schwerpunkten aufbauen können. Die systematische Einbeziehung des Deutschen und Englischen beschleunigt den Lernprozess und mindert das Risiko, dass die Lernenden Elemente der drei Sprachen miteinander vermischen, erheblich. Solche störenden Interferenzen lassen sich nämlich am ehesten vermeiden, wenn sich der Lernende bewusst mit Ähnlichkeiten und Unterschieden zwischen den Sprachen auseinandersetzt. Gleichzeitig erfährt er eine Menge über die Funktionsweise von Sprachen.

# Modul 1 - Rezeptive Kompetenz

Twe-ſpraack
vande
Nederduitſche
Letterkunſt/
ofte
Vant ſpellen ende eyghenſcap
des Nederduitſchen taals
uytghegheven by de Kamer
IN LIEFD BLOEYENDE,
t'Amſtelredam.

TOT LEYDEN,
By Chriſtoffel Plantyn.
M. D. LXXXIV.

# Les 1

# DE NEDERLANDSE TAAL

| GRAMMATIK |
| --- |
| ▪ Phonetik & Orthographie |

## DE NEDERLANDSE TAAL

De Nederlandse taal wordt gesproken door meer dan twintig miljoen mensen, in Nederland (bijna zestien miljoen) en het noorden van België (zes miljoen).

De taalgrens in België loopt ten zuiden van Brussel (het Grootstedelijk Gewest Brussel heeft een tweetalig statuut), ongeveer in een rechte lijn van oost naar west. In een klein gedeelte van Noord-Frankrijk, Frans-Vlaanderen, spreken oudere mensen nog in beperkte mate een Vlaams dialect.

De naam van de taal is Nederlands, hoewel men in de dagelijkse omgang zowel binnen als buiten het Nederlandse taalgebied vaak Hollands en Vlaams (of overeenkomstige benamingen in andere talen) gebruikt. In officieel en wetenschappelijk taalgebruik en meer en meer ook in de omgangstaal, komt in Nederland en België uitsluitend de naam Nederlands voor. In het zuiden van België, in Wallonië, is de officiële taal het Frans; in een klein gebied in het oosten van het land is Duits de

## DIE NIEDERLÄNDISCHE SPRACHE

Die niederländische Sprache wird von mehr als zwanzig Millionen Menschen in den Niederlanden (beinahe sechzehn Millionen) und im nördlichen Belgien (sechs Millionen) gesprochen.

Die Sprachgrenze in Belgien verläuft südlich von Brüssel (die „Großstädtische Region Brüssel“ hat ein zweisprachiges Statut) ungefähr geradlinig von Ost nach West. In einem kleinen Teil von Nordfrankreich, Französisch-Flandern, spre-chen ältere Leute noch in begrenztem Umfang einen flämischen Dialekt.

Der Name der Sprache ist Niederländisch, obwohl man im Alltag sowohl innerhalb als auch außerhalb des niederländischen Sprachgebiets oft Holländisch oder Flämisch (oder entsprechende Bezeichnungen in anderen Sprachen) verwendet. Im offiziellen oder wissenschaftlichen Sprachgebrauch und zunehmend auch in der Umgangssprache kommt in den Niederlanden und in Belgien ausschließlich der Name Niederländisch vor. Im Süden Belgiens, in Wallonien, ist die offizielle Sprache

eerste taal. In het noorden van Nederland wordt ook Fries gesproken.

De Nederlandse cultuurtaal werd vroeger meestal aangeduid met de afkorting ABN (= Algemeen Beschaafd Nederlands). Tegenwoordig geeft men de voorkeur aan de term 'standaardtaal'.

Französisch; in einem kleinen Gebiet im Osten des Landes ist Deutsch die erste Sprache. Im Norden der Niederlande wird auch Friesisch gesprochen.

Die niederländische Kultursprache wurde früher zumeist mit der niederländischen Abkürzung ABN (= Allgemeines Gebildetes Niederländisch) bezeichnet. Heute zieht man den Terminus „Standardsprache" vor.

In einigen Wörtern – overeenkomstige, uitsluitend – sind einzelne Vokale/Diphthonge unterstrichen. Hier ist die Betonung anders, als es das vergleichbare deutsche Wort erwarten lässt.

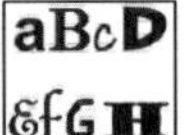

## Zur Grammatik

### Das Wichtigste zu Phonetik und Orthographie

#### 1. Die niederländischen Vokale

Kurze Vokale:

a Nederl*a*nds, Fr*a*ns, *a*fkorting, v*a*n, wetensch*a*ppelijk
e z*e*s, m*e*nsen, *e*n, r*e*cht, gr*e*ns, w*e*st
i tw*i*ntig, *i*n, b*i*nnen
o *o*ngeveer, k*o*rt, k*o*mt, w*o*rdt, *o*mgang, n*o*g
u c*u*ltuur, Br*u*ssel

(Halb)lange Vokale:

aa/a t*aa*l / tweet*a*lig, Vl*aa*nderen / in beperkte m*a*te
ee/e m*ee*r / N*e*derland, offici*ee*l / w*e*tenschappelijk
oo/o *oo*st / gespr*o*ken, n*oo*rden, l*o*pen
uu/u stat*uu*t / stat*u*ten, *uu*r / *u*ren, cult*uu*r / cult*u*ren, br*u*taal

Vokale, die immer mit zwei Buchstaben geschrieben werden:

oe vr*oe*ger, h*oe*(wel), milj*oe*n
ie t*ie*n, Fr*ie*s
eu k*eu*ken (*Küche*), voork*eu*r *(Vorzug)*

## 2. Die niederländischen Diphthonge

ei/ij* kl*ei*n / Frankr*ij*k, v*ij*f
ui D*ui*ts, z*ui*den, *ui*tsl*ui*tend, b*ui*ten
ou/au g*ou*d, *vrouw* / g*auw* (*bald, schnell*), *blauw*
uw *uw* (*Ihr*), d*uw*en (*stoßen, drücken*)
ieuw n*ieuw* (*neu*)
eeuw *eeuw* (*Jahrhundert*), sn*eeuw*
aai s*aai* (*langweilig*), w*aai*en (*wehen*), n*aai*en (*nähen*)
ooi m*ooi* (*hübsch*), k*ooi* (*Käfig*), d*ooi*en (*tauen*)
oei m*oei*te (*Mühe*), m*oei*lijk (*schwierig*)

* Am Satzanfang und in Wörtern mit großen Anfangsbuchstaben schreibt man IJ (z.B. IJsland)

## 3. Zur Schreibung der Vokale

Für die Schreibung von *a - aa, e - ee, o - oo, u - uu* gilt folgende Regel:
Kurzes *a, e, o, u* schreibt man immer mit nur einem Buchstaben: v*a*n, z*e*s, k*o*rt, c*u*ltuur

(Halb)langes *a/aa, e/ee, o/oo, u/uu*:

| vor einem oder mehr Konsonanten | am Ende des Wortes | vor nur einem Konsonanten + Vokal |
|---|---|---|
| t*aa*l | j*a* | tweet*a*lig |
| m*ee*r | **n*ee* (!)** | N*e*derland |
| *oo*st | z*o* | gespr*o*ken |
| cult*uu*r | n*u* | cult*u*ren |
| geschlossene Silbe | | offene Silbe |

Sehr kurz gesprochenes '*e*'

e Ned*e*rland, d*e*, vroeg*e*r
ee *ee*n (als unbestimmter Artikel)
i tweetal*i*g, twint*i*g (im Suffix -ig)
ij wetenschappel*ij*k (im Suffix -lijk)

*Trema* als Zeichen der Silbentrennung in

Belg*ië*, offic*ië*le (aber: officieel)
auch z.B. in: A*ä*ron, re*ë*el, po*ë*zie, ge*ï*ntroduceerd, ego*ï*stisch, ru*ï*ne, re*ü*nie, co*ö*peratie, vacu*ü*m

## 4. Die niederländischen Konsonanten

Bei der Aussprache der folgenden Konsonanten ergeben sich gegenüber dem Deutschen mehr oder weniger große Unterschiede:

*v* *v*an, *v*oor, *v*ijf, *V*laams, onge*v*eer, o*v*ereenkomstig
*w* *w*etenschappelijk, *w*orden, zo*w*el, tegen*w*oordig
*f* o*ff*icieel, *F*rans
*g* *g*edeelte, *g*rens, Bel*g*ië, da*g*elijks, on*g*eveer, no*g* (Auslaut)
*ch* re*ch*t, sle*ch*t, pe*ch* (Auslaut)
*z* *z*es, *z*uiden
*s* men*s*en, i*s*, gren*s*, Nederland*s*, Duit*s*, *s*igaret
*sp* ge*sp*roken
*st* *st*andaardtaal
*sch* weten*sch*ap, be*sch*aafd
*sl* uit*sl*uitend
*sn* *sn*eeuw
*isch* Belg*isch*

## Übungen

**Übung 1 - Richtig oder falsch?**

- De wetenschappelijke benamingen voor de varianten van het Nederlands in Nederland en België zijn *Hollands* en *Vlaams.*
- België heeft drie officiële talen.
- De Belgische hoofdstad Brussel ligt in een officieel tweetalig gebied.
- Tegenwoordig zegt men liever standaardtaal dan Algemeen Beschaafd Nederlands.
- De (half)lang gesproken *a* wordt altijd dubbel *-aa-* geschreven.
- De diftongen *ei* en *ui* zijn typisch voor het Nederlands.
- De korte klinkers (vocalen) *i / e / a / u / o* komen niet aan het eind van een woord voor.
- De als *ie* en *oe* geschreven klinkers (vocalen) zijn altijd lang.
- De *s* in *mensen* wordt als stemloze *s* gesproken.
- In de suffixen *-ig* en *-lijk* worden *i* en *ij* als toonloze *e (sjwa)* gesproken.

**Übung 2 - Wie lautet die deutsche Entsprechung?**

zes / zeven / zuiden
vijf / vier / ongeveer / Vlaams
uitsluitend / mens

**Übung 3 - Ergänzen Sie das Wortbild:**

t__l - tweet_lig

gespr_ken - _st

tw_talig - tw_ntig

ged_lte - N_derland

wetensch_pp_l_k - Belgi_

w_rden - tegenw_rdig

# Les 2

# NEDERLANDS TUSSEN DUITS EN ENGELS

| GRAMMATIK |
|---|
| ▪ Ähnlichkeiten zwischen Deutsch und Niederländisch |

| English | Nederlands | Deutsch |
|---|---|---|
| cook | koken | kochen |
| hear | horen | hören |
| pepper | peper | Pfeffer |
| sleep | slapen | schlafen |

Versuchen Sie zunächst, sich den folgenden Text allein unter Nutzung der angegebenen lexikalischen Hilfen zu erschließen. Klären Sie anschließend noch bestehende Verständnisfragen mit Hilfe eines niederländisch-deutschen Wörterbuchs. Ein kleines Taschenwörterbuch reicht dazu völlig aus.

## NEDERLANDS TUSSEN DUITS EN ENGELS

Het Nederlands neemt niet alleen geografisch een *middenpositie* in tussen het Engels (in het westen) en het Duits (in het oosten). Dat is ook zo op het gebied van de morfologie. *Misschien* mag men *zelfs stellen* dat de Germaanse stammen die bij de *volksverhuizing* naar het westen trokken, steeds meer vormen achter zich gelaten hebben: het Duits heeft nog de meeste vormen, het Nederlands heeft er *al* minder en het Engels het minste van de drie West-Germaanse talen:

- In de *onvoltooid* tegenwoordige tijd, het presens, heeft het Duits nog vier vormen, het Nederlands drie en het Engels nog maar twee:

Duits: **ich höre, du hörst, er / ihr hört, wir / sie hören.**
Nederlands: **ik hoor, je / hij hoort, we / jullie, ze horen.**
Engels: **I / you / we/ they hear, he hears.**

- Het Duits heeft drie *bepaalde lidwoorden*: **der, die, das;** het Nederlands twee: **de, het**; het Engels maar één: **the**.

- Het *meervoud* van het zelfstandig naamwoord, het substantief, is in het Duits vrij complex; het Nederlands heeft in hoofdzaak de *uitgangen* **-en / -s** (**student-en / studente-s**); het Engels *vrijwel* alleen **-s.**

Bovendien heeft het Nederlands *sommige kenmerken* gemeenschappelijk met het Duits, andere weer met het Engels:

- De uitgang van de infinitief is in het Nederlands en in het Duits **-en**; het Engels heeft zo'n uitgang niet: **to hear / horen / hören**.
Het Engels heeft ook niet het prefix **ge-**, dat het voltooide deelwoord (participium perfectum) van het Nederlands en het Duits kenmerkt: **heard / gehoord / gehört.**

- Het Nederlands en het Duits hebben aan het eind van het woord (auslaut) geen stemhebbende medeklinker (consonant) zoals dat in het Engels mogelijk is: **het bed**, **das Bett** (gesproken **t**)**, the bed** (als **d** gesproken).

- Het Engels en het Nederlands zijn dan weer met *elkaar* verwant doordat geen van beide talen deelgenomen heeft aan de Hoogduitse *klank*verschuiving: en* **pepper** / nl **peper** / de **Pfeffer**; en **two /** nl **twee** / de **zwei;** en **cook** / nl **koken** / de **kochen**.

Dit geldt ook voor de woordenschat:

**meat >< vlees = Fleisch**
**wheel = wiel >< Rad**

*Soms* gaat het Nederlands ook eigen wegen:

**Easter >< Pasen >< Ostern**

Dit zagen we overigens al bij de klanken.

* In dieser und allen folgenden Lektionen werden zur Bezeichnung von Sprachen die international üblichen Abkürzungen verwendet: *de* = deutsch, *en* = englisch, *fr* = französisch, *nl* = niederländisch.

| | | | |
|---|---|---|---|
| ***de middenpositie*** | Zwischenstellung | ***het meervoud*** | Mehrzahl |
| ***misschien*** | vielleicht | ***de uitgang*** | Endung |
| ***zelfs*** | sogar | ***vrijwel*** | fast |
| ***stellen*** | sagen, behaupten | ***sommige*** | einige, manche |
| ***verhuizen*** | umziehen | ***het kenmerk*** | Merkmal |
| ***al*** | schon | ***elkaar*** | einander |
| ***voltooien*** | vollenden | ***klank*** | Laut |
| ***bepalen*** | bestimmen | ***soms*** | manchmal |
| ***het lidwoord*** | Artikel | | |

## Zur Grammatik

### ➪ Sprachvergleich Niederländisch-Deutsch: Gute Freunde, entfernte Bekannte

Besonders deutlich lassen sich Ähnlichkeiten und Unterschiede zwischen dem Niederländischen und dem Deutschen auf der lexikalischen Ebene feststellen. Eine wichtige Rolle spielen hier die so genannten *falschen Freunde*, die durch die Ähnlichkeit der Form eine inhaltliche Ähnlichkeit vortäuschen; hier liegt eine unerschöpfliche Fehlerquelle für den Niederländer, der Deutsch und den Deutschen, der Niederländisch lernt. Dass die *falschen Freunde* sich gerade im Verhältnis zwischen nah miteinander verwandten Sprachen als so tückisch erweisen, liegt paradoxerweise daran, dass es hier so viele *gute Freunde*, d.h. tatsächliche Übereinstimmungen in Form und Inhalt, gibt; daher rechnet der Lerner vielfach gar nicht mit den (ebenfalls sehr zahlreichen) versteckten Unterschieden.

In diesem Kapitel sollen zunächst einige *gute Freunde* vorgestellt werden. Da es um einen Lesekurs geht, d.h. um einen Kurs, der das Verstehen von Texten, nicht die aktive Sprachbeherrschung, zum Ziel hat, kann der Begriff der *guten Freunde* hier sehr weit gefasst werden: als *gute Freunde* gelten alle *lexikalischen Einheiten*, deren (lexikalische) Bedeutung in beiden Sprachen *identisch* oder zumindest *weitgehend identisch* ist und die einander in der Form so sehr ähneln, dass sie *ohne große Mühe als einander entsprechend erkannt* werden. Als *entfernte Bekannte* kann man dann solche lexikalischen Einheiten bezeichnen, deren (lexikalische) Bedeutung ebenfalls in beiden Sprachen *identisch* oder zumindest *sehr ähnlich* ist und die auch eine gewisse *formale Ähnlichkeit* aufweisen, aus der sich die *inhaltlichen Zusammenhänge* jedoch *nur mit einiger Mühe erschließen* lassen.

Auf dieser Grundlage kann man nun folgende Einteilung vornehmen:

**„Gute Freunde“**

1. Der Wortstamm ist identisch, es gibt nur geringfügige Unterschiede in der Form und/oder der Aussprache und/oder der grammatischen Markierung

1.1 Form völlig identisch / Aussprache (weitgehend) identisch / Genus identisch:
*de markt, het kind, het land*

1.2 Form divergierend (Orthographie) / Aussprache (weitgehend) identisch / Genus identisch:
*de stad, de bloem, de zaal, het meel*

1.3 Form identisch / Aussprache divergierend / Genus identisch:
*de regen, beginnen*

1.4 Form identisch / Aussprache (weitgehend) identisch / Genus divergierend:
*de knie, het idee*

1.5 Kombinationen von 1.2-1.4; häufig handelt es sich hier um Lehnwörter, teilweise in angepasster Form:
*de olifant, het paviljoen*

2. Der Wortstamm ist identisch, aber es gibt Unterschiede in der Form aufgrund (der regelmäßigen Anwendung) von Lautgesetzen (hochdeutsche Lautverschiebung), insbesondere:

| | | | |
|---|---|---|---|
| ei | = | e/ee | *been, steen* |
| au | = | o/oo | *lopen, oog* |
| au | = | ui | *huis, bruin* |
| ei | = | ij | *wijn, rijp* |
| al | = | ou | *oud, zout* |
| s | = | t | *laten, dat* |
| f | = | p | *slapen, schip* |
| pf | = | p | *plegen, stomp* |
| ch | = | k | *koken, ik* |
| z | = | t | *tand, hart* |

3. Internationalismen: Hier sind vor allem die Suffixe zu beachten, die vielfach von den entsprechenden Suffixen im Deutschen abweichen:

*het socialisme, de coöperatie, de identiteit.*

4. Der Wortstamm ist identisch, aber es gibt Divergenzen im morphologischen Bereich:

*zich uitstrekken* (= sich erstrecken): *Het land strekt zich uit ...*
*zich afvragen* (= sich fragen): *Ik vraag me af, of ...*

5. Die Wörter unterscheiden sich in beiden Sprachen, aber es besteht Übereinstimmung oder Ähnlichkeit bezüglich der „inneren Wortform“:

5.1 Übereinstimmung „Element für Element“

*het ziekenfonds* = die Krankenkasse
*de wielrijder* = der Radfahrer

5.2 „Gesamtstruktur“ übereinstimmend

*eerzuchtig* = ehrgeizig
*indrukwekkend* = beeindruckend, eindrucksvoll

5.3 Ähnlich strukturierte Redewendungen

*iemand voor de gek houden* = jemanden zum Narren halten
*zo arm als een kerkrat* = arm wie eine Kirchenmaus

Setzt man sich nicht zunächst eine passive Sprachbeherrschung zum Ziel, sondern strebt sofort eine aktive Sprachbeherrschung an, so können einige der hier aufgeführten Beispielfälle schnell von „guten" zu „falschen" Freunden werden; dies gilt besonders für die Gruppe 5, aber auch, von Fall zu Fall in unterschiedlichem Maße, für weitere Kategorien, etwa die Substantive mit unterschiedlichem Genus (1.4).

**„Entfernte Bekannte"**

1. Die Bedeutung eines Wortes lässt sich mit Hilfe von Elementen erschließen, die beiden Sprachen gemeinsam sind:

   *opvoeden (voeden* = füttern*)* → erziehen
   *vertrekken - (trekken* = ziehen → abziehen*)* → aufbrechen*,* abreisen
   *uitputten - (putten* = schöpfen → ausschöpfen) → erschöpfen

2. Die Bedeutung von Redewendungen lässt sich aus dem Zusammenhang erschließen:

   *Hij praat als een kip zonder kop.* (Er redet wie ein Huhn ohne Kopf.) → Er redet dummes Zeug.
   *Hij neemt te veel hooi op zijn vork.* (Er nimmt zuviel Heu auf seine Gabel.) → Er nimmt sich zuviel vor / er übernimmt sich.

3. Die Bedeutung lässt sich aufgrund etymologischer Zusammenhänge oder durch einen Vergleich mit weiteren germanischen Sprachen erschließen:

   *taal* → en *to tell / tale /* de erzählen → Sprache;
   *vertalen* → *taal* → de übersetzen
   *spelling* → en *spelling* → de Rechtschreibung; *trein* → en *train* → de Zug

4. Es besteht ein Zusammenhang mit niederdeutschen Dialekten und Sondersprachen oder mit früheren Sprachstufen des Hochdeutschen:

   *arend (*niederdt. *Arend)* = Adler
   *etmaal (*niederdt. *Etmal)* = (Zeitraum von) 24 Stunden, Zeit von Mittag bis Mittag (zugleich: Seefahrtssprache)
   *oorlog (*früher auch de *Orlog)* = Krieg

Wie weit man den Kreis der „entfernten Bekannten" zieht, hängt letztlich davon ab, wieviel Zusatzwissen man beim Vergleichen zugrundelegen will: begnügt man sich mit schlichtem Kombinieren oder greift man auch auf etymologische Zusammenhänge zurück, und wenn ja, in welchem Umfang?

Die letzten Beispiele zeigen, dass es eine allgemein gültige Abgrenzung zwischen *guten Freunden* und *entfernten Bekannten* einerseits und zwischen *entfernten Bekannten* und *gänzlich Unbekannten* nicht geben kann. Aber selbst wenn man den Begriff des *entfernten Bekannten* sehr weit fasst, bleibt eine stattliche Anzahl von *Unbekannten* des folgenden Typs übrig:

| | | |
|---|---|---|
| *de wet* | = | das Gesetz |
| *de eeuw* | = | das Jahrhundert |
| *de reden* | = | der Grund |

## Übungen

### Übung 1 - Richtig oder falsch?

- Veel woorden op *-e* krijgen in het meervoud *-s*.
- Aan het eind van de infinitief wordt de *-n* niet altijd en overal uitgesproken.
- De *d* van *bed* wordt ook als *d* gesproken.
- De woorden *knie* en *idee* hebben hetzelfde genus als hun Duitse equivalenten.

### Übung 2 - Wie lautet die deutsche Entsprechung?

een / wenen
muis / buik / gebruiken
op / toveren
zijn / blijven
koud / goud

land / toekomst / tussen / kittelen / hitte / zout
paal / pan / kopen / kop
keuken / zoeken / breken / boek / dak
uitspraak

slurpen / sleutel

### Übung 3 - Denken Sie an den Begriff *entfernte Bekannte* und übersetzen Sie folgende Begriffe:

- verre kennissen
- zonder grote moeite
- taalbeheersing
- onuitputtelijk
- verhouding

**Übung 4 - Niederländisch und Deutsch sind eng verwandt, aber manchmal helfen auch Englischkenntnisse, vor allem, wenn man Texte der folgenden Art liest:**

*De kolonel was sinds enkele maanden gepensioneerd, huurde een flat aan de rivier, en zeilde elke dag. Met Kerstmis had hij een nachtmerrie. Hij was ziek en gehandicapt en mocht niet langer hazelnoten en ham eten.*

**Und zum Schluss noch:**

Het Papiamentu heeft zeer veel woorden aan het Nederlands ontleend, zo bijvoorbeeld *skrufdrai* voor 'schroevendraaier'. Het Frans bevat een flink aantal woorden met Nederlandse wortels: *bière, pompe, paquet* ('pak'), *boulevard* (bolwerk), *plaque* ('nummerbord' van het werkwoord 'plakken'), *mannequin* (van het verkleinwoord 'manneken'), *potasse* ('kalium', van 'pot-as'), *bourse* ('beurs'), *étape* (van 'stap'), bloc ('blok'), *bord* ('boord van een schip'), *hisser* ('hijsen') en nog vele andere. Alle genoemde voorbeelden zijn doorgedrongen tot een of meer talen van Turkije, Marokko en Kongo.

Aus: Scheurkalender Onze Taal 2000

# Les 3

# HET NEDERLANDS TUSSEN DE ANDERE GERMAANSE TALEN

| GRAMMATIK |
|---|
| ▪ „Falsche Freunde“ im Sprachenpaar Niederländisch- Deutsch |

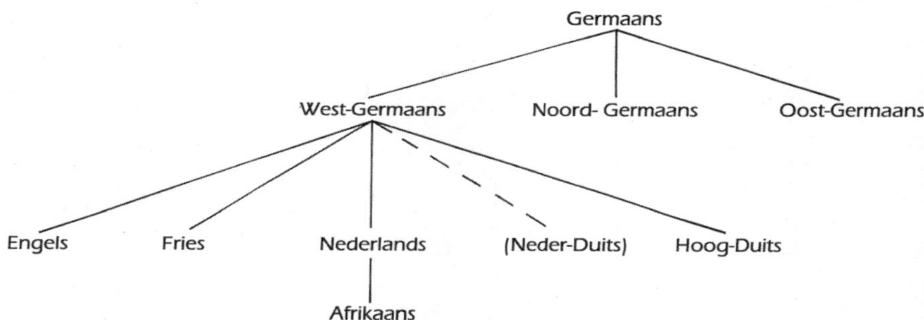


Gehen Sie auch jetzt – und in den folgenden Lektionen – wieder so vor wie beim vorigen Mal: Versuchen Sie zunächst den Text nur mit Hilfe der lexikalischen Angaben zu verstehen, und greifen Sie dann zum Wörterbuch.

## HET NEDERLANDS TUSSEN DE ANDERE GERMAANSE TALEN

Uit dit schema *blijkt* de plaats van het Nederlands binnen het Germaans.

Het Oostgermaans is uitgestorven. De belangrijkste taal van die groep was het Gotisch, waarin de oudste bekende Germaanstalige geschriften bewaard gebleven zijn.

De groep van de Noord-Germaanse talen bestaat uit het Zweeds, het Deens, het Noors en het IJslands.

Binnen de Westgermaanse talen zijn enerzijds Engels en Fries *nauwer* met *elkaar* verwant, anderzijds het Nederlands en het Duits.

Hoewel het Fries (voor een deel) in Nederland gesproken wordt, is het geen dialect van het Nederlands, maar – *zoals* uit het schema blijkt – een zelfstandige cultuurtaal, die zelf dialecten heeft. Er bestaat heel wat oude en nieuwe Friese literatuur. Fries is in het desbetreffende gebied een schoolvak en je kunt het aan *sommige* universiteiten studeren. Ongeveer 400.000* (vierhonderdduizend) Nederlanders spreken Fries als moedertaal en gebruiken het ook in het *openbare* leven.

Het Neder-Duits is eigenlijk geen echte cultuurtaal, maar een groep van dialecten. Daarom is het in het schema met een *stippellijn* uit het West-Germaans afgeleid en staat het *tussen haakjes* vermeld.

Het Afrikaans wordt *veelal* beschouwd als een dochtertaal van het Nederlands, *omdat* het zich uit het zeventiende eeuwse Hollands ontwikkeld heeft. Het heeft een nog *eenvoudiger* flexie en conjugatie dan het Nederlands. Het Afrikaans is de taal van de *kleurlingen* en de Afrikaners (de „boeren“). *Sinds* 1994 (negentienhonderdvierennegentig) staat het onder druk omdat het zijn officiële status grotendeels verloren heeft. *Hoewel* het Afrikaans ongetwijfeld een zelfstandige taal is, kunnen Nederlands- en Afrikaanstaligen elkaar zonder al te veel moeite begrijpen.

| | | | |
|---|---|---|---|
| ***blijken*** | sich ergeben (aus) | ***tussen haakjes*** | in Klammern |
| ***nauw(er)*** | eng(er) | ***veelal*** | vielfach |
| ***elkaar*** | einander | ***eenvoudig*** | einfach |
| ***zoals*** | wie | ***omdat*** | weil |
| ***sommige*** | manche | ***de kleurling*** | Mischling |
| ***openbaar*** | öffentlich | ***sinds*** | seit |
| ***stippellijn*** | gestrichelte Linie | ***hoewel*** | obwohl |

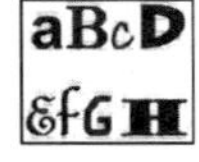

## Zur Grammatik

### „Falsche Freunde“

Hier liegt in beiden Sprachen Ähnlichkeit oder sogar völlige Übereinstimmung in der Form vor, während sich die lexikalische Bedeutung teilweise oder sogar völlig unterscheidet. Man kann zunächst eine Grobeinteilung in zwei Gruppen vornehmen:

**Gruppe 1:** Die Bedeutungen sind völlig unterschiedlich, die Übereinstimmung in der Form ist also mehr oder weniger zufällig:

Beispiele:

| | | | | |
|---|---|---|---|---|
| *knap* | ≠ | knapp | → | hübsch, gescheit |
| | | knapp | = | *krap, schaars* |
| *winkel* | ≠ | Winkel | → | Laden, Geschäft |
| | | Winkel | = | *hoek* |
| *mist* | ≠ | Mist | → | Nebel |
| | | Mist | = | *mest* |

| | | | | |
|---|---|---|---|---|
| *vuil* | ≠ | faul | → | schmutzig |
| | | faul | = | *lui* (ein faules Ei = *een rot ei*) |
| *zegel* | ≠ | Segel | → | Siegel / (Brief)Marke |
| | | Segel | = | *zeil* |

**Gruppe 2:** Die Bedeutungen sind zwar unterschiedlich, aufgrund des gemeinsamen etymologischen Ursprungs liegen jedoch in beiden Sprachen einzelne gemeinsame Bedeutungsmerkmale vor. Die besondere Schwierigkeit für den Lerner liegt nun darin, dass der Grad der Ähnlichkeit bzw. Unterschiedlichkeit von Fall zu Fall divergiert.

Beispiele:

| | | | | |
|---|---|---|---|---|
| *uur* | ≠ | Uhr | → | Stunde |
| | | Uhr | = | *horloge / uurwerk* |
| *tuin* | ≠ | Zaun | → | Garten |
| | | Zaun | = | *hek, omheining* |
| *bekwaam* | ≠ | bequem | → | fähig |
| | | bequem | = | *gemakkelijk, gerieflijk* |
| *ongeschikt* | ≠ | ungeschickt | → | ungeeignet |
| | | ungeschickt | = | *onhandig* |

Einige weitere falsche Freunde:

| | | | | |
|---|---|---|---|---|
| *verwijderen* | ≠ | erweitern | → | entfernen |
| | | erweitern | = | *uitbreiden* |
| *durven* | ≠ | dürfen | → | sich trauen |
| | | dürfen | = | *mogen* |
| *hatelijk* | ≠ | hässlich | → | gehässig |
| | | hässlich | = | *lelijk* |
| *slim* | ≠ | schlimm | → | schlau |
| | | schlimm | = | *erg* |
| *voorwerp* | ≠ | Vorwurf | → | Gegenstand |
| | | Vorwurf | = | *verwijt* |
| *uitstellen* | ≠ | ausstellen | → | aufschieben |
| | | ausstellen | = | *tentoonstellen* |
| *bellen* | ≠ | bellen | → | klingeln / anrufen |
| | | bellen | = | *blaffen* |
| *zee* | ≠ | (der) See | → | Meer / (die) See |
| | | (der) See | = | *meer* |

## Übungen

### Übung 1 - Fragen zum Inhalt

a) Wordt er nog Gotisch gesproken?
b) Is Fries alleen een huis-, tuin- en keukentaal?
c) Welke van de West-Germaanse talen zijn nauw met elkaar verwant?
d) Wie zijn de belangrijkste groepen van Afrikaanssprekenden?
e) Wie kan Afrikaans het makkelijkst begrijpen: een Duitser, een Nederlander of een Noor?

### Übung 2 - Welche Wörter gehören jeweils der gleichen Wortart an?

uit / hoewel / daarom / binnen / toch / met / ongeveer / van / ook / voor / in / veelal / aan / zoals / grotendeels / tussen / omdat / sinds / ongetwijfeld / onder / zonder / nog / zelfs

| voorzetsel | voegwoord | bijwoord |
|---|---|---|
| *prepositie* | *conjunctie* | *adverbium* |

### Übung 3 - Worin liegt die semantische Verwandtschaft zwischen den folgenden Wörtern / Wortgruppen? Was drücken sie aus?

enkele / sommige / heel wat / al te veel

### Übung 4 - Geben Sie den anderen Teil des semantischen Paars / den Gegensatz an!

a) enerzijds, ....................................
b) oud, ............................................
c) geen dialect, ................................ een cultuurtaal
d) Het Afrikaans is geen dialect van het Nederlands, maar een ...............................

# Les 4

# NEDERLAND EN BELGIË

| GRAMMATIK |
| --- |
| ▪ Artikel<br>▪ Substantiv: Genus, Plural, Kasusformen, Diminutivum |

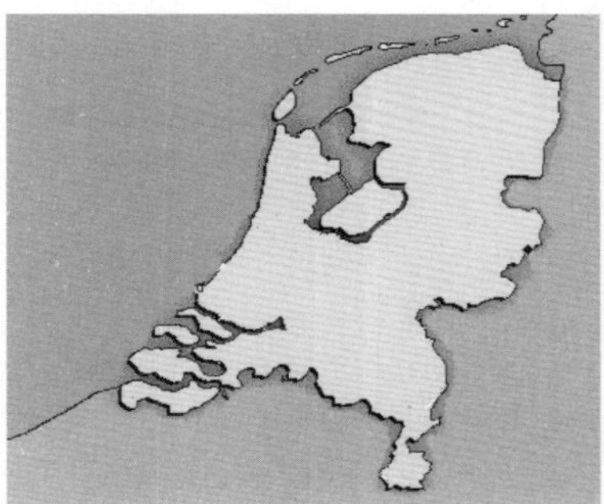

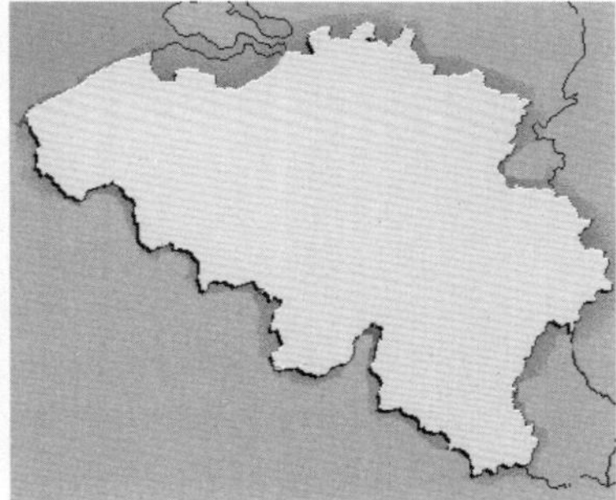

## NEDERLAND EN BELGIË: BEVOLKING EN POLITIEKE INDELING

Nederland bestaat uit twaalf provincies; de jongste provincie is Flevoland, waarvan de *oppervlakte* uit de drie Zuiderzeepolders bestaat. Een van de meest noordelijke provincies is Friesland. Die is tweetalig, zoals al in de tekst van de vorige les *werd* gezegd. De *van* Limburg *afgezien* meest zuidelijke provincie van Nederland heeft de *opmerkelijke* naam "Noord-Brabant".

*Is er* dan ook *iets* als „Zuid-Brabant"? Jawel hoor, *maar* niet in Nederland. De huidige Belgische provincies Antwerpen, Vlaams-Brabant en *Waals*-Brabant *maakten* tot het eind van de 16ᵉ (zestiende) eeuw samen met „Noord-Brabant" *deel uit* van het Hertogdom Brabant. In Brussel, dat nu zowel hoofdstad van Europa, van België en van Vlaanderen is, *was er in die tijd* door de invloed van *Boergondië* al een tweetalige *burgerij*.

Nu is België een *federaal* land. Het heeft „*gewesten*" en „gemeenschappen": „gewest" is een territoriaal begrip, „gemeenschap" heeft met mensen, *hun* taal en cultuur te maken. Het Vlaamse Gewest is Nederlandstalig, maar iets minder dan 20 % (twintig procent) van de inwoners van het Brussels Hoofdstedelijk Gewest is dat ook. In een klein deel van het Waalse Gewest *vormen* ongeveer 60.000 (zestigduizend) Belgen de Duitstalige Gemeenschap.

Hoewel *Buitenlandse Zaken* (waaronder de Ambassades in het buitenland) tot de federale (Belgische) *bevoegdheden* horen, heeft de Vlaamse Gemeenschap ook eigen "*vertegenwoordigingen*", *o.m.* in Den Haag en Wenen.

In 1930 (negentienhonderddertig) hadden Nederland en België ongeveer *evenveel* inwoners: acht miljoen. Nu heeft België er goed tien miljoen en Nederland bijna zestien miljoen, *van wie* er bijna anderhalf miljoen niet in Nederland geboren zijn. *Tot het midden van* de jaren 60 (zestig) lag het Nederlandse geboortecijfer boven 2 % (twee procent). *Sinds* die tijd is het sterk *gedaald*.

In het Vlaamse Gewest woont zowat 60% (zestig procent) van de Belgische bevolking. Opmerkelijk is dat van de bijna één miljoen vreemdelingen die België *telt*, maar een goede 30% (dertig procent) in Vlaanderen *woonachtig* is. In Brussel is meer dan vijfentwintig procent van de bevolking buitenlander. Het geboorte*cijfer* is in heel België ongeveer gelijk en ligt iets boven 1 (één) %.

| | | | |
|---|---|---|---|
| ***de oppervlakte*** | Oberfläche | ***Buitenlandse Zaken*** | Auswärtige Angelegenheiten |
| ***werd*** | wurde | ***de bevoegdheid*** | Befugnis |
| ***afgezien van*** | abgesehen von | ***de vertegenwoordiging*** | Vertretung |
| ***opmerkelijk*** | bemerkenswert | ***o.m.*** | *onder meer* (unter anderem) |
| ***er is*** | es gibt | ***van wie*** | von denen |
| ***iets*** | etwas | ***evenveel*** | gleich viel |
| ***maar*** | aber | ***tot het midden van*** | bis Mitte ... |
| ***Waals*** | wallonisch | ***sinds*** | seit |
| ***deel uitmaken (van)*** | gehören zu | ***dalen*** | sinken |
| ***er was*** | es gab | ***tellen*** | zählen |
| ***in die tijd*** | in jener Zeit | ***woonachtig*** | wohnhaft |
| ***Boergondië*** | Burgund | ***het cijfer*** | Ziffer |
| ***de burgerij*** | Bürgertum | | |
| ***federaal*** | föderal, Bundes- | | |
| ***gewest*** | Region | | |
| ***hun*** | ihr (3. Pers. Pl.) | | |
| ***vormen*** | bilden | | |

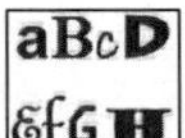

## Zur Grammatik

### ↳ Artikel

Der unbestimmte Artikel lautet *een* (*'n*); es gibt zwei bestimmte Artikel, *de* und *het*:

| | |
|---|---|
| *een man* | *de man* |
| *een vrouw* | *de vrouw* |
| *een kind* | *het kind* |

Im Plural lautet der bestimmte Artikel *de*:

*de mannen*
*de vrouwen*
*de kinderen*

Im Lektionstext kommen u.a. folgende Substantive vor:

*de tekst, de naam, de vreemdeling, de invloed, de bevolking,*
*de gemeenschap, de burgerij,*
*het land, het gewest, het hertogdom*

Die *de*-Wörter sind im Deutschen häufig männlich oder weiblich, die *het*-Wörter sind im Deutschen häufig sächlich. Es gibt aber zahlreiche Ausnahmen, z.B.:

| | |
|---|---|
| *het deel* | *het cijfer* |
| *de auto* | |

### ↳ Plural

Die gebräuchlichste Mehrzahlendung ist *-en*; ebenfalls häufig ist die Endung *-s*; eine dritte, seltenere Mehrzahlendung, die nur bei *het*-Wörtern auftritt, ist *-eren*.

1. *tekst – teksten; land – landen*
   *naam – namen; jaar – jaren; deel – delen*
   *gemeenschap – gemeenschappen; begrip – begrippen*

   Es gibt zahlreiche Sonderfälle, z.B.

   | | | |
   |---|---|---|
   | *huis* | – | *huizen* |
   | *baas* | – | *bazen* |
   | *glas* | – | *glazen* |
   | *stad* | – | *steden* |
   | *weg* | – | *wegen* |
   | *bevoegdheid* | – | *bevoegdheden* |

2. *inwoner – inwoners; cijfer – cijfers*
   *vogel – vogels*
   *provincie – provincies; auto – auto's*

3. *kind – kinderen; volk – volkeren; ei – eieren*

## ↳ Kasusformen

Kasusformen sind nur noch in festen Wendungen erhalten:

*het Koninkrijk der Nederlanden; de heer des huizes; in groten getale* (in großer Zahl)*; in zekere mate; ten dele* (zum Teil)*; op den duur* (auf die Dauer).

Der Form nach gibt es (außer bei den Pronomina) keinen Unterschied zwischen Subjekt und Nicht-Subjekt. Der Verwendung von Genitiv und Dativ im Deutschen entspricht im Niederländischen die Verwendung von Präpositionen:

*De auto van mijn vrouw is pas nieuw.* (Das Auto meiner Frau ist ganz neu)
*Zeg je het ook tegen Jan?* (Sagst du es auch (zu) Jan?)

## ↳ Dimininutiv

Das - im Niederländischen sehr häufige - Diminutivum wird durch Anhängen des Suffixes *-je* gebildet:

*tekst – tekstje; les – lesje*

Es treten zahlreiche Sonderfälle auf. Die Pluralendung lautet in allen Fällen -s*:*

*tekstje-s; lesje-s*

## Übungen

**Übung 1 - Ordnen Sie die Zahlenangaben in aufsteigender Reihenfolge:**

vijfentwintig procent
de zestiende eeuw
drie gewesten / drie gemeenschappen
elf provincies
zestien miljoen inwoners
tien miljoen
kapittel / les vier
negentienhonderddertig
dertig procent
zestigduizend
twintig procent
zestig procent

**Übung 2 - Ordnen Sie die Wörter einer der drei angegebenen Wortklassen (Präposition, Adverb, Konjunktion) zu:**

in morgen omdat

tot / al / mee / als / dan / samen / maar (aber) / door / nu / evenveel / boven / zowel ... als / zowat / sindsdien / minder / maar (*nur*) / hoewel / bijna

**Übung 3 - In welchem der folgenden Sätzen fehlt jeweils eines der angegebenen Wörter:**

huidig(e) / Buitenlandse Zaken / gewest(en) / tweetalig
hoofdstad / evenveel / zuidelijk(e) / bevolking / ambassade(s)
gemeenschap(pen) / inwoner(s) / geboortecijfer

- De Nederlandse provincie Friesland is ________________ .
- Noord-Brabant is een van de ________________ provincies van Nederland
- Ook het ________________ Vlaams-Brabant maakte deel uit van het Hertogdom Brabant.
- Brussel is ook de ________________ van Vlaanderen.
- Het federale België telt drie ________________ en drie ________________
- Nederland heeft ongeveer zestien miljoen ________________

- Het Nederlandse ____________________ is sinds het midden van de jaren zestig sterk gedaald.
- In 1930 hadden Nederland en België ongeveer ____________________ inwoners.
- In het Vlaamse Gewest woont ongeveer zestig procent van de Belgische ____________________
- Ook Nederland heeft een Ministerie van ____________________ en in de meeste landen een ____________________

**Übung 4 - Wohin gehören die folgenden Absatzüberschriften, wenn man den Text gut liest?**

Politieke structuur van België
Bevolking
Provincies en hun naam

**Übung 5 - Welche Begriffe passen zusammen oder bilden einen Gegensatz?**

noordelijk / tweetalig / zowat / zuidelijk / boven / midden van de jaren zestig / gemeenschap / onder / gewest / ongeveer / eind van de zestiende eeuw / Duitstalig

**Übung 6 - Was bedeuten die Wörter *opmerkelijk* und *vanzelfsprekend*?**
Die Antwort ist nicht schwer, wenn man sich den Verbstamm in beiden Wörtern genauer anschaut.

**Übung 7 - Wodurch unterscheiden sich die niederländischen Wörter *cijfer / nummer / getal* in erster Linie von ihren deutschen Entsprechungen?**

# Les 5

# WETENSCHAPPELIJK *ONDERWIJS*

| GRAMMATICA |
|---|
| ▪ Präsensformen des Verbs<br>▪ *hebben* und *zijn* im Präsens<br>▪ Partizip Präsens<br>▪ Personalpronomen<br>▪ Reflexivpronomen<br>▪ Reziprokes Pronomen |

## WETENSCHAPPELIJK *ONDERWIJS*

Veel jongelui gaan na de *middelbare school* naar het *hoger onderwijs*. In het Nederlands is er een *verschil* tussen de begrippen "universiteit" en "hogeschool". Een universiteit is een *instelling* van wetenschappelijk onderwijs, een hogeschool *verstrekt* hoger beroepsonderwijs.

De Open Universiteit van Heerlen (in de provincie Limburg) meegerekend, heeft Nederland veertien universiteiten. De oudste is Leiden (1575) (vijftienhonderd-vijfenzeventig), de jongste Maastricht (1976) (negentienhonderdzesenzeventig). De andere universiteiten met een *uitgebreid* aanbod aan studievakken zijn Groningen, Utrecht, Rotterdam, Amsterdam (Universiteit van Amsterdam en Vrije Universiteit), Nijmegen en Tilburg. *Verder* zijn er de Technische Universiteiten in Delft, Eindhoven en Twente, en de Landbouwuniversiteit in Wageningen.

De oudste universiteit van Vlaanderen is Leuven (1425) (veertienhonderd-vijfentwintig). Gent is *opgericht* door koning Willem I *tijdens* de korte periode van *hereniging* der Nederlanden (1814-1830) (achttienhonderdveertien tot achttien-honderddertig). De Nederlandstalige Vrije Universiteit Brussel en de Universiteit Antwerpen zijn van jongere datum. De Katholieke Universiteit Brussel en de Universiteit Hasselt hebben maar een *beperkt* aantal studierichtingen.

Nederland telt zowat 60 (zestig) hogescholen, Vlaanderen bijna 30 (dertig). In Vlaanderen heeft het hoger onderwijs naar Latijnse traditie een *vrij schools* karakter, met *welomschreven* studieprogramma's en examens op vaste *tijdstippen*. Nederland *leunt in dat opzicht* meer *aan* bij het Angelsaksische systeem.

In Nederland zijn gediplomeerden van vóór 2006 (tweeduizendzes) na het afleggen van het 'doctoraal' (examen) 'doctorandus / doctoranda' (drs. / dra.) *of* 'meester' (mr.) (in de rechten). In Vlaanderen hebben die *afgestudeerde* academici de titel van 'licentiaat' (lic.). Vanaf het academiejaar 2003-2004 geldt ook in Nederland en België de Europese 'ba-ma'-structuur. Na drie jaar kan men 'bachelor' worden, na vier of vijf jaar 'master'. Ook afgestudeerden in de richtingen *geneeskunde* en *toegepaste* wetenschappen worden 'master', maar ze *mogen* bovendien de titel 'arts' *respectievelijk* 'ingenieur' (blijven) voeren. De titel van 'doctor' wordt *behaald* na het publiek verdedigen van een *proefschrift*, ook 'dissertatie' genoemd.

Wie geneeskunde of *tand*heelkunde wil gaan studeren, moet in Vlaanderen voor een toelatingsexamen *slagen.* Hetzelfde *gold* vroeger ook voor de studie van ingenieur (aan de universiteit). In Nederland is er voor nog meer studierichtingen een 'numerus fixus', een maximum aantal studenten dat toegelaten wordt. De selectie *gebeurt* via *loting,* en een plaatsingscommissie *bepaalt* aan welke universiteit 'de gelukkige' *mag* gaan studeren. In Vlaanderen is er *dus op dat stuk* een grotere vrijheid, maar de grote selectie gebeurt er door de 'hakbijlexamens' aan het eind van het eerste studiejaar.

| | |
|---|---|
| ***het onderwijs*** | Unterricht |
| ***de middelbare school*** | weiterführende Schule |
| ***het hoger onderwijs*** | Hochschulwesen |
| ***het verschil*** | Unterschied |
| ***de instelling*** | Institution |
| ***verstrekken*** | erteilen |
| ***uitbreiden*** | ausdehnen |
| ***verder*** | weiter(hin) |
| ***oprichten*** | gründen |
| ***tijdens*** | während |
| ***de hereniging*** | Wiedervereinigung |
| ***beperken*** | beschränken |
| ***vrij*** | ziemlich |
| ***schools*** | schulisch |
| ***welomschreven*** | klar definiert |
| ***het tijdstip*** | Zeitpunkt |
| ***aanleunen (bij)*** | sich anlehnen an |
| ***in dat opzicht*** | in dieser Hinsicht |
| ***of*** | oder |
| ***afstuderen*** | das Studium abschließen |
| ***de geneeskunde*** | Medizin |
| ***toepassen*** | anwenden |
| ***mogen*** | dürfen |
| ***respectievelijk*** | beziehungsweise |
| ***behalen*** | erhalten, erlangen |
| ***het proefschrift*** | Doktorarbeit |
| ***tand*** | Zahn |
| ***slagen (voor)*** | bestehen |
| ***het gold*** | es galt |
| ***gebeuren*** | geschehen |
| ***de loting*** | Losverfahren |
| ***bepalen*** | bestimmen |
| ***(hij) mag*** | (er) darf |
| ***dus*** | also |
| ***op dat stuk*** | in dieser Hinsicht |

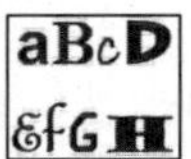

## Grammatica

### Präsensformen des Verbs

Man kann die niederländischen Verben - wie die deutschen - in *regelmäßige* („*schwache*") und *unregelmäßige* („*starke*") einteilen. Dieser Unterschied ist für die Bildung des Imperfekts und des 2. Partizips (Partizip Perfekt) von Bedeutung.

Der Infinitiv hat die Endung *-en*; Ausnahmen sind die unregelmäßigen Verben

*doen, gaan, slaan, staan, zien, zijn.*

Bei der Bildung der Präsensformen des Verbs geht man vom Stamm aus; den Stamm erhält man, wenn man die Endung *-en* vom Infinitiv abtrennt:

verdedig-en noem-en beperk-en gebeur-en

Dabei kann es zu Veränderungen in der Rechtschreibung kommen:

tellen – tel / verstrekken –verstrek
studeren – studeer / behalen – behaal
schrijven – schrijf
gaan – ga

Die Präsensformen sind:

| | | |
|---|---|---|
| *ik* | *studeer, weet, vind, ga* | |
| *je / jij* | *studeert, weet, vindt, gaat* | |
| | *studeer, weet, vind, ga* | *je / jij* *) |
| *hij - ze / zij* | *studeert, weet, vindt, gaat* | |
| *we* / wij<br>*jullie*<br>*ze / zij* | *studeren, weten, vinden, gaan* | |

*) Wenn in der zweiten Person Singular das Pronomen *je / jij* hinter der Verbform steht, verliert diese das Endungs-*t*.

Die formelle Form der Anrede (entsprechend dem deutschen *Sie*) lautet *u:*

*u* *studeert, weet, vindt, gaat (Singular und Plural sind gleich)*

Hier ändert sich nichts, wenn das Pronomen hinter der Verbform steht:

*studeert, weet, vindt, gaat* *u*

## ↬ *hebben* und *zijn* im Präsens

Die Präsensformen der Hilfszeitwörter *zijn* und *hebben* lauten:

| | | | |
|---|---|---|---|
| *ik* | *ben* | *heb* | |
| *je / jij* | *bent* | *hebt* | |
| | *ben* | *heb* | *je / jij* |
| *hij - ze / zij* | *is* | *heeft* | |
| *we / wij* <br> *jullie* <br> *ze / zij* } | *zijn* | *hebben* | |

Vor und nach dem Pronomen *u* sind die entsprechenden Verbformen *bent* und *hebt: u bent / u hebt* (es gibt auch die Form *u heeft / heeft u*).

## ↬ Partizip Präsens

Das Partizip Präsens hat die Endung *-end(e); beperk-end(e) / verschil-lend(e) / we-tend(e).*

## ↬ Personalpronomen

Bei den Personalpronomina unterscheidet man zwischen der Subjektform (Antwort auf die Frage WER?) und der Nicht-Subjektform, die auch nach Präpositionen gebraucht wird (Antwort auf die Fragen WEN? / WEM? / für WEN? / mit WEM? ...). Außerdem haben die Personalpronomina eine „reduzierte" und eine „volle" Form. Nur die volle Form kann betont sein. An nicht-markierter Stelle ist die reduzierte Form die normale:

**Subjektform** „reduziert" „voll"

| „reduziert" | | „voll" |
|---|---|---|
| *Dat doe ik / 'k niet.* | >< | *Moet ik dat doen?* |
| *Ga je mee?* | >< | *Jij en ik gaan morgen.* |
| *Hij heeft geen tijd.* | >< | *Zelfs hij kan het!* |
| *Ze wil niet.* | >< | *Wanneer komt zij?* |
| *Moeten we dat echt doen?* | >< | *Waarom moeten wij dat doen?* |
| *Komen jullie mee?* | >< | *Wanneer komen jullie mee?* |
| *Wanneer komen ze?* | >< | *Komen zij ook?* |

**Nicht-Subjektform** „reduziert“ „voll“

| | | |
|---|---|---|
| *Ze heeft me niet gezien.* | >< | *Mij heeft hij niets verteld.* |
| *Ik moet iets met je bespreken.* | >< | *Voor jou doe ik alles!* |
| *Heb je het hem / ‘m verteld?* | >< | *Hem zie ik morgen pas.* |
| *Ik heb het haar / ‘r gevraagd.* | >< | *Zeg je het ook tegen haar?* |
| *Hij kan ons niet zien.* | >< | *Ons kennen ze daar niet.* |
| *Kent ze jullie al?* | >< | *Jullie zie ik nog wel.* |
| *We hebben het ze nog niet kunnen vertellen.* | >< | *Voor hen / hun breng ik ook iets mee.* |

## ↬ Reflexivpronomen

Die reduzierte Nicht-Subjektform (Objektform) des Personalpronomens wird (in der 1. und 2. Person) gleichzeitig als Reflexivpronomen verwendet. In der 3. Person lautet das Reflexivpronomen (Singular und Plural) *zich*:

*Ik wind me op.*
*Je / jij windt je op.*
*Hij - ze / zij windt zich op.*

*We / wij winden ons op.*
*Jullie winden je op.*
*Ze / zij winden zich op.*

## ↬ Reziprokes Pronomen

*Ze ontmoeten elkaar.* (Sie treffen sich / einander).

## Oefeningen

**Oefening 1 - Breng de onderstaande woorden bij hun soort onder; schrijf ze in de goede kolom** *(Spalte)*:

door vrij

dus / tussen / maar / zowat / via / verder / tijdens / naar / bij / bijna / meer / na

**Oefening 2 - Gaat het hieronder om 'goede' of om 'valse vrienden'?**

verdedigen / dissertatie / gelden / aantal / toelaten / eind / begrip / rekenen / studievak / hakbijl / tellen

**Oefening 3 - En waarom zijn dit nu echte 'valse vrienden'?**

| | | | | | | |
|---|---|---|---|---|---|---|
| instelling | ≠ | Einstellung | / | uitbreiden | ≠ | ausbreiten |
| oprichten | ≠ | aufrichten | / | verstrekken | ≠ | erstrecken |
| mag | ≠ | mag | / | worden | ≠ | wurden |
| gebeuren | ≠ | gebühren | | | | |

**Oefening 4 - Hoe helpt bij de onderstaande woorden en woordgroepen een zekere 'stam'-verwantschap of de context?**

(door) loting / plaatsing(scommissie) / tandheelkunde / geneeskunde / in dat opzicht / van jongere datum / op dat stuk

**Oefening 5 - Welke woordgroepen in de tekst beginnen met de voorzetsels / preposities 'na' respektievelijk 'naar'? Welk van de twee hoort bij het begrip 'tijd', welk bij 'richting'?**

**Oefening 6 - Uit de tien woorden hieronder kunnen vijf paren gevormd worden die evenveel tegenstellingen** *(Gegensätze)* **uitdrukken. Welke paren zijn dat?**

oud / hetzelfde / beperkt / verschil / jong / mag / vast / moet / vrijheid / uitgebreid

**Oefening 7 - Uit de twintig woorden / woordgroepen hieronder kunnen tien paren gevormd worden, waarvan de elementen wél bij elkaar passen.**

ingenieur / tijdstip / meester / studiejaar / 'hakbijlexamen'/ toegepaste wetenschappen / rechten / geneeskunde / datum / studievak / periode / arts / hogeschool / selectie / instelling / doctoraal / afgestudeerd / proefschrift / aanbod / doctor

**Oefening 8 - Vul aan** *(ergänze)* **met een passend woord. Kies** *(wähle)* **eventueel de goede vorm daarvan:**

1. Wat is het ............. tussen een *doctorandus* en een *licentiaat*?
2. In Vlaanderen moet een arts minimaal zeven jaar studeren, in Nederland is dat ........... zes jaar.
3. *Licentiaat* kon je vroeger al .......... vier jaar studie worden.

4. Waar in Nederland kun je een diploma in de landbouwwetenschappen ................?

5. De Universiteit Leiden heeft een .............. aanbod van studierichtingen. Het aanbod van de Universiteit Hasselt is vrij ...............

6. In Vlaanderen ............... de universiteit wanneer een student examen ....................

7. Jan gaat niet meer ......... de universiteit: hij wil nu aan een hogeschool gaan studeren.

8. Hij heeft examen afgelegd, ........ hij is niet ..................

9. Wie in vier jaar wil ..................... aan een universiteit, moet serieus zijn best doen.

**En? Gezien dat het om volgende woorden ging?**

behalen / afleggen / slagen / afstuderen / bepalen / maar *(nur)*
uitgebreid / naar / verschil / maar *(aber)* / beperkt / na

**Oefening 9 - En ten slotte nog dit. Hoeveel jaar is de universiteit van Leuven ouder dan die van Leiden: honderddertig, honderdveertig of honderdvijftig jaar?**

# Les 6

# NEDERLANDSE EN BELGISCHE *GESCHIEDENIS* IN HET KORT

| GRAMMATICA |
|---|
| ▪ Imperfekt der schwachen Verben<br>▪ Passivpartizip der schwachen Verben<br>▪ Trennbare und untrennbare Verben<br>▪ Passiv |

## NEDERLANDSE EN BELGISCHE *GESCHIEDENIS* IN HET KORT

In de 16$^{e}$ (zestiende) eeuw maakten de Nederlanden deel uit van het Habsburgse Rijk. Karel V (de Vijfde), geboren in Gent in 1500 (vijftienhonderd), maakte van de Zeventien Provinciën een politieke en administratieve eenheid. *Toen* hij in 1555 (vijftienhonderdvijfenvijftig) als Keizer van het Heilige Roomse Rijk *aftrad* ten gunste van zijn zoon Filips II (de Tweede), *had* de Reformatie ook in de Nederlanden al *wortel geschoten*.

De beeldenstorm van 1566 (vijftienhonderdzesenzestig) in het Vlaamse Steenvoorde (nu in Frans-Vlaanderen), was voor de nieuwe keizer een *aanleiding* om de Hertog van Alva een *hevige repressie* tegen de protestanten te laten voeren. In 1568 (vijftienhonderdachtenzestig) werden op de Grote Markt van Brussel de populaire *graven* van Egmont en Hoorn *publiekelijk terechtgesteld*. Het volk leefde in angst.

Willem van Oranje, *bijgenaamd* "de Zwijger", geboren in 1533 (vijftienhonderddrieëndertig), was graaf van Nassau. Van een *neef* van vaderszijde erfde hij het zelfstandige prinsdom Orange (in het zuiden van Frankrijk). Onder Karel V en *diens* zoon en *opvolger* Filips II was hij stadhouder in Holland, Zeeland en Utrecht. Toen het *verzet* tegen Spanje *almaar* sterker werd en een aantal (voornamelijk noordelijke) gewesten *zich aaneensloot* tot de Unie van Utrecht, werd Willem hun algemeen *erkende* leider. Daarop verklaarde de Spaanse monarch hem vogelvrij. *Nadat* er in 1581 (vijftienhonderdéénentachtig) al een *aanslag* op hem *gepleegd* was, die mislukte, werd hij in 1584 (vijftienhonderdvierentachtig) in Delft vermoord.

In 1585 (vijftienhonderdvijfentachtig) *heroverden* de *gevreesde* Spanjaarden onder veldheer Alexander Farnese Antwerpen, waarop de *Geuzen* de Schelde blokkeerden en de havenstad, in de 16$^{e}$ (zestiende) eeuw met 100.000 (honderdduizend) inwoners na Parijs de tweedegrootste stad van West-Europa, economisch *ten onder ging.*

De strijd tussen Spanje en de Noordelijke Nederlanden duurde nog tot 1648 (zestienhonderdachtenveertig), toen de *Vrede van Münster* de Republiek officieel erkende, waardoor de *scheiding* tussen Noord en Zuid een *feit* werd.

| | |
|---|---|
| ***geschiedenis*** | Geschichte |
| ***toen*** | als |
| ***aftreden*** | abdanken |
| ***(hij) had*** | (er) hatte |
| ***wortel schieten*** | Fuß fassen |
| ***de aanleiding*** | Anlass |
| ***hevig*** | heftig |
| ***de repressie*** | Unterdrückung |
| ***de graaf*** | Graf |
| ***publiekelijk*** | öffentlich |
| ***terechtstellen*** | hinrichten |
| ***bijgenaamd*** | mit dem Beinamen |
| ***de neef*** | Neffe, Vetter (!) |
| ***diens*** | dessen |
| ***de opvolger*** | Nachfolger |
| ***het verzet*** | Widerstand |
| ***almaar*** | ständig |

| | |
|---|---|
| ***zich aaneensluiten tot*** | sich zusammenschließen zu |
| ***erkennen*** | anerkennen |
| ***nadat*** | nachdem |
| ***een aanslag plegen*** | einen Anschlag verüben |
| ***heroveren*** | zurückerobern |
| ***vrezen*** | fürchten |
| ***de Geuzen*** | „Geusen" (niederländische Freiheitskämpfer zur Zeit Philipps II.) |
| ***ten onder gaan*** | zugrunde gehen |
| ***de Vrede van Münster*** | der Westfälische Friede |
| ***de scheiding*** | Trennung |
| ***het feit*** | Tatsache |

## Grammatica

### ↳ Imperfekt der schwachen Verben

Das Imperfekt der schwachen, d.h. regelmäßigen Verben hat die Endungen *-te* (Singular) und *-ten* (Plural), wenn der Stamm auf einen der stimmlosen Konsonanten *p, t, k, f, s, ch* endet (Merkwort: *'t kofschip* oder *'t fokschaap*). In allen anderen Fällen lauten die Endungen *-de* und *-den:*

| | | |
|---|---|---|
| *ik* | *maak-te* | *herover-de* |
| *je / jij* | *werk-te* | *erken-de* |
| *hij - ze/zij - het* | *druk-te* | *haal-de* |
| | | |
| *we / wij* | *maak-ten* | *herover-den* |
| *jullie* | *werk-ten* | *erken-den* |
| *ze / zij* | *druk-ten* | *haal-den* |

Verben, deren Stamm im Infinitiv auf *-v* oder *-z* auslautet (*leven / erven / vrezen*), ändern ihren Stamm im Imperfekt in *-f* bzw. *-s* (*leef-, vrees-*); die Endung richtet sich jedoch nach dem Infinitiv:

*hij leef-de, hij erf-de*
*ze vrees-den*

Eine Besonderheit in der Schreibung weisen auch die Verben auf, deren Stamm auf *-d* oder *-t* auslautet (z. B. *vermoorden, praten*): Sie verdoppeln dieses *d / t* im Imperfekt:

*ze vermoord-den hem*
*we praat-ten*

### ↳ Passivpartizip der schwachen Verben

Das Passivpartizip (2. Partizip) der regelmäßigen Verben erhält – entsprechend den Regeln, die für das Imperfekt gelten – am Ende ein *-t* oder ein *-d* und (meistens) die Vorsilbe *ge-*:

| | | |
|---|---|---|
| *gemaak-t* | | *geduur-d* |
| *gewerk-t* | ↔ | *geleef-d* |
| *misluk-t* | | *gevrees-d* |
| *gepraat* | | *vermoord* |

## ↳ Trennbare und untrennbare Verben

Die Verben auf *-eren* bilden das Passivpartizip – anders als die deutschen Verben auf *-ieren* – ebenfalls mit der Vorsilbe *ge-*:

*geblokkeerd / gestudeerd / gepromoveerd*

Verben, die mit einer Präposition oder einem Adverb zusammengesetzt sind, erhalten die Vorsilbe *ge-*, wenn die Betonung nicht auf dem verbalen Teil liegt:

| | | | |
|---|---|---|---|
| *terecht-stellen* | > | *terechtgesteld* | |
| *uit-leggen* | > | *uitgelegd* | (erklärt) |
| *op-bellen* | > | *opgebeld* | (angerufen) |

Diese Verben werden im Präsens getrennt:

*Ze stelden hen terecht.*
*Ik leg het je nog uit.*
*Bel je me vanavond op?*

Liegt die Betonung auf dem eigentlichen Verb – der nichtverbale Teil ist dann oft eine Vorsilbe –, so entfällt die Vorsilbe *ge-*:

*her**o**veren* > *her**o**verd* / *erk**e**nnen* > *erk**e**nd*
*misl**u**kken* > *misl**u**kt*

Diese Verben sind untrennbar:

*Een taart* (Kuchen) *mislukt wel eens* (schon mal).
*De Spanjaarden heroverden Antwerpen.*

## ↳ Passiv

Das Passiv wird mit *worden* bzw. *zijn* + 2. Partizip gebildet:

*Hoe wordt die kaas gemaakt?* (Wie wird dieser Käse gemacht?)
*Hij werd vermoord.* (Er wurde ermordet.)
*Ze zijn terechtgesteld.* (Sie sind hingerichtet worden.)

In der Perfektform des Passivs findet das deutsche *„worden"* (sie sind hingerichtet *worden*) also keine Entsprechung.

Der Handelnde wird durch die Präposition *door* gekennzeichnet:

*Karel de Vijfde werd opgevolgd door Filips de Tweede.*

## Oefeningen

**Oefening 1**

In het grammatica-deel van dit hoofdstuk (*Kapitel*) *werden* alleen de zwakke werkwoorden besproken. De sterke werkwoorden *waren* niet aan de orde *(an der Reihe)*, en we *hadden* ook geen grote interesse voor hulpwerkwoorden.
Daarom nu de vraag: **wat ontbreekt** *(fehlt)* **er in de volgende drie zinnen** *(Sätze)***?**

- Willem de Zwijger ......... de leider van het verzet.
- In de zestiende eeuw ......... Antwerpen meer dan honderdduizend inwoners.
- Door de Vrede van Münster ......... de scheiding tussen Noord en Zuid definitief.

**Oefening 2 - In welke kolom schrijf je de onderstaande woorden?**

bij al nadat

nog / toen / tot / tegen / onder / ook / te(n)

**Oefening 3**

Als we naar *ten gunste van* en *ten onder (gaan)* kijken en vaststellen dat het oude buigingsvormen zijn ( *te + n - gunst + e*), **wat betekenen** *(bedeuten)* **dan *ten voordele van* en *ten dienste van*, en wat zijn de grondwoorden?**

**En wat betekenen *ten eerste / ten tweede / ten derde / ......*?**

Ook de combinatie *te + r* bestaat *(vor Substantiven im Femininum)*: *ter zake / (iets) ter sprake (brengen) / ter gelegenheid (van ...).*

**Oefening 4**

**a. Waarom zijn dit *goede vrienden*?**

*daarop / havenstad / stadhouder / zelfstandig / erven / vogelvrij / ten gunste van*

**b. Waarom moeten we met deze woorden oppassen?**

*terechtstellen / aanleiding / neef / plegen*

**c. Wat helpt ons om deze woorden en uitdrukkingen te begrijpen?**

*aftreden / wortel schieten / opvolger / ten onder gaan / scheiding / hevig*

**Oefening 5 - Denken we nog aan de spelling** *(Rechtschreibung)***? Welke letters** *(Buchstaben)* **moeten we hier invullen?**

- De N__derlanden maakten d__ l uit van het Heilige Roomse Rijk.
- Keizer Karel maakte van de Zeventien Provinciën __n __nheid.
- Willem de Zwijger was niet all__n in Z__land stadhouder.

- In 1566 kwam het in St__nvoorde tot de __rste b__ldenstorm van de N_derlanden.
- Willem erfde Orange van een n__f van zijn vader.
- Hij w_ rd de algem__n erk_nde leider van het verz_t.
- Farnese was __n veldh__r.
- In de zestiende eeuw was Antwerpen de tw__degrootste stad van West-Europa.
- Was Willem van Oranje al v__rtig toen hij vermoord w_rd?

**Oefening 6 - Nu gaat het niet om e / ee!**

- Willem de Zwijger w_s gr__ f v__n Nassau, m__r ook stadhouder onder Karel V, die in 1555 __ftr__d als Keizer.
- De eerste beeldenstorm van de Nederlanden vond in Fr__ns-Vl__nderen pl__ts.
- N__r __nleiding d__rv__n voerden de Sp__nj__rden repressie tegen de protestanten. Hun __nt__l w__s __l groot.
- N__ de terechtstelling van de gr__ven Egmont en Hoorn werd het verzet __lm_r sterker.

**Oefening 7 - Beantwoord de vragen, maar vul eerst aan:**

- Wanneer ___over__en de Spanjaarden Antwerpen?
- _____ dat voor of nadat Willem van Oranje ___moor__ werd?
- En waren Egmont en Hoorn toen al terechtgestel__?
- Wie ______ de Zeventien Provinciën tot een eenheid gem__k__?
- En wie voer__e op bevel van Filips de Tweede een hevige repressie tegen de protestanten?
- Wat ____ de bijnaam van Willem van Oranje?
- Noem__e men hem in die tijd al zo?
- Willem ____ het prinsdom Oranje geër___, maar ____ hij alleen Prins van Oranje?
- Wie blo__eer_en de Schelde vanaf 1585?
- Tot wanneer duur__e het gewapen__e conflict _______ Spanje en de Nederlanden?
- En wat voor resultaat ____ de Vrede van Münster?
- Wanneer _____ Willem de Zwijger geboren en tot wanneer lee__e hij?

# Les 7

# NEDERLANDSE EN BELGISCHE GESCHIEDENIS IN HET KORT (*vervolg*)

| GRAMMATICA |
|---|
| ▪ Die Hilfsverben *hebben* und *zijn*<br>▪ Starke Verben<br>▪ Starke Verben mit besonderen Unregelmäßigkeiten<br>▪ Gemischte Konjugation / Schwaches Verb mit Lautwechsel<br>▪ Possessivpronomen<br>▪ Pronominaladverb |

## NEDERLANDSE EN BELGISCHE GESCHIEDENIS IN HET KORT (*vervolg*)

*In feite* was de Vrede van Münster in 1648 (zestienhonderdachtenveertig) geen nieuw *begin*, maar de *bevestiging* van wat in 1579 (vijftienhonderdnegenenzeventig) met de Unie van Utrecht begonnen was. Intussen had de jonge republiek zowel economisch als militair grote *successen* geboekt. Door de ondergang van Antwerpen hadden meer dan 100.000 (honderdduizend) *kooplieden* en intellectuelen het Zuiden verlaten. Met hun geld en *kunde* werd onder meer de Verenigde Oost-Indische Compagnie (VOC) opgericht, die een groot deel van de handel met de Aziatische landen controleerde. In dienst van de West-Indische Compagnie had Piet Hein in 1628 (zestienhonderdachtentwintig) de beroemde *Zilvervloot gekaapt*, en stadhouder Frederik-Hendrik had delen van Vlaanderen, Brabant en Limburg op de Spanjaarden *veroverd*.

Het stadhouderschap werd nationaal en daarna *zelfs* erfelijk, wat in de $18^e$ (achttiende) eeuw ook tot machtsmisbruik *leidde* en opstandige bewegingen *uitlokte*. Al *gauw* na de Franse Revolutie van 1789 (zeventienhonderdachtennegentig) *rukten* de Franse troepen de Zuidelijke Nederlanden *binnen*; in de winter van 1794-1795 (zeventienhonderdvierennegentig tot zeventienhonderdvijfennegentig) veroverde Frankrijk ook de Republiek der Verenigde Nederlanden. De laatste stadhouder, Willem V (de Vijfde), vluchtte naar Engeland, en – *vreemd* genoeg – een aanzienlijk deel van de bevolking *verwelkomde* de Fransen als bevrijders.

Na de nederlaag van Napoleon in Leipzig - volkerenslag van 1813 (achttienhonderddertien) – *herwon* Nederland zijn soevereiniteit. Meer nog: de eenheid met de Zuidelijke Nederlanden werd *hersteld* en in maart 1815 (achttienhonderdvijftien) werd de zoon van de laatste stadhouder gekroond tot Koning Willem I (de Eerste). In het (nieuwe) zuidelijke deel voelden de Franssprekende aristokraten en *ambtenaren* zich *echter* bedreigd door de taalpolitiek van de koning, en de Katholieke Kerk was bang voor een *overwicht* van het protestantse Noorden. Deze spanningen leidden tot de revolutie van 1830 (achttienhonderddertig) en de onafhankelijkheid van België.

Tot 1890 (achttienhonderdnegentig) had Nederland een koning. In dat jaar kwam er met de dood van Willem III (de Derde) een eind aan de mannelijke *erfopvolging*. Daarna had Nederland alleen nog koninginnen: eerst Wilhelmina, die een halve eeuw regeerde (tot 1948) (negentienhonderdachtenveertig), daarna Juliana, en sinds 1980 (negentienhonderdtachtig) Beatrix. Met kroonprins Willem-Alexander is er weer een mannelijk troonopvolger en dus een koning in het *vooruitzicht*.

Het jonge België kreeg een constitutionele monarchie, met Leopold van Saksen-Coburg-Gotha als eerste koning. De huidige *vorst,* Albert I, heeft zijn in 1994 (negentienhonderdvierennegentig) *overleden* broer Boudewijn opgevolgd, die - na de *abdicatie* van hun vader Leopold III (de Derde) in 1950 (negentienhonderdvijftig) - eerst koninklijk prins en daarna koning werd, en in het hele land erg geliefd was.

| | |
|---|---|
| ***het vervolg*** | Fortsetzung |
| ***in feite*** | tatsächlich, eigentlich |
| ***het begin*** | Anfang |
| ***de bevestiging*** | Bestätigung |
| ***het succes*** | Erfolg |
| ***de kooplieden*** | Kaufleute |
| ***de kunde*** | das Können |
| ***de Zilvervloot*** | die „Silberflotte" |
| ***kapen*** | kapern |
| ***veroveren*** | erobern |
| ***zelfs*** | sogar |
| ***leiden*** | führen |
| ***uitlokken*** | hervorrufen |
| ***gauw*** | bald |
| ***binnenrukken*** | einrücken (in) |
| ***vreemd*** | seltsam |
| ***verwelkomen*** | willkommen |
| ***herwinnen*** | wiedergewinnen |
| ***herstellen*** | wiederherstellen |
| ***de ambtenaar*** | Beamter |
| ***echter*** | aber, jedoch |
| ***het overwicht*** | Übergewicht |
| ***de erfopvolging*** | Erbfolge |
| ***het vooruitzicht*** | Aussicht |
| ***de vorst*** | Fürst, Monarch |
| ***overlijden*** | versterben |
| ***de abdicatie*** | Abdankung |

## KORT OVERZICHT IN JAARTALLEN EN TREFWOORDEN

800 Karel de Grote wordt tot keizer der Franken gekroond.

843 Verdrag van Verdun: West-, Midden- en Oost-Frankenland.

1302 Guldensporenslag: Vlaams volksleger tegen de Franse koning.

1356 "Blijde Inkomst": erkenning van de rechten der burgers.

1369 Filips de Stoute, hertog van Bourgondië, huwt Margareta, erfdochter van Vlaanderen.

1419-1467 Filips de Goede, hertog van Bourgondië.

1464 De Staten-Generaal voor het eerst bijeen.

1477 Maria van Bourgondië huwt Maximiliaan van Oostenrijk (Habsburgs huis).

1500 Karel V in Gent geboren. Hij wordt heer der Nederlanden, koning van Spanje, keizer van Duitsland.

1543 Karel V verovert Gelre, de laatste van de Zeventien Provinciën.

1555 Karel V wordt opgevolgd door Filips II, koning van Spanje en heer der Nederlanden. Onderdrukking van godsdienstige en burgerlijke vrijheid.

1566 Begin van het verzet tegen Filips II: edelen pleiten bij de landvoogdes; beeldenstorm.

1568-1648 Tachtigjarige oorlog: vrijheidsstrijd van de Nederlanden tegen Spanje onder leiding van Willem van Oranje en zijn zonen Maurits en Frederik Hendrik.

1572 De Watergeuzen vallen Hollandse en Zeeuwse havens binnen.

1576 Pacificatie van Gent: laatste poging om de politieke eenheid van de Nederlanden te bewaren.

1584 Willem van Oranje in Delft vermoord.

1585 Val van Antwerpen: scheiding tussen noordelijke en zuidelijke Nederlanden.

1609-1621 Twaalfjarig Bestand. Godsdiensttwisten in Holland.

1648 Vrede van Münster: de noordelijke Nederlanden worden als een zelfstandige republiek erkend, de zuidelijke blijven Spaans.

1672 Rampjaar: de republiek wordt aangevallen door Frankrijk, Engeland, Münster en Keulen. Willem III wordt stadhouder.

1691 Stichting van Batavia (Djakarta) in Oost-Indië (Indonesië) door Jan Pieterszoon Coen.

| | |
|---|---|
| 1713 | Vrede van Utrecht (einde van de Spaanse Successieoorlog): de zuidelijke Nederlanden worden Oostenrijks. |
| 1795 | De noordelijke Nederlanden door Franse troepen bezet. |
| 1813 | Volkerenslag bij Leipzig. Koning Willem I (van Oranje) ingehuldigd te Amsterdam. |
| 1815-1830 | Noord en Zuid verenigd in het koninkrijk der Nederlanden onder Willem I. |
| 1830 | Belgische opstand. |
| 1839 | Officielë scheiding van Noord en Zuid. |
| 1849 | Eerste Algemeen Nederlands Congres: culturele toenadering van Noord en Zuid. |
| 1898 | Het Nederlands in België erkend als officiële taal naast het Frans. |
| 1914-1918 | Eerste wereldoorlog. België slagveld: loopgravenoorlog rond Ieper. Frontbeweging: Vlaams nationalisme. Nederland neutraal. |
| 1940-1945 | Tweede wereldoorlog in Nederland en België. Beide landen door de Duitsers bezet. Onderdrukking en verzet. Jodenvervolgingen. |
| 1944 | België en zuidelijk Nederland bevrijd. Hongerwinter in West-Nederland. |
| 1945 | Heel Nederland bevrijd. |

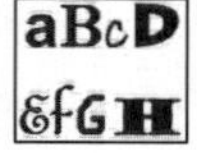


## Grammatica

### Die Hilfsverben *hebben* und *zijn*

Die Stammformen von *hebben* lauten:

*hebben - had / hadden – gehad*

Die Stammformen von *zijn* lauten:

*zijn - was / waren – geweest*

Die zusammengesetzten Formen der Vergangenheit (Perfekt, Plusquamperfekt usw.) werden mit dem 2. Partizip und dem Hilfsverb *hebben* oder *zijn* gebildet:

*Ik heb het gemaakt. / Het is mislukt.*
*Ik had het gemaakt. / Het was mislukt.*

Für die Unterscheidung zwischen *hebben* und *zijn* gelten im Wesentlichen die gleichen Regeln wie im Deutschen. Es gibt jedoch auch zahlreiche Ausnahmen:

*Ik heb te snel gereden.* (Ich *bin* zu schnell gefahren.)
*Hij is gisteren gepromoveerd.* (Er *hat* gestern promoviert.)

## ➷ Starke Verben

Bei den starken Verben ändert sich im Imperfekt und (meistens auch) im Passivpartizip der Stammvokal. Das Passivpartizip (nicht-zusammengesetzter und nicht-abgeleiteter Verben) erhält die Vorsilbe *ge-* und in der Regel die Endung *-en*. Die Imperfektformen haben im Singular keine Endung; die Pluralformen haben die Endung *-en*.

Dabei gelten auch die Regeln für den Lautwechsel von *f* zu *v* und von *s* zu *z*:

*ik*
*je* } *kreeg / bleef / begon / koos*
*hij*

*we*
*jullie* } *kregen / bleven / begonnen / kozen*
*ze*

Folgende Gruppen sind zu unterscheiden (die wichtigeren Gruppen sind jeweils mit mehreren Beispielen vertreten, und viele Verben kommen in den Texten der Kapitel 7 bis 9 vor).

| | | | |
|---|---|---|---|
| 1. | *krijgen* | *kreeg* | *gekregen* |
| | *schrijven* | *schreef* | *geschreven* |
| | *stijgen* | *steeg* | *gestegen* |
| | *blijven* | *bleef* | *gebleven* |
| | *blijken* | *bleek* | *gebleken* |
| | *overlijden* | *overleed* | *overleden* |
| | *verwijzen* | *verwees* | *verwezen* |
| 2. | *vliegen* | *vloog* | *gevlogen* |
| | *schieten* | *schoot* | *geschoten* |
| | *kiezen* | *koos* | *gekozen* |
| | *genieten* | *genoot* | *genoten* |
| 3. | *sluiten* | *sloot* | *gesloten* |
| | *schuiven* | *schoof* | *geschoven* |
| | *besluiten* | *besloot* | *besloten* |
| | *verschuiven* | *verschoof* | *verschoven* |

| | | | |
|---|---|---|---|
| 4. | *wegen* | *woog* | *gewogen* |
| | *bewegen* | *bewoog* | *bewogen* |
| 5. | *winnen* | *won* | *gewonnen* |
| | *vinden* | *vond* | *gevonden* |
| | *dwingen* | *dwong* | *gedwongen* |
| | *afdwingen* | *dwong af* | *afgedwongen* |
| 6. | *trekken* | *trok* | *getrokken* |
| | *zenden* | *zond* | *gezonden* |
| | *vertrekken* | *vertrok* | *vertrokken* |
| 7. | *dragen* | *droeg* | *gedragen* |
| | *varen* | *voer* | *gevaren* |
| 8. | *laten* | *liet* | *gelaten* |
| | *vallen* | *viel* | *gevallen* |
| | *aanvallen* | *viel aan* | *aangevallen* |
| 9. | *lopen* | *liep* | *gelopen* |
| 10. | *worden* | *werd* | *geworden* |
| 11. | *roepen* | *riep* | *geroepen* |
| 12. | *helpen* | *hielp* | *geholpen* |
| | *sterven* | *stierf* | *gestorven* |
| 13. | *aftreden* | *trad af / traden af* | *afgetreden* |
| | *vergeten* | *vergat / vergaten* | *vergeten* |
| | *geven* | *gaf / gaven* | *gegeven* |
| | *lezen* | *las / lazen* | *gelezen* |
| 14. | *nemen* | *nam / namen* | *genomen* |
| | *spreken* | *sprak / spraken* | *gesproken* |
| 15. | *liggen* | *lag / lagen* | *gelegen* |
| | *zitten* | *zat / zaten* | *gezeten* |

Für die Klassen 13, 14 und 15 gilt, dass das *a* des Imperfektstammes im Singular kurz ist, im Plural dagegen lang.

## ↳ Starke Verben mit besonderen Unregelmäßigkeiten

| | | |
|---|---|---|
| *komen* | *kwam / kwamen* | *gekomen* |
| *houden* | *hield* | *gehouden* |
| *weten* | *wist* | *geweten* |
| *gaan* | *ging* | *gegaan* |
| *doen* | *deed* | *gedaan* |
| *staan* | *stond* | *gestaan* |
| *zien* | *zag* | *gezien* |
| *slaan* | *sloeg* | *geslagen* |
| *kopen* | *kocht* | *gekocht* |
| *zoeken* | *zocht* | *gezocht* |

## ↳ Gemischte Konjugation / Schwaches Verb mit Lautwechsel

| | | |
|---|---|---|
| *zeggen* | *zei / zeiden* | *gezegd* |

## ↳ Possessivpronomen

In der 1. bis 3. Person Singular werden genauso wie bei den Personalpronomina *reduzierte* und *volle* Formen unterschieden, in der 1. bis 3. Person Plural sind die Formen identisch:

| reduzierte Form | | volle Form |
|---|---|---|
| - *Mijn / M'n* auto is gestolen. | >< | *Mijn* auto is lang niet zo mooi als die van jou. |
| - Is *je* vriendin alleen op vakantie? | >< | Is dat *jouw* glas? |
| - Hebt u *uw* hoed niet vergeten, meneer Janssens? | >< | Is dat *uw* hoed, meneer Janssens? |
| - Hij had nauwelijks naar *zijn / z'n* glas gekeken of het was leeg! | >< | Jan heeft gevraagd of we *zijn* boeken willen laten liggen. De rest mag opgeruimd worden. |
| - Vanavond moet ze *haar /d'r* ouders opbellen | >< | Heb je *haar* kamer ook gepoetst? |
| - *Ons* huis is verkocht. | >< | Heb je van *onze* taart ook al geproefd? |
| - Wat is het nummer van *jullie* kamer? | >< | Hoeveel plaatsen zijn er nog in *jullie* auto? De andere auto's zijn allemaal vol. |

- *Hun* ouders wonen in Spanje. >< Jan en Tineke gaan dit jaar alleen op reis. – Hoe is dat met Veerle en Bart – gaan *hun* kinderen wél mee?

Die angegebenen Formen sind unabhängig davon, ob ihnen ein Substantiv im Singular oder im Plural folgt (*mijn dochter / mijn dochters*). Es gibt nur eine Ausnahme, nämlich *ons / onze* (*onze dochter, ons kind / onze dochters, onze kinderen*). Dieses Possessivpronomen wird also wie ein Adjektiv (siehe Lektion 9) behandelt.

Die Possessivpronomina können auch selbständig, d.h. substantivisch, gebraucht werden:

- Is dat jouw glas? - Ja, dat is *het mijne*; *het jouwe* was leeg!
- Goed dat jullie je auto terug hebben, *de onze* is nog altijd in de garage.

### ➷ Pronominaladverb

Na 1890 had Nederland alleen nog koninginnen.
*Daarna* had Nederland alleen nog koninginnen.

In betonter Stellung kann *daar* mit einer Reihe von Präpositionen Pronominaladverbien bilden; diese sind trennbar:

*Met dat boek / Daarmee kan ik niets beginnen* (anfangen) / Daar kan ik niets mee beginnen.
*Uit die mededeling / Daaruit kan ik niets opmaken* (schließen) / *Daar kan ik niets uit opmaken.*
*Daarvan heb ik niets gehoord / Daar heb ik niets van gehoord.*
*Daarop kun je rekenen / Daar kun je op rekenen.*

## Oefeningen

**Oefening 1 - Kijken we om te beginnen nog eens naar de (via de desbetreffende klankwetten** (*Lautgesetze*)**) makkelijk te herkennen** *(leicht zu erkennende)* **woorden?**

intussen / misbruik / nederlaag / eind / vorst / geliefd / boeken / onafhankelijk / opstandig / huidig / leiden tot

**Oefening 2 - En wat is de kern van de volgende woorden / woordgroepen?**

uitlokken / aanzienlijk / verwelkomen / binnenrukken / ambtenaar / heel / alleen nog / kunde / zelfs

**Oefening 3 - Wat betekenen deze bijwoorden** *(Adverbien)***?**

gauw / echter / dus / erg / weer

**Oefening 4 - In de tekst staan twee werkwoorden met het voorvoegsel / prefix *her-*:**

Nederland *herwon* zijn soevereiniteit.
De eenheid werd *hersteld.*

**Als we weten dat *her-* zoveel is als het Duitse *wieder- / aufs Neue*, wat betekent dan:**

Wilt u het eens *herhalen*?
Toen het goede nieuws bekend werd, *herademde* ik.
Noord en Zuid werden tussen 1815 en 1830 kortstondig *herenigd.*
Volgens sommigen moet de kapitalistische maatschappij dringend *herverdelen.*
We wachten op de *herdruk* van het boek.
We moeten zoveel mogelijk afval *hergebruiken.*

**Oefening 5 - Het Duits heeft veel meer werkwoorden met het prefix *er-:* het Nederlandse equivalent van *erobern* is *veroveren*, *erfinden* is *uitvinden*, en voor *erreichen* zeggen we *bereiken.* Als we dat geregistreerd hebben, worden ook de volgende zinnen makkelijker:**

In de winter moet je een oleander binnen zetten, anders *bevriest* hij.
Respect kun je eigenlijk niet *afdwingen.*
Dat kun je niet *verwachten.*
"Wie zichzelf *verheft*, zal *vernederd* worden" zegt de bijbel.
Hoe heeft die familie haar fortuin *verworven*?
Is daar een *verklaring* voor?

**Oefening 6 - Wie herkent de imperfectum- / perfectumvormen? En hoe luidt de infinitief?**

Koning Boudewijn is in 1994 *overleden.*
Hij *was* nog een kind toen de Duitse legers in 1940 België *binnenrukten* en veel mensen *wegvluchtten* omdat ze zich *bedreigd voelden.*
Wanneer *begon* de oorlog in Vietnam?
Wie had het conflict uitgelokt? En waartoe *leidden* de vele bombardementen?
Die *(dieses)* auto hebben ze van hun ouders *gekregen.*

**Oefening 7 - Kunt u de goede possessiefpronomina invullen?**

1. Namen de kooplieden uit Antwerpen _____ geld mee naar het Noorden?
2. Had Piet Hein _____ schip zelf gekocht?
3. Wanneer zal *(wird)* Koningin Beatrix _____ zoon Willem-Alexander koning laten worden, denk je?
4. _____ vrouw en ik moeten dringend een nieuwe auto bestellen. ____ oude is helemaal versleten.
5. Heb je _____ kamer gesloten?
6. Vergeet u ______ tas niet, mevrouw Peeters!

**Oefening 8 - Wat is de goede chronologische volgorde voor de onderstaande vaststellingen?**

1. Albert II volgde zijn broer Boudewijn op.
2. Na de val van Antwerpen, verlieten meer dan 100.000 mensen de Zuidelijke Nederlanden.
3. De frustraties van de Franstalige aristokraten leidden tot een revolutie.
4. Stadhouder Willem II vluchtte naar Engeland.
5. De Katholieke Kerk was bang voor protestantse invloeden.
6. Piet Hein kaapte de Spaanse Zilvervloot.
7. Napoleon werd in Leipzig verslagen.
8. Wilhelmina regeerde een halve eeuw.
9. De VOC voer op Indië.

**Oefening 9 -**

**a. Waardoor maakt een Duitstalige eventueel deze fouten? En hoe luidt dat in echt Nederlands?**

- * Het geeft nog brood genoeg.
- * Het geeft nog appelen genoeg.
- * Dat is een groot gevolg.
- * Dat voert tot misbruiken.
- * De beamten zijn ontevreden.
- * We hebben een vereniging verricht.
- * De Franse revolutie vond plaats in het achttiende jaarhonderd.
- * De Franstaligen zijn bang voor het overgewicht van de Vlamingen.
- * Albert II is de navolger van zijn broer Boudewijn.

**b. En wat bedoelt een Nederlandstalige als hij in twijfelachtig Duits zegt**:

- * König Balduin ist vor einigen Jahren überlitten.
- * Er war sehr geliebt.

# Les 8

# NEDERLAND EN BELGIË NA DE *OORLOG*

| GRAMMATICA |
|---|
| ▪ Futur<br>▪ Konditional<br>▪ Modalverben<br>▪ Relativpronomen<br>▪ Demonstrativpronomen<br>▪ Interrogativpronomen |

## NEDERLAND EN BELGIË NA DE *OORLOG*

In 1914 (negentienhonderdveertien) was Nederland niet door de Duitse troepen *aangevallen*. België daarentegen ontkwam niet aan de *gruwelen* van de Eerste Wereldoorlog. Na de *overwinning* in 1918 (negentienhonderdachttien) genoot de kleine natie overal ter wereld veel sympathie. Vele landen hielpen het ook bij zijn wederopbouw.

Tijdens de Tweede Wereldoorlog *verging* het Nederland heel anders. Onder meer aan het bombardement van Rotterdam, de jodenvervolging en de hongerwinter van 1944 (negentienhonderdvierenveertig) *hield* het grootste deel van de bevolking een diep trauma *over*.

De eerste naoorlogse jaren was Nederland doorgekomen met een grote politieke *eensgezindheid*, met regeringen van katholieken en liberalen. Maar *naarmate er* meer te verdelen *viel* en de welstand *groeide,* bleef daar niet veel van over. De door de Partij van de Arbeid *bepleite geleide economie ondervond* bovendien meer *tegenstand*, omdat ze in strijd bleek met de sterke economische expansie. Een *belangrijke* factor bij de economische *groei* was de bevolkingsexplosie in de tweede helft van de jaren veertig. In 1940 (negentienhonderdveertig) telde Nederland ongeveer 8 (acht) miljoen inwoners, in 1949 (negentienhonderdnegenenveertig) werd de tien miljoenste Nederlander in de registers van de *Burgerlijke Stand* ingeschreven en in 1965 (negentienhonderdvijfenzestig) was het aantal inwoners gestegen tot 12 (twaalf) miljoen. Om de vele jonge mensen werk te geven, moest er geïndustrialiseerd worden. De lonen bleven laag en Nederland kon veel exporteren. De haven van Rotterdam groeide met Europoort de zee in, en de Nederlandse multinationals Philips, Shell, Unilever, Akzo *e.a. breidden* hun macht *uit*. Een *meevaller* was ook de ontdekking van grote *hoeveelheden* aardgas in de Provincie Groningen (Slochteren).

In België verliepen de eerste jaren na de oorlog niet zo *vreedzaam*. Bij de bestraffing van collaborateurs waren er *nogal wat* excessen, en de 'koningskwestie' – de vraag of Leopold III (de Derde) nog langer koning kon blijven – sloeg een diepe *kloof* op verschillende terreinen van *maatschappij* en politiek. Leopold was in 1944 bij de *aftocht* van het Duitse *leger* meegevoerd en verbleef na de capitulatie in Zwitserland. In 1950 (negentienhonderdvijftig) keerde hij naar België terug, maar een volksopstand in Wallonië en Brussel dwong hem tot abdicatie.

In de internationale *samenwerking* werden beide landen voorlopers. In 1945 (negentienhonderdvijfenveertig) al hadden Nederland, België en Luxemburg een *douane-overeenkomst* met elkaar afgesloten, in 1958 (negentienhonderdachtenvijftig) ondertekenden ze het Verdrag tot *Instelling* van de BENELUX Economische Unie, die al gauw een *voorbeeld* werd voor de latere Europese Gemeenschap (EG) en de Europese Unie (EU).

| | |
|---|---|
| ***de oorlog*** | Krieg |
| ***aanvallen*** | angreifen |
| ***de gruwelen*** | Gräuel |
| ***de overwinning*** | Sieg |
| ***vergaan*** | ergehen |
| ***overhouden (aan)*** | zurückbehalten |
| ***er valt iets te verdelen*** | es gibt etwas zu verteilen |
| ***groeien*** | wachsen |
| ***bepleiten*** | plädieren (für) |
| ***de geleide economie*** | Planwirtschaft |
| ***ondervinden*** | erfahren, erleben |
| ***de tegenstand*** | Widerstand |
| ***belangrijk*** | wichtig |
| ***groei*** | Wachstum |
| ***De Burgerlijke Stand*** | *Standesamt* |
| ***e.a.*** | *en andere(n)* und andere |
| ***uitbreiden*** | ausdehnen |
| ***de meevaller*** | Glücksfall |
| ***de kloof*** | Kluft |
| ***de maatschappij*** | Gesellschaft |
| ***de aftocht*** | Abzug |
| ***het leger*** | Heer |
| ***de samenwerking*** | Zusammenarbeit |
| ***de douane-overeenkomst*** | Zollabkommen |
| ***de instelling*** | Errichtung |
| ***het voorbeeld*** | Beispiel |

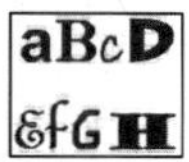

## Grammatica

### ↳ Futur und Konditional

Das Futur wird mit den Präsensformen des Hilfsverbs *zullen*, das Konditional mit den Imperfektformen von *zullen* – die nur noch in diesem Zusammenhang verwendet werden – gebildet:

*Ik zal het morgen doen.*
*Je zult / zal het me nog wel eens vertellen.*
*Dat zal hij zeker doen.*
*We zullen het morgen doen.*
*Wanneer zullen jullie het weten?*
*Ze zullen wel niet voor overmorgen aankomen.*

*Ik zou liever nu al beginnen.*
*Zou je niet liever wachten?*
*Ze zou het zeker doen, zei ze.*
*Zouden we het zo doen of anders?*
*Wat zouden jullie graag drinken?*
*Ze zouden ook wat langer kunnen blijven.*

### ↳ Modalverben

Die Modalverben lauten:

| | | |
|---|---|---|
| kunnen | = | de mogelijkheid hebben |
| mogen | = | de toestemming hebben *(= dürfen)* |
| moeten | = | de verplichting hebben / niet anders kunnen |
| niet moeten | = | verkeerd zijn / niet verantwoord zijn |
| niet hoeven | = | niet nodig zijn *(= nicht (zu tun) brauchen)* |
| willen | = | verlangen / tot doel *(Ziel)* hebben |

Die Präsensformen der modalen Hilfsverben lauten:

| | | | | | |
|---|---|---|---|---|---|
| *ik* | *kan* | *mag* | *moet* | *hoef* | *wil* |
| *je* | *kan / kunt** | *mag* | *moet* | *hoeft** | *wil / wilt** |
| *ze* | *kan* | *mag* | *moet* | *hoeft* | *wil* |
| *we* | *kunnen* | *mogen* | *moeten* | *hoeven* | *willen* |
| *jullie* | *kunnen* | *mogen* | *moeten* | *hoeven* | *willen* |
| *ze* | *kunnen* | *mogen* | *moeten* | *hoeven* | *willen* |

* *kun je / hoef je / wil je*, maar *moet je*

Die Vergangenheitsformen der modalen Hilfsverben lauten:

| | | |
|---|---|---|
| *kunnen* | *kon / konden* | *gekund* |
| *mogen* | *mocht* | *gemogen* |
| *moeten* | *moest* | *gemoeten* |
| *hoeven* | *hoefde* | *gehoeven* |
| *willen* | *wilde / wilden* | *gewild* |

## ↳ Relativpronomen

Für *de*-Wörter (Maskulinum und Femininum) lautet das Relativpronomen im Singular *die*, für *het*-Worter (Neutrum) ist es *dat*:

*de man die … / de vrouw die … / het kind dat …*

Die Pluralform ist immer *die:*

*de mannen / vrouwen / kinderen die …*

Nach einer Präposition lautet das Relativpronomen, das sich auf eine Person bezieht, im förmlichen Sprachgebrauch *wie:*

*de man / de vrouw / de dames met wie ik gesproken heb …*

In weniger förmlicher Sprache wird jedoch häufig *waar* mit angehängter Präposition verwendet; dies gilt immer, wenn es um Gegenstände oder Abstrakta geht:

*de man / de vrouw / de dames waarover we spraken …*
*de man / de vrouw / de dames waar we over spraken …*

*de auto waar je mee rijdt ...*
*een idee waar ze niet van af te brengen is ...*

## ↳ Demonstrativpronomen

Die wichtigsten Formen sind *deze*, *die*, *dit* und *dat*. Auf *de*-Wörter beziehen sich *deze* und *die,* für *het*-Wörter werden *dit* und *dat* verwendet. Im Plural gelten immer *deze* und *die*:

| | | |
|---|---|---|
| *de* | *deze* | *die man / vrouw* |
| *het* | *dit* | *dat kind* |
| *de* | *deze* | *die mannen / vrouwen / kinderen* |

*deze* und *dit* (dieser, -e, -es) bezeichnen das Näherliegende, *die* und *dat* (jener, -e, -es) das Entferntere.

## ↬ Interrogativpronomen

Das Interrogativpronomen lautet für Personen immer *wie?* – für Sachen *wat?* Für die adjektivische Funktion stehen *welke?* und *welk?* zur Verfügung:

*welke man? / welke vrouw? / welk kind?*

Der Plural lautet immer *welke: welke mannen / vrouwen / kinderen?*

## Oefeningen

**Oefening 1**

**a. Waarom zijn deze woorden zo gemakkelijk** *(leicht)* **herkenbaar?**
regering / wederopbouw / helft / ontdekking / terugkeer / kloof / voorloper gruwel / hoogtepunt / overeenkomst / voorbeeld / ontkomen / ondertekenen genieten / inwoner / haven / welstand

**b. Welk deel van het woord geeft de Duitstalige lezer een tip?**
eensgezindheid / meevaller / hoeveelheid / belangrijk / uitbreiden / samenwerken vreedzaam / Burgerlijke Stand

**c. En waarom hebben we bij deze laatste reeks** *(Reihe)* **van woorden geen of nauwelijks een semantisch aanknopingspunt?**
groeien / almaar / blijken / verschillen / overwinnen

**Oefening 2 - Twee van de onderstaande woorden zijn voegwoorden** *(Konjunktionen)*, **één is een voorzetsel** *(Präposition)*, **en de overige zes zijn bijwoorden** *(Adverbien):*

**Weten we welk wat is?**

naarmate / tijdens / overal / onder meer / almaar / heel anders / bovendien omdat / daarentegen

**En kunnen we ze ook op de goede open plaats onderbrengen?**

1. __________ de Tweede Wereldoorlog waren er zowel in Nederland als in België collaborateurs.
2. Dat soort mensen vind je altijd en __________.
   __________ willen sommigen zich ook in de meest trieste *(traurig)* situaties nog verrijken (*bereichern).*
3. __________ de oorlog vorderde *(voranschritt)*, werden velen van hen echter bang.
4. Het werd __________ duidelijker wie de oorlog zou winnen.
5. Na de oorlog gingen de mensen __________ __________ leven.

6. Ze hadden __________ __________ weer genoeg te eten.
7. Dure reizen maken bleef in de jaren vijftig __________ de uitzondering *(Ausnahme)*, __________ de lonen laag waren.

**Oefening 3 - Wie vindt de tegengestelde helft van het paar?**

| | | |
|---|---|---|
| hoog | >< | __________ |
| weinig | >< | __________ wat |
| hetzelfde | >< | ver__________ |
| vrijwillig | >< | ged__________ |
| oorlogszuchtig | >< | __________ |
| afnemen | >< | gr__________- |
| pech | >< | __________ |

**Oefening 4 - Gezien dat het werkwoord *vallen* nog andere betekenissen heeft dan zijn Duitse neefje *fallen*?**

1. Dat was gunstiger dan verwacht! Dat ________ mee!
   Dat is een __________!
   En als iets tegenvalt, is dat dan een ______________? – Ja!
2. Er ______ ( = was) niets te verdelen.
   Daar ________ ( = is) weinig aan te doen.
3. Alleen een elftal met een goede verdediging kan het zich permitteren __________d (*angreifend*) te spelen. Daarom voelde de trainer zich ____________ (*angegriffen*) door het gefluit van de toeschouwers.
4. In 1914 werd alleen België __________*(angegriffen).*
   De terugkeer van soldaten uit een oorlog is namelijk altijd een ______________e gebeurtenis (*ein ergreifendes Ereignis*)

**Oefening 5 - Ook gezien dat de Nederlandse equivalenten van *musste / konnte / wurde* achteraan geen *-e* hebben? Schrijf ze eens op en geef er het meervoud** *(Plural)* **van:**

**Oefening 6 - Vul aan met die / deze / dat / dit / wie:**

1. Ken je _____ heer, met _____ Jan staat te praten?
2. _____ is de man van _____ dame met _____ rode haar.
3. Maar _____ ken ik ook niet.- Dan kan ik je niet helpen. Wil je een glas rode wijn? _____ hier is erg lekker. _____ andere is ook niet slecht, maar al wat ouder, net als wij.

4. Tegen _____ zeg je het! Zullen we ook een broodje nemen?
   _____ hier lijkt me gezond, met _____ sla (*Salat*) en _____ garnalen (*Krabben*).
5. Ja, het is allemaal voortreffelijk. Ik had ook niet anders verwacht van _____ ontvangst.

**Oefening 7**
**Kies het goede werkwoord in de goede vorm:**

kunnen / niet hoeven / mogen / zullen / moeten / willen

\+ _____ ik u iets vragen?
\- Zeker, als ik u _____ antwoorden, _____ ik dat graag doen.
\+ _____ het aantal inwoners van Nederland blijven stijgen?
\- Dat _______ we afwachten, maar voor mij _____ het niet.

**Oefening 8 - Vul de open plaatsen aan met een imperfectumvorm van het passende werkwoord:**

zijn / houden / komen / vinden / vallen / zeggen
helpen / doen / blijven / blijken / hebben / geven

Jan _______ om acht uur thuis, maar zijn vriendin ______ kwaad. Het ______ niet dat hij haar een kus _______. Zij _______ dat hij eerder______ moeten komen, als hij van haar _______. Daar _______ niet veel op te zeggen. Hij _______ dat ook niet. Hij _______ niets. Zij _______ de hele avond kwaad. Pas om elf uur _______ het voorbij.

**Oefening 9 - Wat kunnen we op deze vragen meer antwoorden dan *ja* of *nee*?**

- Werd Nederland in 1914 bij de Eerste Wereldoorlog betrokken?
- Hoe staat de Nederlandse bevolking tegenover Wereldoorlog II?
- Waren er in Nederland veel politieke meningsverschillen na 1945?
- Bleef men het over alles eens?
- Hadden de socialisten succes met hun voorstel tot een geleide economie?
- Waarom moest er geïndustrialiseerd worden?
- Waarom kon Nederland veel exporteren?
- Heeft Nederland aardgas?
- Wat was in België het gevolg van de *koningskwestie*?
- Wat sloten België, Nederland en Luxemburg nog voor de BENELUX ontstond?

# Les 9

# HET DRIETALIGE BELGIË: CONFLICTEN EN COMPROMISSEN

| GRAMMATICA |
|---|
| ▪ Adjektiv<br>▪ Steigerung und Vergleich<br>▪ Adverb<br>▪ Zahlwörter |

# HET DRIETALIGE BELGIË: CONFLICTEN EN COMPROMISSEN

Na 1830 beheerste de Franstalige aristocratie politiek en maatschappij van het onafhankelijke België. *Pas* aan het eind van de 19e eeuw kregen de Nederlandstaligen *zekere* taalrechten. Op *middelbaar* en *hoger onderwijs* in hun eigen taal moesten ze *echter* nog tot 1930 wachten. In deze taal- en cultuurstrijd speelde de *Vlaamse Beweging* een belangrijke rol.

Zolang kolen en staal pijlers van de westerse economie waren, lag het Belgische industriële *zwaartepunt* in Wallonië. *Vanaf* de jaren zestig van de 20e eeuw profiteerde Vlaanderen met zijn jongere bevolking en relatief *goedkope* arbeidskrachten van een buitenlandse investeringsboom. Er ontstonden ook veel Kleine en Middelgrote Ondernemingen (KMO's), en de *welvaart* nam snel toe. Sinds de jaren tachtig is Vlaanderen het rijkste *gewest* van België en jaarlijks *vloeit* een aantal miljarden euro naar Wallonië.

Van een echte taalstrijd is *nauwelijks* nog sprake, *behalve* in de randgemeenten van Brussel die bij Vlaanderen horen maar waar veel Franstaligen wonen. De *verdeeldheid* tussen Nederlandstaligen en Franstaligen is veeleer naar het economische *vlak* verschoven. De traditionele *tegenstelling* tussen confessionelen (katholieken) en niet-religieus gerichten (vrijzinnigen) *boet* aan belang *in, doordat* de Kerk minder invloed heeft en het *geloof* zo goed als geen rol meer speelt bij *verkiezingen*. De Christelijke Volkspartij, die in 2000 naar de oppositie verwezen werd, *overweegt* zelfs of ze niet beter een andere naam kan aannemen, waaruit de *C* weg zou vallen. De klassieke *verzuiling* bij *vakbonden* en *ziekenfondsen* (christelijk / socialistisch / liberaal) bestaat echter nog altijd. De macht van deze *instellingen*, samen met die van de partij*besturen*, standen- en werkgevers-organisaties, doorkruist de Belgische politiek *voortdurend*. Altijd weer moeten er compromissen gesloten worden, wat aan de ene kant veel tijd en geld kost, aan de andere kant verhindert dat er *ergere* conflicten ontstaan.

Dit compromissensysteem leidt ook tot een *evenredige* vertegenwoordiging van politieke partijen in de raden van bestuur van alle belangrijke openbare instellingen, zoals de Vlaamse Radio en Televisie (VRT), de Nationale Maatschappij van Belgische *Spoorwegen* (NMBS) en de door de Gemeenschappen *beheerde* universiteiten. - Velen *beweren* dat België alleen bestaat als de Rode Duivels *voetballen* of bij een grote *wielerwedstrijd*, maar *beseffen* ook dat een overgrote meerderheid van de Belgen geen andere oplossing ziet dan bij elkaar te blijven in een sterk Europa.

| | |
|---|---|
| ***pas*** | erst |
| ***zeker*** | gewiss |
| ***het middelbaar onderwijs*** | Sekundarschulwesen |
| ***het hoger onderwijs*** | Hochschulwesen |
| ***echter*** | jedoch |
| ***het zwaartepunt*** | Schwerpunkt |
| ***vanaf*** | ab, seit |
| ***goedkoop*** | billig |
| ***de welvaart*** | Wohlstand |
| ***het gewest*** | Region |
| ***vloeien*** | fließen |
| ***nauwelijks*** | kaum |
| ***behalve*** | außer |
| ***de verdeeldheid*** | Zwietracht |
| ***het vlak*** | Ebene |
| ***de tegenstelling*** | Gegensatz |
| ***inboeten*** | einbüßen |
| ***doordat*** | weil |
| ***het geloof*** | Glaube |
| ***de verkiezingen*** | Wahlen |
| ***overwegen*** | überlegen |
| ***de verzuiling*** | „Säulenstruktur" |
| ***de vakbond*** | Gewerkschaft |
| ***het ziekenfonds*** | Krankenkasse |
| ***de instelling*** | Institution |
| ***het bestuur*** | Vorstand |
| ***voortdurend*** | ständig |
| ***erg*** | schlimm |
| ***evenredig*** | proportional |
| ***de spoorwegen*** | Eisenbahn |
| ***beheren*** | verwalten |
| ***beweren*** | behaupten |
| ***de Rode Duivels*** | die „Roten Teufel" (belg. Fußballnationalmannschaft) |
| ***voetballen*** | Fußball spielen |
| ***de wielerwedstrijd*** | Radrennen |
| ***beseffen*** | einsehen |

## Grammatica

### Adjektiv

In prädikativer Funktion wird das Adjektiv – wie im Deutschen – nicht flektiert:

De kloof is *diep.*
Het succes is *groot.*
De hoeveelheden aardgas in Slochteren zijn *aanzienlijk.*

Das prädikative Adjektiv erhält meistens die Endung *-e:*

*grote* eensgezindheid
de *kleine* natie / de sterke *economische* expansie
een *grote* eensgezindheid / een *diepe* kloof
het *diepe* trauma / het *protestantse* Noorden / het *zuidelijke* deel
de *Duitse* troepen / *grote* hoeveelheden

Vor einem *het*-Wort (Neutrum) im Singular, das nicht näher bestimmt wird oder das auf den unbestimmten Artikel *een* (oder auf *geen*) folgt, erhält das Adjektiv jedoch kein Endungs-*e:*

*zuiver* aardgas / *slecht* weer
een *diep* trauma / een *groot* deel / geen *groot* succes

Ausnahmen sind die Adjektive auf *-en;* sie bleiben unverändert:

zijn *overleden* broer >< zijn *geliefde* broer
de *afgedwongen* abdicatie >< de *gewenste* abdicatie

Substantivierte Adjektive erhalten im Singular *-e*, im Plural *-en*:

een *Nederlandstalige* / de *Franstaligen*
*velen / sommigen denken...* (viele / manche meinen ...)

## Steigerung und Vergleich

Der Komparativ wird gebildet mit *-er*, der Superlativ mit *-st*:

| | | |
|---|---|---|
| klein | kleiner | kleinst |
| groot | groter | grootst |

Jan is *groter* dan Piet, Piet is *het kleinst(e) / de kleinste.*

Unregelmäßig gesteigert werden:

| | | |
|---|---|---|
| goed | beter | (het) best(e) |
| veel | meer | (het) meest(e) |
| weinig | minder | (het) minst(e) |

Der Vergleich wird mit *even ... (als)* oder *net zo ... (als)* ausgedrückt:

Jan is even groot als Piet. / Jan is net zo groot als Piet.
Jan en Piet zijn even groot.

Das adverbial gebrauchte Adjektiv bleibt – wie im Deutschen – unverändert:

De economie is *sterk*. (= Adjektiv)
De economie groeit *sterk.* (= Adverb)

## Zahlwörter

| Grundzahlen | | Ordnungszahlen |
|---|---|---|
| 0 | *nul* | |
| 1 | *een* | *eerste* |
| 2 | *twee* | *tweede* |
| 3 | *drie* | *derde* |
| 4 | *vier* | *vierde* |
| 5 | *vijf* | *vijfde* |
| 6 | *zes* | *zesde* |
| 7 | *zeven* | *zevende* |
| 8 | *acht* | *achtste* |
| 9 | *negen* | *negende* |
| 10 | *tien* | *tiende* |

| | | |
|---|---|---|
| 11 | *elf* | *elfde* |
| 12 | *twaalf* | *twaalfde* |
| 13 | *dertien* | *dertiende* |
| 14 | *veertien* | *veertiende* |
| 15 | *vijftien* | *vijftiende* |
| 16 | *zestien* | *zestiende* |
| 17 | *zeventien* | *zeventiende* |
| 18 | *achttien* | *achttiende* |
| 19 | *negentien* | *negentiende* |
| 20 | *twintig* | *twintigste* |
| 21 | *eenentwintig* | *eenentwintigste* |
| 22 | *tweeëntwintig* | *tweeëntwintigste* |
| | etc. | etc. |
| 30 | *dertig* | *dertigste* |
| 40 | *veertig* | *veertigste* |
| 50 | *vijftig* | *vijftigste* |
| 60 | *zestig* | *zestigste* |
| 70 | *zeventig* | *zeventigste* |
| 80 | *tachtig* | *tachtigste* |
| 90 | *negentig* | *negentigste* |
| 100 | *honderd* | *honderdste* |
| 101 | *honderd(en)een* | *honderd(en)eerste* |
| 102 | *honderdtwee* | *honderdtweede* |
| 200 | *tweehonderd* | *tweehonderdste* |
| 300 | *driehonderd* | *driehonderdste* |
| 1.000 | *duizend* | *duizendste* |
| 1.045 | *duizendvijfenveertig* | *duizendvijfenveertigste* |
| 1.100 | *elfhonderd* | *elfhonderdste* |
| 1.200 | *twaalfhonderd* | *twaalfhonderdste* |
| 1.000.000 | *één miljoen (het)* | *miljoenste* |
| 1.000.000.000 | *één miljard (het)* | *miljardste* |

68 **496** 5.716 **291.837** 74.509.379

**123** **1.972** **63.285** 15.903.618

## Oefeningen

**Oefening 1 - Als *pas* naar *tijd* verwijst, en *maar* naar *getal*, wat vullen we dan hieronder in?**

- Bij een voetbalwedstrijd mogen er _______ tweeëntwintig spelers op het veld zijn.
- _______ als een speler het veld verlaat, mag er een andere in zijn plaats het veld op.

**Oefening 2 - Rangschik de bijwoorden van tijd hieronder in een opgaande reeks volgens de frequentie van eventuele gebeurtenissen** *(Ereignisse)*:

*vaak / altijd / nooit / soms*

**Oefening 3 - Zoeken we het woord dat een tegenstelling vormt met het opgegeven begrip?**

meer
werknemer
minderheid
duur
binnenland
arm
hoger onderwijs
maandelijks
privé
gelijkheid

**Oefening 4 - Waar kunnen we de woorden *behalve / veeleer / vanaf* hieronder kwijt** *(loswerden, unterbringen)***?**

- Ik woon niet zo graag in het centrum; ik zoek ________ iets in een rustige wijk *(Stadtteil)*.
- ________ maandag heb ik een kamer op de tweede verdieping.
- ________ ik wonen daar nog vijf andere studenten.

**Oefening 5 - Breng de onderstaande begrippen onder in drie rubrieken:**

sport          bedrijfswereld          politiek en maatschappij:

raad van bestuur / verkiezingen / wielerwedstrijd / vakbond / KMO / arbeidskracht / ziekenfonds / voetbal / verdeeldheid / partij / verzuiling / spoorwegen / werkgevers / gemeente

**Oefening 6 - Welke begrippen hebben te maken met *denken*, welke met *zeggen*?**

*sprake zijn van / beweren / overwegen / beseffen*

**Oefening 7 - Welke Duitse equivalenten passen bij de onderstaande woorden?**

beheren / vloeien / verschuiven / vertegenwoordigen / evenredig / doorkruisen / middelbaar / kant / oplossing / onderwijs / goedkoop / spoorwegen / zwaartepunt / vlak

**Oefening 8 - Kies een sterk werkwoord, en vul daarvan de passende imperfectumvorm in:**

1. Wanneer *(wann)* __________ België?
2. Wanneer __________ Vlaanderen zekere taalrechten?
3. Waar __________ het zwaartepunt van de Belgische industrie vroeger?
4. Waardoor __________ de welvaart toe?

**Oefening 9 - Transformeer naar het presens:**

1. Waarover hebben Frans- en Nederlandstaligen compromissen gesloten?
2. De verdeeldheid is naar het economische vlak verschoven.
3. Zijn er veel KMO's ontstaan?
4. Heeft ook Brussel geld van Vlaanderen gekregen?

**Oefening 10 - Al gezien dat het niet-werkwoordelijke deel** *(nichtverbaler Teil)* **van een samen-gesteld scheidbaar werkwoord** *(zusammengesetztes trennbares Verb)* **voor het hulpwerkwoord kan staan?**

1. Er wordt beweerd dat de welvaart nog _____ zal nemen.
2. Mij is gezegd dat ik _____ moet wachten.
3. Hij wou weten of hij _____ mag gaan.
4. We hebben gelezen dat Nederland aan de oorlog een diep trauma _____ heeft gehouden.
5. Hun taalrechten hebben de Nederlandstalige Belgen _____ moeten dwingen.

**Oefening 11 - Antwoord met een woordgroep zonder werkwoord:**

1. Wie beheerste België in de 19e eeuw?
2. Wanneer kregen de Vlamingen zekere taalrechten?
3. Waarin speelde de Vlaamse Beweging een belangrijke rol?
4. Wat waren tot ongeveer 1960 de pijlers van de Europese economie?
5. Waarvan profiteerde Vlaanderen vanaf de jaren zestig?

6. Waardoor kwam dat?
7. Wat voor ondernemingen ontstonden er toen behalve inplantingen van multinationals?
8. Hoe kan men Vlaanderen als deel van België in economisch opzicht bekijken?
9. Waar vooral is er nog sprake van een echte taalstrijd?
10. Hoe is de verhouding tussen Nederlands- en Franstaligen verschoven?
11. Waar bestaat de klassieke verzuiling vooral nog?
12. Het compromissensysteem leidt tot evenredige politieke vertegenwoordi gingen. Waar is dat vooral het geval?
13. Wat zoekt een verstandig mens voor een probleem?
14. Wanneer hebben Belgen nog duidelijke gevoelens van patriotisme behalve wan- neer hun nationale elftal voetbal speelt?

**Verzamel nu de vraagwoorden waarmee de meeste zinnen hierboven beginnen en stel er nieuwe vraagjes mee.**

# Les 10

# IST DEUTSCH EINE SCHWIERIGE SPRACHE? IS NEDERLANDS EEN MOEILIJKE TAAL?

| GRAMMATICA |
| --- |
| ▪ Das Adverb *er*<br>▪ Konditionalsätze<br>▪ Zum Gebrauch einzelner Verbarten<br>▪ Indirekte Rede |

## IST DEUTSCH EINE SCHWIERIGE SPRACHE? - IS NEDERLANDS EEN MOEILIJKE TAAL?

Het voor anderstaligen zo moeilijke woord **er** (*voor zover* het niet substituut van een substantief is als in **Ik heb er drie**) kan didactisch het best geïntroduceerd worden als reductie van *daar*:

**Daar woont hij nog altijd.** > < **Hij woont er nog altijd.**

Ook als delen van *voornaamwoordelijke bijwoorden* kunnen *daar* en *er* op die manier gepresenteerd worden:

**Daar heb ik toch op gewezen.** > < **Ik heb er toch op gewezen.**

In tegenstelling met het Duits is de scheiding van voornaamwoordelijke bijwoorden heel gewoon.

Men kan zeggen dat onze taal het de anderstalige door andere dingen dan een uitgebreide declinatie moeilijk is gaan maken. En tot die moeilijkheden *horen* sommige *werkwoordelijke* eindgroepen, o.m. die van *daarnet*: **is gaan maken**. Wij hebben *blijkbaar* meer hulpwerkwoorden die een infinitief bij zich kunnen hebben of waar meer werkwoorden als infinitief bij kunnen staan. Groepen als **Ik sta hier maar te *kletsen*** en **Ik mocht hier komen spreken** hebben in het Duits geen *rechtstreeks* equivalent. Misschien denken we met zijn allen:

**We hadden nog veel meer collega's een lezing moeten kunnen laten komen houden.**

Maar in het Duits kon dat niet omdat **können müssen** enerzijds en **halten kommen** anderzijds op die manier niet samengaan. Toch heb ik de *zin* met die vijf infinitieven van daarnet – ook sommige Nederlandstaligen zullen hem stilistisch *allicht* niet zo *fraai* vinden – niet nodig om te **kunnen blijven beweren** dat de werkwoordelijke eindgroep in het Nederlands op een andere manier moeilijk is dan die van het Duits. Hij is namelijk syntactisch tegelijk heel *eenvoudig* en geraffineerd. Het hoofdwerkwoord blijft aan het eind en de hulpwerkwoorden worden daar in hun semantische hiërarchie *voor geschoven*:

**U laat me een lezing houden**.
**U wou me een lezing laten houden.**
**U hebt me een lezing willen laten houden**.

In het Duits blijft in een vergelijkbare hoofdzin de semantische predicaatsgroep **einen Vortrag halten** bij elkaar:

**Sie lassen mich einen Vortrag halten.**
**Sie wollten mich einen Vortrag halten lassen**.

Het werkwoord **lassen**, dat door de nieuwe persoonsvorm **wollten** verdrongen wordt, *verhuist* naar achteren.

En hetzelfde *gebeurt* in:

**Sie hätten auch noch andere Kollegen einen Vortrag halten lassen wollen.**

Op die manier wordt de als laatste *toegevoegde* infinitief ook het laatste syntactische element in de Duitse *tangconstructie*. Voor een Duitstalige is het Nederlandse voorschuifsysteem moeilijker omdat hij het predicaat **lezing houden** *kwijt* is en omdat hij bij de constructie zijn vertrouwde *tang* niet vindt.

Hier zou nog veel over te zeggen zijn, maar:

**Ik mag u echt niet langer laten zitten** ***luisteren***.

| | | | |
|---|---|---|---|
| ***voor zover*** | soweit | ***fraai*** | schön, hübsch |
| ***het voornaamwoordelijk bijwoord*** | pronominales Adverb | ***eenvoudig*** | einfach |
| ***horen*** | gehören | ***voor schuiven*** | nach vorne schieben |
| ***werkwoordelijk*** | verbal | ***verhuizen*** | umziehen |
| ***daarnet*** | soeben | ***gebeuren*** | geschehen |
| ***blijkbaar*** | offenbar | ***toevoegen*** | hinzufügen |
| ***kletsen*** | plaudern, schwatzen | ***tangconstructie*** | (hier) Satzklammer |
| ***rechtstreeks*** | direkt | ***(iets) kwijt zijn*** | (etw.) los sein |
| ***de zin*** | Satz | ***de tang*** | Zange |
| ***allicht*** | vermutlich | ***luisteren*** | (zu)hören |

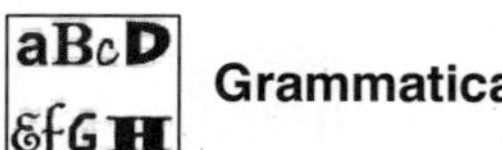

## Grammatica

### ↳ Das Adverb *er*

Das Wort *er* ist ein Spezifikum des Niederländischen. Im Grunde ist es eine Verkürzung des Adverbs *daar (er* 1*)* bzw. ein Relikt eines historischen Genitivs *(er* 2*)*:

**er 1**

- ersetzt eine Ortsbestimmung:

  Men vond aardgas *in Slochteren.*
  Men vond *daar / er* aardgas.

- kann Teil eines Pronominaladverbs sein:

  *Door dat machtsmisbruik* werden opstandige bewegingen uitgelokt.
  *Daardoor* werden opstandige bewegingen uitgelokt.
  *Er* werden opstandige bewegingen *door* uitgelokt.

- hat auch als erster Satzteil vor dem Prädikat nur noch eine syntaktische Funktion:

  *Er* staat een auto voor de deur. *(Es steht ...)*
  *Er* is iets niet in orde. *(Es ist ...)*
  *Er* zit niets anders op. *(Es gibt keine andere Lösung.)*

Außerdem tritt *er* in zahlreichen idiomatischen Wendungen auf, z.B.:

  Het ziet *er* goed uit.
  *Er* was eens ... (Zo beginnen sprookjes / *So fangen Märchen an*)

**er 2**

- hat partitive Bedeutung:

  Nederland heeft 12 provincies; hoeveel heeft België *er?* (... *wieviele hat Belgien*?)
  Mijn buurman heeft twee auto's; ik heb *er* maar één. *(... ich habe nur eines.)*

### ↳ Konditionalsätze

Grundsätzlich besteht die Möglichkeit, zwischen Konditional I und Imperfekt bzw. zwischen Konditional II und Plusquamperfekt zu wählen. Vielfach wird die Entscheidung von stilistischen Überlegungen bestimmt:

**Gegenwart:**

| | |
|---|---|
| *Als ik geld had,* | *ging ik op reis. / zou ik op reis gaan.* |
| *Als ik het wist,* | *zou ik het niet vragen!* |

**Vergangenheit:**

| | |
|---|---|
| *Als ik dat geweten had,* | *was ik thuis gebleven. / zou ik thuis gebleven zijn.* |
| *Als Koning Willem I katholiek en Franstalig geweest was,* | *zou België nooit bestaan hebben.* |

## ↳ Zum Gebrauch einzelner Verbarten

Erhebliche Unterschiede im Verhältnis zum Deutschen ergeben sich bei der Verwendung des Infinitivs. Dabei sind zu erwähnen:

- das Satzende mit mehreren Infinitiven ("*de werkwoordelijke eindgroep*") (vgl. auch die entsprechenden Beispiele im Lesestück):

  *Ik doe het.*
  *Ik laat het doen.*
  *Ik kan het laten doen.*
  *Ik heb het kunnen laten doen.*

- das Verb *blijven* als Hilfsverb bei einem oder mehreren Infinitiven:

  *Hij blijft nog wat werken.*
  *Zeg maar dat ze niet hoeft te blijven wachten.*
  *Er blijven maar mensen komen!* (Es kommen immer mehr Leute.)

- die Verben *staan, zitten, liggen* + Infinitiv:

  | | | |
  |---|---|---|
  | *Hij staat op haar te wachten.* | - | *Hij heeft op haar staan wachten.* |
  | *Hij zit te lezen.* | - | *Hij heeft zitten lezen.* |
  | *Ze liggen te slapen.* | - | *Ze hebben liggen slapen.* |

  Eine Kombination von *blijven* + *staan* + *Infinitiv* ist nichts Außergewöhnliches:

  *Heb jij hem zien blijven staan wachten?*

## ↳ Indirekte Rede

Die indirekte Rede wird im Niederländischen – anders als im Deutschen – durch den Indikativ ausgedrückt; sie wird in der Regel mit *dat* oder *of* eingeleitet:

| | | |
|---|---|---|
| *Hij beweert* | *dat* | *hij gelijk heeft.* (... dass er Recht hat.) |
| *Zij vraagt* | *of* | *hij gelijk heeft.* |

Die Verwendung des Konditionals wäre hier unkorrekt.

## Oefeningen

**Oefening 1**

Uit de titel van de tekst blijkt wat *moeilijk* betekent. Dus zult u ook wel begrijpen wat *moeilijkheid* is, en *moeite / vermoeiend / moe*. Dat laatste is trouwens *(übrigens)* het etymologische grondwoord.

**En nu we dat allemaal weten, is de onderstaande dialoog *(ge)makkelijk* te vervolledigen, neem ik maar aan:**

+ Was deze cursus de __________ waard?
- Ik denk het wel, Nederlands is overigens niet verschrikkelijk __________.
+ Echte _________ (meervoud) heb je dus niet gehad?
- Nee, maar studeren is altijd ___________ ; op den duur word je er echt __________ van.

**Oefening 2 - Vul aan:**

Er is een ongeluk __________. Maar voor __________ ik weet, zijn er geen gewonden. In het __________ van de verkeersveiligheid heeft iedereen allerlei __________ slogans, maar er komt niets van terecht.

Gevonden? Het ging om *zover / fraai / gebeuren / kader.*

**Oefening 3**

a. **Rangschik de onderstaande bijwoorden van modaliteit. Eindig met *zeker*.**
   *blijkbaar / allicht / waarschijnlijk / misschien / zeker*

b. **Waar staat *sommige* in een opklimmende reeks met**
   *geen / enkele / veel / alle?*

c. **En hoe is deze uitspraak te interpreteren:**
   *Soms is niet zo vaak als vaak, maar vaker dan nooit?*

**Oefening 4 - Welke woorden vormen telkens** *(jedesmal)* **een tegenstelling met de onder-staande begrippen?**

a) vooraan
over vijf minuten
gescheiden worden
afzonderlijk
naar voren
ergens blijven wonen

b) eenvoudig
enerzijds
anders
indirect
met groot verschil
moeilijk

Dit zijn overigens de begrippen die we zoeken:

*a) verhuizen / achteraan / tegelijk / bij elkaar blijven / daarnet / naar achteren*
*b) vergelijkbaar / moeilijk / rechtstreeks / anderzijds / (ge)makkelijk / op die manier*

**Oefening 5 - Denk niet dat het Nederlands geen tangconstructie** *(Satzklammer)* **heeft! Om daarvan overtuigd te blijven, vullen we het onderstaande aan:**

Ik *heb* vandaag helemaal niks van je ________. ( = Ik hoef niets te hebben.)
Ze *is* nu al sinds gisterochtend haar oorringen __________.
( = Ze heeft ze verloren.)
De leden van de groep *blijven* ondanks alle geruchten in de pers in ieder geval tot het eind van de huidige reeks optredens *bij* ________.

Gevonden? We zochten (maar in een andere volgorde): *kwijt, elkaar, nodig.*

**Oefening 6**

**a. Hoe gaat de werkwoordelijke eindgroep eruitzien, als de vraag vooraan een ander persoonsvorm krijgt?**

Kom je morgen?
Kun je ____________________?
Zou je ________________________________?

**b. Vul aan met *moeten / zullen / laten*:**

Ons koffiezetapparaat is kapot, we _______ het __________ repareren.

**c. Breng de twee zinnen telkens bijeen tot één enkele zin:**

- Jan staat aan de tapkast *(Theke)*. Hij wacht op je.
- Die twee liggen in het Auditorium Maximum. Ze kussen elkaar.
- Gisteren zaten ze hier tijdens het hoorcollege *(Vorlesung)*. Ze sliepen.

**Oefening 7**

**a. Breng de delen van het *voornaamwoordelijk bijwoord* bij elkaar:**

- *Hier* zou nog veel *over* te zeggen zijn.
- *Daar* kun je niet veel meer *van* verwachten.
- *Waar* heb je die brief *mee* geschreven?

**b. Wat ontbreekt er in deze zinnen?**

- Heb je _______ nog iets over gehoord?
- _______ kunnen we niets mee beginnen.
- Moet _______ vandaag nog opgebeld worden?
- Ik heb _______ niet meer aan gedacht.
- Dat ziet _______ goed uit!

**c. Wat gebeurt er als je uit de volgende zinnen het substantief weglaat?**

- Hoeveel *broodjes* eet jij morgenochtend?
- Sinds vorig jaar hebben ze drie *kinderen*.
- Nog een kopje koffie? - Nee, dank je, ik heb al drie *kopjes* gehad.

**Oefening 8**

**a. Wat *zou* er hier ingevuld moeten worden?**

- ______ je dat voor me willen doen?
- Als je nu eens wat aardiger / vriendelijker ______ zijn!
- Het ______ vanavond nog kunnen regenen.
- Hoeveel ______ zo'n reis naar China wel niet kosten?
- Wil je me verontschuldigen als je hem ______ zien?

**b. Vul een vorm van het opgegeven werkwoord in en maak van de taaluiting** *(sprachliche Äußerung)* **een irrealis**:

- Als ik tijd _______ (hebben), _______ (gaan) ik mee.
- Als je wat eerder gekomen _______ (zijn), _______ (hebben) we nog naar de stad kunnen gaan.

**Oefening 9 - Zijn we nu zeker van de Nederlandse grammaticale terminologie?**

- werkwoord / hulpwerkwoord
- zelfstandig naamwoord / bijvoeglijk naamwoord
- voornaamwoord: persoonlijk / bezittelijk / betrekkelijk / aanwijzend
- bijwoord / voornaamwoordelijk bijwoord
- zin / woordgroep / werkwoordelijke eindgroep

**En ten slotte nog dit:**

*Gas.* Bij Slochteren zit een flinke bel, waar Nederland nu al een hele tijd profijt van heeft. Ook succesvol, hoewel minder winstgevend, is de ontlening van het woord *gas* door vele talen in en buiten Europa. Het woord is in de zeventiende eeuw bedacht door de Vlaming Jan-Baptist Van Helmont, die zich liet inspireren door het Griekse woord *chaos*. Het is ongewijzigd overgenomen in onder meer het Engels, Duits en Spaans. Het Frans heeft het ontleend als *gaz*, de vorm waarin het ook is overgenomen door het Russisch, het Turks, het Koerdisch en het Berbers. Ook veel Afrikaanse talen kennen het woord, in de Engelse vorm, met *s*, of in de Franse, met *z*. Het Arabisch kent het als *ghaz*. In het Chinees komt het niet voor.

uit: Scheurkalender Onze Taal 2000

**Ein kleiner Hinweis zur Methodik:**

Damit sind wir am Ende von Modul I angekommen. Bisher ging es darum, einen Überblick über die Strukturen des Niederländischen zu erhalten und niederländische Texte mit Hilfe eines Wörterbuchs lesen zu können. Aufbauend auf diesen Kenntnissen geht es nun in Modul II um die aktive Beherrschung der Sprache. Die Sprache, in der und über die gesprochen wird, ist von nun an nur noch das Niederländische.

# Modul 2 - Aktive Kompetenz

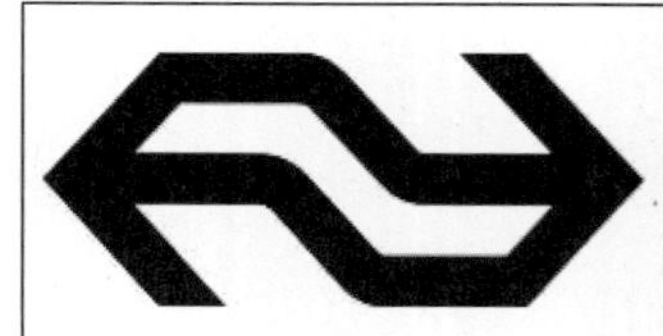

# Hoofdstuk 1

## Kennis maken (inleidend deel):

- **Wie is wie? - Wie en wat? - Waar en waarom? - Wanneer en hoe?**

### Uta en Jan

Uta Huber woont in Duitsland. Een tante van Uta woont in Utrecht. Utrecht ligt in Nederland. De tante van Uta heeft een zoon. Dat is Jan Groeneveld. Jan Groeneveld is dus een neef van Uta. Uta is twintig en Jan drieëntwintig. Jan spreekt natuurlijk Nederlands, maar hij kent ook een beetje Duits. Daarom leert Uta nu ook Nederlands. Ze spreekt het al heel aardig, absoluut. Maar het is ook niet zo moeilijk.

**Joke en Peter**

Peter Böhm is samen met Uta op de universiteit. Hij kent Uta al van op school. Sinds augustus kent hij ook een meisje uit Antwerpen: Joke Theunis. Antwerpen ligt niet in Nederland, maar in Vlaanderen, in België dus. Joke is bijna negentien en Peter twee jaar ouder. Hij is éénentwintig. En hij heeft een zusje van zeventien Net als Jan spreekt Joke Nederlands. En Peter begrijpt heel goed wat ze zegt. Dat is zonder meer duidelijk.

**1. Vul aan met de ontbrekende woorden:**

Uta Huber _______ in Duitsland.
De tante van Uta _______ een zoon.
Jan _______ de neef van Uta.
Utrecht _______ in Nederland.
De neef van Uta _______ Nederlands,
maar hij _______ ook een beetje Duits.
Daarom _______ Uta nu Nederlands.
Peter _______ alles wat Joke _______.

De tante van Uta heeft een _______.
Jan is de _______ van Uta.
Utrecht ligt in _______.
Jan kent een beetje _______.
En Uta leert _______.
Peter kent een _______ uit Antwerpen.
Antwerpen ligt in _______ , in _______ dus.
Peter kent Joke sinds _______.

Peter is _______ _______ Uta _______ de universiteit.
Peter kent Uta _______ van _______ school.
_______ augustus kent hij ook een meisje _______ Antwerpen.

Joke is negentien _______ Peter éénentwintig.
Antwerpen ligt _______ in Nederland, _______ in België.
De tante _______ Uta heeft een zoon.
Dat is _______ een neef van Uta.
Jan kent een _______ Duits.
_______ leert Uta _______ _______ Nederlands.
Ze spreekt het _______ heel _______.
Het is ook niet zo _______.
Peter begrijpt _______ goed wat Joke zegt.
Jan begrijpt ook _______ meer wat Uta in het Duits zegt.
Dat is _______.
Het is ook _______ niet moeilijk.

- **Wie stelt zich voor?**

Uta

Ik ben Uta Huber.
Ik ben twintig.
Ik woon in Duitsland.
Ik ben op de universiteit.
Ik studeer Spaans en geschiedenis.
In Utrecht heb ik een neef.
Daarom leer ik nu Nederlands.

Jan

Ik ben Jan Groeneveld.
Ik ben drieëntwintig.
Ik werk als computerdeskundige.
Ik ben niet slecht in wiskunde.
Ik woon in Utrecht.
Ik spreek Nederlands.
Maar Duits ken ik ook een beetje.
Ik heb in Duitsland een nichtje.
Uta is heel aardig, vind ik.

**Joke**

Ik ben Joke Teunis.
Ik word negentien.
Ik woon niet in Nederland, maar in België.
Ik woon in Antwerpen.
Ook ik spreek Nederlands.
Peter Böhm ken ik sinds augustus.
Hij is een heel aardige jongen, vind ik.
En hij studeert net als ik voor ingenieur.

- **Jan spreekt met Peter en Peter spreekt met Jan.**
  **Ze spreken met elkaar.**

| **Jan** | **Peter** |
|---|---|
| Dag Peter. | Dag Jan. |
| Ik ben een neef van Uta. | Dat weet ik. Waar is Uta nu? |
| Dat weet ik niet.<br>Je kent Uta al lang, hè? | <br>Ja, al van op school. |
| Sinds wanneer ken je Joke? | Sinds de zomer. |
| Woont ze in Gent? | Nee, in Antwerpen. |
| Al lang? | Al zeven jaar. |
| Vind je Joke aardig? | Joke is heel aardig, vind ik. |

- **Joke en Uta spreken met elkaar**

| **Joke** | **Uta** |
|---|---|
| Ik ben Joke. | Dag Joke, ik heet Uta. |
| Dag Uta, woon je nog in Duitsland? | Ja, Joke, natuurlijk.<br>Ik studeer nog in Duitsland. |
| Je hebt een neef in Utrecht, hè? | Ja, ik ben een nichtje van Jan Groene-veld. |
| Vind je Jan aardig? | Hij kan heel aardig zijn. |
| Ken je ook Peter Böhm? | Ja, ik ben met Peter op de universiteit.<br>Sinds wanneer ken je Peter? |
| Sinds augustus. | |

**2. Vul aan naar het voorbeeld.**

*Dat is Jan. Hij* heeft *een* nichtje *in Duitsland.*

Dat is Uta. Ze _______ een _______ in Utrecht.
Dat is Peter. Hij _______ een _______ uit Antwerpen en hij _______ een _______ van zeventien.
Dat is Joke. Ze _______ in Antwerpen.

### ▪ Jan belt Uta op

Jan is *thuis*. Hoe *laat* is het? Het is zeven *uur*. Hij *moet gauw bellen*, *want* het is vrijdag en Uta gaat vanavond uit. Maar het kan *nog net*, denkt hij.

Eerst is het nummer in gesprek. Maar Jan heeft *tijd genoeg*. Hij *hoeft vanavond* niets meer *te* doen. Morgen heeft hij *immers* vrij.

De tweede *keer* lukt het. “Dag tante Anna,” zegt hij, “goedenavond.” En tante Anna antwoordt: “Hallo, Jan!” *Net* voor Uta komt, zegt Jan nog *eens*: “Dag Tante Anna.” En tante Anna antwoordt: “Daag!”

Jan wenst Uta veel *plezier*, want ze gaat uit. En Uta zegt: “Bedankt.”

Jan *nodigt* Uta *uit*. “Als je *mag* van tante Anna,” schertst hij. Uta komt *graag*. “O, *fijn*,” zegt ze, “*afgesproken*.” Nu weet Jan genoeg: Uta komt heel *zeker*, *aanstaande week*, zaterdag of zondag. “Goed zo,” zegt hij. Uta *zal* nog eens terugbellen. Maar Jan wil het ook *zelf* doen. Hij zegt *zelfs* wanneer: morgen of overmorgen.

## Opfrissen en bijspijkeren

***modale werkwoorden gezien?***

| | | |
|---|---|---|
| Het *kan* nog net. | kunnen | = de mogelijkheid hebben |
| Hij *wil* zelf ook terugbellen. | willen | = bereid zijn |
| Uta *zal* terugbellen. | zullen | = toekomst / voorstel doen |
| Als ze *mag* van moeder! | mogen | = de toestemming hebben (Iemand anders vindt het goed.) |
| Jan *moet* gauw bellen. | moeten | = de verplichting hebben / nodig zijn / het gaat niet anders |
| Hij *hoeft* niets meer *te* doen. | hoeven te | = geen verplichting hebben / niet nodig zijn |

**3. Verdeel de cursief gedrukte vormen hierboven over de open plaatsen:**

_______ ik je morgen bellen [voorstel]?
Waar _______ ik je dan bereiken?
Je _______ niet absoluut te bellen, maar het _______ natuurlijk [Er is niks tegen]. Ik _______ ook zelf bellen [Ik ben daartoe bereid] , als het _______ [als het nodig is / als het niet anders gaat].

**4. Vul aan. Kies telkens een werkwoord uit de volgende reeks:**

*antwoorden / zeggen / bellen / uitnodigen / vragen / lukken*

* Is hier een telefoon? Ik moet dringend Joke _______.
° Ga je Joke _______ (vragen of ze komt)?
* Nee, ik wil _______ dat we zelf komen.
° Is dat wel zeker? Het kan ook niet _______.
* Wat moet ik dan _______ als ze het vraagt?
° Ze zal het niet _______.

**5. Vul aan. Kies telkens een substantief uit de volgende reeks:**

*plezier / keer / week / nummer / tijd*

* Hier is de telefoon; ken je het _______?
° Ja, ik wil Uta gauw veel _______ wensen.
* En vraag je of ze aanstaande _______ komt?
° Het lukt niet, ik zal het een andere _______ proberen.
* Je hebt ook nog _______.

**6. Vul aan met een passend woord:**

* Kun je me zeggen hoe _______ het is?
° Acht _______.
* Dan heb ik nog _______ de tijd om Jan te bellen.
° Moet je absoluut _______ nog bellen? Het kan toch ook morgen nog?
* Ik zal het nu _______ doen.
° Ben je dan nog op tijd _______ ?

*We zochten* gauw / uur / net / thuis / laat / vanavond

**7. Kies tussen** *want* **en** *immers*:

* Uta komt heel zeker, _______ ze is graag in Utrecht.
° Vanavond hoef je niet te bellen: ze gaat _______ uit.

**8. Kies tussen** *zelf* en *zelfs*:

* Belt Jan Uta vanavond op of moet ik het morgen _______ doen?
° _______ als je morgen belt, ben je nog op tijd.

**9. Wat is het genus? Kijk eventueel in het woordenboek na:**

| | | | |
|---|---|---|---|
| ____ | telefoon | ____ | nummer |
| ____ | tijd | ____ | uur |
| ____ | week | ____ | plezier |

## Het telefoontje (hoofddeel)

Het is vrijdagavond, zeven uur. Jan is *pas* thuis en zit in de *woonkamer*. Daar is het *rustig*. Opeens gaat de telefoon over. Hij staat op, loopt naar de *kast* en neemt op. *Iemand* zegt *iets*, maar Jan begrijpt er niets van. *Het slaat nergens op.*

De man kan blijkbaar niet zo goed *kiezen*. Maar het *herinnert* er Jan wel aan dat hij Uta moet bellen. Hij doet het *meteen*. Hij wil Uta *uitnodigen*.
Eerst is het nummer van de familie Huber in gesprek, maar de tweede keer lukt het.
"Zie je wel," zegt hij.

- "Huber," zegt de moeder van Uta.
- "Dag tante Anna, goedenavond. Hier Jan Groeneveld."
- "Ah, jij bent het Jan. Je wilt zeker Uta spreken. Je hebt geluk, hoor, want ze wil net weggaan. Ik geef ze je nog gauw. Daag!"
- "Dag tante Anna."
- "Hallo Jan, hier ben ik zelf!"
- "Dag Uta. Goed dat je er nog bent. Gaat het goed met je?"
- "Dank je, héél goed. Het is vrijdagavond, weet je!"
- "Ah ja, je gaat uit zeker? Naar de disco?"
- "Daar ben ik *intussen* al *bijna* te oud voor, hoor Jantje! Nee, er is een *concert*."
- "O, om acht uur al? Ik zal het niet te lang maken. *Praten* kan een andere keer. Nu wil ik je *alleen* iets vragen."
- "Ja?"
- "Heb je geen *zin* om weer *eens* naar Utrecht te komen?"
- "Als ik kan, graag. Wanneer mag ik komen?"
- "Aanstaande week heb ik vrij. En jij hebt ook net een beetje *vakantie*, denk ik."
- "Dat *klopt*."
- "Het kan dus? - En je komt?"
- "Graag zelfs."
- "Goed zo. Weet je iets over een *trein* op zaterdag of zondag? Dan kom ik je van het *station* halen."
- "Nee, maar ik kan het *nakijken*. Vind je 't *jammer* dat ik het niet meteen kan zeggen?"
- "Nee, *dat geeft niks*. Ik bel nog wel eens."
- "Maar ik kan ook zelf bellen, hoor. Overmorgen misschien?"
- "Afgesproken, tot dan, veel plezier vanavond. Daag!"
- "Dag Jan, bedankt voor de *uitnodiging*, én voor het bellen."

**1. Vul aan met een vorm van**

*hoeven / mogen / zullen / kunnen / hebben / moeten / willen*

Kijk nog eens naar de betekenissen van de modale werkwoorden

Uta _______ vakantie.
Ze _______ dus naar Utrecht [Er staat niets meer in de weg].
Ze weet nog niets over een trein. Ze _______ het eerst nakijken [Anders weet ze het niet].
Jan _______ Uta van het station halen, stelt hij voor.
Uta zegt dat het niet _______ [dat het niet nodig is].
Maar hij _______ het natuurlijk [Uta heeft er niks tegen], als hij het absoluut _______ [als hij het niet kan laten].

**2. Vul de infinitief van een werkwoord in:**

(Als je de oefening mondeling maakt, moet je de *-n* aan het eind van de infinitieve(*n*) niet uitspreke(*n*).

1. Als je niet probeert, kan het ook niet _______.
2. Als je wilt dat ze komt, moet je Uta duidelijk _______.
3. Als je het nummer niet kent, kun je niet _______.
4. Hoe kan ik het _______ , als niemand iets zegt?
5. Wil je Uta _______ (iets tegen Uta zeggen)?
6. Je moet niet te lang _______ (het gesprek moet niet te lang duren).
7. Nee, ik zal het niet te lang _______ (te lang praten / te lang blijven).
8. Als je dorst hebt, zal ik iets te drinken _______.
9. Ik weet niet wat ik moet _______ (Ik mag maar één ding nemen).
10. Ik heb het al drie keer gevraagd, maar ze wil niet _______.
11. Wil je Jan eraan _______ dat hij morgen moet bellen?
12. Dit nummer kan niet _______ (*richtig sein*); ik zal het vanavond in het telefoonboek _______.
13. Ik kan het ook aan Joke _______. Die weet het zeker.

Gevonden? Het ging om

*praten / kiezen / nakijken / lukken / bellen / vragen / antwoorden*
*uitnodigen / weten / kloppen / halen / herinneren / spreken / maken*

**3. Kijken we even naar het genus?**

| | | | |
|---|---|---|---|
| ____ | telefoon | ____ | tijd |
| ____ | woonkamer | ____ | concert |
| ____ | kast | ____ | geluk |
| ____ | vakantie | ____ | trein |
| ____ | station | ____ | plezier |
| ____ | week | ____ | uitnodiging |
| ____ | uur | ____ | keer |
| ____ | zin | ____ | zaterdag |

**4. Vul aan met een substantief:**

*trein / kast / telefoon / uur / concert / zin woonkamer / week / uitnodiging / vakantie / station*

Jan zit in de _______. Als de _______ gaat, loopt hij naar de _______. Daar staat het apparaat. Uta gaat naar een _______. Aanstaande _______ heeft ze meer tijd: zaterdag begint de _______. Jan hoeft eigenlijk niet te vragen of Uta _______ heeft. Ze gaat graag naar Utrecht; ze neemt de _______ aan. Ze gaat met de _______ , niet met de auto. Jan zal Uta van het_______ halen. Ze komt waarschijnlijk rond zeven _______ aan.

Klopt alles?

**5. *zelf* of *zelfs* ?**

Jan hoeft niet te gaan; ik ga _______.
Dat je niet kunt bellen geeft niks. Ik zal _______ wel bellen.
Kom je aanstaande week? - Graag _______!
Ken je _______ het nummer van Uta? – Ik ken _______ het nummer van Joke!
Fijn dat ik je _______ aan de telefoon heb.
Dat moet je niet doen: ik doe het liever _______.

**6. *maar* of *want* ?**

Hij komt zeker niet, _______ hij moet naar Antwerpen.
Vanavond kan ik niet, _______ nu heb ik tijd.
Eerst is tante Anna aan de telefoon, _______ Uta komt heel gauw.
Jan is Nederlander, _______ hij spreekt toch een beetje Duits.
Jan belt nog net op tijd, _______ Uta gaat uit.

**7. *dus* of *want*?**

Ik heb tijd genoeg, _______ ik hoef vandaag niets meer te doen.
Ik hoef vandaag niets meer te doen; _______ ga ik uit.
Uta neemt de uitnodiging aan, _______ ze gaat graag naar Utrecht.
Ze gaat graag naar Utrecht. _______ zegt ze niet nee.
Ze kan meteen weg, _______ ze hoeft niet lang met Jan te praten.
Het is aardig van Jan dat hij Uta uitnodigt, _______ zegt ze “bedankt”.
Jan heeft thuis telefoon, _______ hoeft hij niet naar een cel.

**8. *daar* of *er*?**

* Is Joke in Spanje?
° Nee, _______ is het nu te warm.
* Maar in oktober is het _______ toch niet warm!
° Ken jij Spanje?
* Niet goed, ik ben _______ nog maar één keer geweest.
° Ik ga graag naar Andalusië, _______ zie je nog s poren van de West-Goten.
* Dat herinnert me _____ opeens aan dat ik nog een boek van je heb.
° Hoe lang heb je het al?
* _______ heb ik geen idee van.

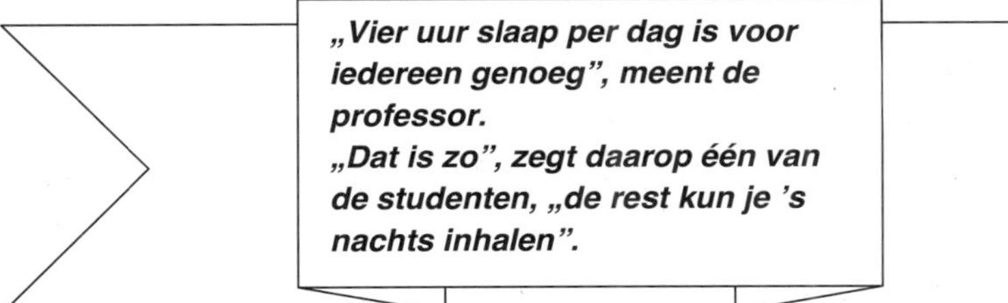

# Hoofdstuk 2

## Jan werkt voor een baas (inleidend deel)

Zoals de meeste mensen heeft Jan een *baas.* Mevrouw Dijkshoorn is begin veertig en moeder van drie kinderen: drie zonen heeft ze. Ze leidt het *bedrijf* met *inzicht* en rekent op haar medewerkers. Ze spreekt ze *allemaal* aan met hun voornaam. Toch *houdt* ze de *touwtjes* van de firma goed *in handen.* Jan weet alles van computers.

Hij houdt bij wat de markt aanbiedt, en adviseert de *klanten.* "Alles heeft zijn tijd," *luidt* zijn devies, "wat vandaag nieuw is, kan overmorgen alweer passé zijn," Aan de ene kant is dat *vervelend*, aan de andere kant erg spannend.

Dat is ook het standpunt van directeur Dijkshoorn. Ze is het er *helemaal* mee eens. Jan kent ze bijzonder goed. Ze vindt hem een beetje *zenuwachtig* en soms ook wat *ongeduldig.* Maar dat *neemt* ze hem niet *kwalijk.* En Jan neemt het haar niet kwalijk dat ze hem af en toe *kalmeert.*

**1. Vergelijk het genus met dat in het Duits:**

| | |
|---|---|
| ____ baas | ____ bedrijf |
| ____ klant | ____ standpunt |
| ____ medewerker | ____ inzicht |

**2. Vul een substantief in:**

Wie is hier de _______ [ zegt wat je moet doen]?
Wie leidt het _______ [de onderneming]?
Ken je alle _______ [mensen die hier werken]?
De _______ is koning!
Hij blijft bij zijn _______ [verandert zijn mening niet].

**3. *allemaal* of *helemaal?***

Mevrouw Dijkshoorn kent Jan ________!

Bel je de klanten _______ op?

**4. Vul aan. Verdeel de volgende adjectieven over de open plaatsen:**

*nieuw / kwalijk / zenuwachtig / ongeduldig / vervelend*

Dat hij soms een beetje _______ is, kan _______ zijn, maar je kunt het hem niet _______ nemen. Als klant is hij _______, en hij kent het bedrijf nog niet goed. Daar moet je niet _______ van worden.

**5. *Vervang* of vul aan met een pronomen:**

*Jan* kent *mevrouw Dijkshoorn.*

En zij kent ____.
Ze kent al ____ medewerkers persoonlijk.
Ze kent zelfs ____ voornamen.

## Voor klanten heb je altijd tijd … (hoofddeel)

Jan zit voor zijn computerscherm. Het bedrijf waar hij werkt, ligt op de *hoek* van twee straten. Als hij door het *raam* kijkt, ziet hij het verkeer. En als hij niet kijkt, hoort hij het. Als de ramen openstaan, hoort hij het *lawaai* van alle *kanten.* Dat is het nadeel. Maar echt *erg* is het niet. In de zomer is er minder lawaai; dan zijn er bladeren aan de bomen.

De baas komt bij hem langs en informeert naar de bestelling van firma **De Koekjestrommel**. Jan maakt een *website* voor ze, met een *homepage* vol *hyperlinks.* Dat zijn allemaal Engelse woorden, maar de computertaal is nu eenmaal bijna helemaal Engels.

"Zijn jullie het nu eens over de opzet?" vraagt mevrouw Dijkshoorn. "*Lukt* het een beetje?" Jan vindt haar *understatement* niet vervelend, maar hij is toch altijd zenuwachtig als ze zo voor hem staat.

"*Schiet* al aardig *op*," zegt hij, "komt best in orde. De informatie blijft vrij algemeen, de *inhoudsopgave* is helemaal geen probleem. - Maar er is iets anders: De reclamejongens van **Kern** komen *straks* nog, ze willen hun ontwerp voorstellen. Hebt u daar dan *even* tijd voor? - Als uw agenda niet helemaal vol zit tenminste."

"Hoe laat, denk je? Als ze vóór half twaalf weer weg zijn, prima. Om kwart over hebben mijn man en ik een afspraak in **De Gouden Schotel.** En *tevoren* moet ik nog een paar mensen bellen."

"Het is nu tien over half tien. Zal ik u een *seintje* geven als ze er zijn? Zowat kwart over tien?"

"Bekijk jij het *eerst* maar eens zelf met ze; dan zijn we *daarna* zo klaar. Jullie hebben immers een plan. En blijf maar rustig. Maak je er niet te *druk* over. Ze kennen hun vak, kunnen geduldig luisteren en zijn heel betrouwbaar. Bedriegen doen ze ons zeker niet."

"U hebt gelijk. We hoeven ons eigenlijk nergens over op te winden. - Dan ga ik nu nog maar even door hier."

"Goed, Jan, tot straks dan. Jij geeft me een seintje, hè? Bedankt alvast."

"Zeker, mevrouw, tot uw dienst!"

## Opfrissen en / of bijspijkeren

### Hoe laat is het?

- vijf uur

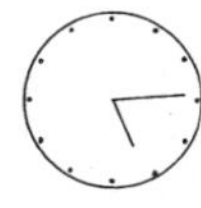

- veertien (minuten) over vijf

- kwart over vijf (tijdstip)

  15 minuten (tijdsduur) = kwartier

- tien (minuten) vóór half zes / - twintig (minuten) over vijf °

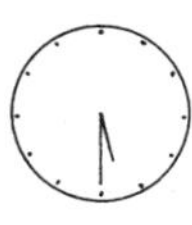

- half zes

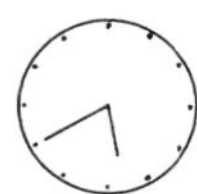

- tien (minuten) over half zes / - twintig (minuten) vóór zes °

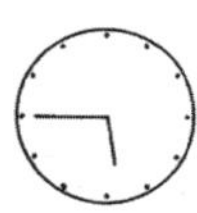

- kwart vóór zes

°in België

**1. Vul aan met een pronomen.**

Lees daarna hardop en gebruik waar dat kan altijd de gereduceerde vorm.
Schrijf bijvoorbeeld *mijn* maar lees *m'n*:

**a.** * Heb _____ even tijd voor _____?
°Zeker, wat kan _____ voor _____ doen?
* Mag ik _____ auto even lenen?
°_____ mag alles! Voor _____ doe ik alles, dat w eet _____!
* Voor _____? En Joke dan? Doe je voor _____ dan niet alles?
°Dat is iets anders. Joke is _____ nichtje.

**b.** * Wilt u eens in _____ agenda kijken?
°Ja, waarom? Voor _____ kan 15 april nog altijd.
Maar misschien is _____ planning intussen veranderd?

**c.** * Jan is een neef van Uta. Zij is _____ nichtje.
°En Uta is samen met Peter op de universiteit.
Hij is een van _____ medestudenten.

**d.** Jan heeft veel respect voor _____ baas. Mevrouw Dijkshoorn kent de voornamen van al _____ medewerkers. _____ drie zonen wonen natuurlijk bij _____ en _____ man. De kinderen weten dat _____ moeder veel werk heeft. Mevrouw Dijkshoorn heeft in **De Gouden Schotel** een afspraak met een paar van _____ klanten. _____ man komt ook. _____ maakt tijd voor _____ vrouw.

**e.** Voor _____ klanten hebben Jan en _____ baas altijd tijd. "_____ firma (*de*) maakt niet veel lawaai," zeggen ze wel eens, "_____ devies (*het*) zijn kwaliteit en service."

**2. Geef het genus (de / het) van de substantieven**

hoek / straat / raam / kant / klant / scherm / boom
plan / nadeel / kind / informatie / firma / blad
probleem / ontwerp / reclame / opzet / lawaai

**Schrijf nu de meervoudsvorm op.**
(De laatste drie hebben geen meervoud.)

**3. Verdeel de substantieven van oefening 2** (soms met hun meervoudsvorm) **over de open plaatsen.**

**Eerst heb je nodig:**

*kind / boom / straat / lawaai / blad / kant / hoek / raam*

Jan kijkt door het _______ naar de andere _______ van de _______. Op de _______ ziet hij _______ spelen. Door de _______ aan de _______ kan hij niet zien wat ze precies doen. Ze maken vrij veel ______, maar dat vindt hij niet erg.

**In het volgende stukje van het verhaal passen:**

*ontwerp / firma / opzet / informatie*

Jan werkt aan een website voor de _______ Comfort. Hij heeft genoeg _______ voor een eerste _______. De _______ is ook duidelijk.

**En nu nog:**

*probleem / klant / scherm / nadeel / plan / reclame*

Het hele _______ krijgt langzaam vorm op het _______ van zijn computer. Het _______ is [Jan vindt het moeilijk] dat de _______ [die de website besteld heeft] altijd weer direct aan _______ denkt [Hij wil er bekend door worden en meer verkopen]. Maar een echt _______ is het niet: een goede samenwerking met de klant is van groot belang.

**4. Verdeel de adjectieven over de open plaatsen:**

*zenuwachtig / klaar / erg / betrouwbaar / vervelend / rustig / aardig*

* Is het _______ als er kinderen onder je raam spelen?
°Nee, ik vind het helemaal niet _______.
* Word je er niet _______ van?
°Nee, ik blijf altijd _______.
* Ben je bijna _______?
° Het schiet _______ op, maar ik controleer nog even de resultaten, om te zien of ze _______ zijn.

**5. Vul aan met een begrip van tijd:**

* Hoe _______ komen de mensen van **Kern**?
°Om twee uur. Heb jij _______ (over een paar uur) iets bijzonders te doen?
* Nee, eerst komt de baas nog _______ (een paar minuten) langs.
° Wil je dan _______ (nog iets eerder) eens met die reclamejongens bellen? Dan kan ik _______ met die website doorgaan. _______ bedankt!

Gevonden? *tevoren / laat / even / alvast / straks / daarna*

**6. Vul aan met een bijwoord dat versterkt / nuanceert:**

Verdeel over de open plaatsen:

*helemaal / best / echt / vrij / erg / aardig / zo / minder*

- Is het _______ [zeer] vervelend?
- Het is _______ niet erg.
- Het schiet _______ [goed] op.
- Het komt _______ in orde.

- Dat is _______ duidelijk [niet zo duidelijk als anders].
- Ik ben _______ klaar.
- De reclamemensen van **Kern** zijn _______ [werkelijk] goed.
- Dat komt _______ algemeen voor.

**7. Vul aan met een voorzetsel / prepositie:**

Om kwart _____ twaalf (12.15 uur) gaat mevrouw Dijkshoorn _____ **De Gouden Schotel**. Dat is _____ de andere kant van de straat. Jan ziet haar _____ het raam. Ze staat _____ de hoek. Ze wacht zeker _____ haar man. Ze maakt er zich beslist niet druk _____ dat hij er nog niet is. "_____ straks" denkt Jan bij zichzelf. Dan concentreert hij zich weer op wat hij _____ zich _____ het scherm ziet.

Gevonden? *aan / naar / voor / tot / door*
*2 x over / 3 x op*

**8. Transformeer. Begin met** *Ik* **en gebruik het gereduceerde** *er* **in plaats van** *daar:*

Daar ben ik het helemaal mee eens.
Daar heb ik geen tijd voor.
Daar maak ik me niet druk over.
Daar wind ik me niet over op.

***Klant: „Ik ben niet tevreden over die vis, Ober. Die van eergisteren was veel beter". Ober: „Dat begrijp ik niet meneer. Het is precies dezelfde".***

# Hoofdstuk 3

## Op het station (inleidend deel)

Op het station is het erg *druk*. De mensen komen erg *laat*. Ze moeten *zich haasten* om hun trein nog te halen. Jan wacht op Uta. Haar trein heeft *vertraging*. Hij koopt een *krant*. Even later komt Uta aan. Ze nemen samen de bus.

"Hartelijk welkom," zegt Jan z'n moeder. "Hoe gaat het met je? Doe alsof je thuis bent." Uta is *blij* dat ze er is (in Utrecht, bij Jan en zijn moeder, haar tante Rietje). Ze zal het er zeker naar haar [d'r] *zin* hebben. Met de familie in Duitsland gaat het goed. *Iedereen* is gezond. Ze zijn (dus) *allemaal* gezond. Uta doet hartelijke groeten van haar [d'r] ouders. Dan drinken Jan, zijn moeder en Uta een *kopje* koffie.

### Opfrissen en / of bijspijkeren

*In* mensen *en* samen *is de* s *stemloos.*
*In* familie *en* iedereen *is de* ie *één klank, zoals in* niet *en* tante Rietje.

*De gewone uitspraak van onbeklemtoond (possessief mannelijk)* zijn *is* [z'n].

*In Nederland kan onbeklemtoond (possessief vrouwelijk)* haar *in de informele spreektaal* [d'r] / ['r] *worden. In Vlaanderen klinkt dit ongewoon.*

*Een woordgroep met een voornaam als* de moeder van Jan *kan in informele spreektaal* Jan z'n moeder *worden. Bij vrouwelijke voornamen is het possessivum in zo'n geval* d'r: de neef van Uta > Uta d'r neef.

*Het reflexieve pronomen voor enkelvoud én meervoud is* zich:

De mensen moeten zich haasten.
Jan hoeft zich niet te haasten.

iedereen *is een pronomen,* allemaal *is een bijwoord:*
Iedereen is gezond. Ze zijn allemaal gezond.

**1. Kijken we samen even naar het genus?**

____ trein ____ station
____ vertraging
____ bus
____ krant
____ groet
____ familie
____ koffie ____ kopje

**2. Vul aan:**

Op het _______ [waar de treinen aankomen en vertrekken] is het _______ [Er zijn veel mensen]. Omdat de mensen zo _______ komen, moeten ze zich _______ om hun trein nog te _______ [om met de trein mee te kunnen]. Jan _______ op Uta [Ze is er nog niet]. Haar trein heeft _______ [Hij is te laat]. Jan koopt een _______ [om te lezen]. Als Uta _______ later aankomt, nemen ze samen de _______.
"_______ welkom," zegt Jan z'n moeder. " Doe _______ je thuis bent." Uta is _______ dat ze er is. Ze zal het zeker naar haar _______ hebben. _______ de familie in Duitsland _______ het goed. _______ is gezond [Ze zijn allemaal gezond]. Rita doet _______ groeten van haar _______ [vader en moeder]. Dan drinken ze samen een _______ _______.

**3. Vervolledig de zinnen met één passend woord:**

Als je erg vroeg bent, moet je soms _______.
Als je laat bent, moet je je meestal _______.
Als ergens veel mensen samen zijn, is het er _______.
Wie op tijd is, hoeft zich niet te haasten om de trein nog te _______.
De bus stopt aan een halte, de trein in het _______.
Als ik ergens moet wachten, lees ik altijd de _______.
Naar de markt kun je niet met de trein, wél met de _______.
Jan is niet alleen en Uta ook niet: ze zijn _______.

## Uta komt aan (hoofddeel)

Op het station is het erg druk. Het is er *vaak* druk, maar *vandaag* is het nog drukker dan anders. Veel mensen komen erg laat en moeten dan soms gauw nog een kaartje kopen. Je kunt beter wat eerder komen, denkt Jan, dan ben je *altijd* op tijd - of *nooit* te laat, dat is hetzelfde.

"Twee retour Maastricht," vraagt een oude heer. Zijn vrouw wacht al op het perron. In het drukke station houdt ze haar zwarte tasje stevig vast. Er staan een paar jongelui naast haar. Zij en haar man moeten *zich haasten* om hun trein nog te *halen*. Jan wil ze wel helpen, maar het hoeft niet; meneer heeft alleen een kleine tas bij zich. *Verstandig* is dat: oudere mensen moeten liever geen zware bagage meeslepen.

Jan hoeft gelukkig niet voor het loket in de rij te gaan staan. Hij staat gewoon op Uta te wachten. Haar trein is te laat. Treinen komen *blijkbaar* zelden te vroeg aan, nooit eigenlijk. Jan loopt even naar de boekhandel in de stationshal; hij wil er *gauw* een krant kopen.

Er wordt net iets omgeroepen, maar Jan heeft niet *opgelet*. Daarom vraagt hij *meteen* aan een jongeman van zijn *leeftijd*: "Heeft de trein uit Duitsland *vertraging*?"
"Ja," zegt die, "tien minuten."

Jan gaat zitten lezen. Er komt iemand naast hem zitten, maar hij zegt niets tegen de man. De tijd is *zo* om. *Even* later komt Uta al aanlopen. Ze *zwaait* van ver.
"Goede reis gehad?" vraagt Jan.
"Prima," zegt ze, "tien minuutjes vertraging, een *kwartiertje misschien*, maar dat is begrijpelijk in deze tijd van het jaar. Ik vind het *helemaal* niet erg."
"Nemen we de bus?" vraagt ze *vlak* daarop.
"Ja," antwoordt Jan, "we hoeven ons niet te haasten. Hij komt pas over tien minuten. *Bovendien* zijn er rond dit uur *geregeld* bussen."

Een half uur later zijn ze er.

"Hartelijk welkom, wat is dat *lang geleden*!" zegt Jan z'n moeder. "Hoe gaat het met je? Waar ben je al die tijd geweest? Ik hoop dat je 't hier naar je zin hebt. Doe alsof je thuis bent."

Uta moet hartelijk lachen. Tante Rietje is nog altijd dezelfde. "Dank u, tante Rietje," zegt ze, "met mij gaat het *uitstekend*. En ik ben erg *blij* dat ik weer eens ['ns] een ['n] paar dagen bij u mag zijn. En we hebben nog *mooi* weer ook!"

"Hoe maken ze 't thuis? *Iedereen* gezond?"

"Gelukkig wel, dank u. Ik moet u veel hartelijke groeten doen."

"Dank je wel. Nu drinken we eerst maar eens ['ns] een ['n] kopje koffie."

## Opfrissen en / of bijspijkeren

### - passief / perfectum

Er *wordt* iets *omgeroepen*.
Jan *heeft* niet *opgelet*.

(*Heb* je een) goede reis *gehad*?
Waar *ben* je al die tijd *geweest?*

### - imperatief

| | |
|---|---|
| *Doe* alsof je thuis bent. | (*doen*) |
| *Ga* maar* zitten. | (*gaan*) |
| *Kom* maar* mee! | (*komen*) |
| *Wacht* even. | (*wachten*) |

* Bij een imperatief als vriendelijke uitnodiging is **maar** obligatorisch!

### - hulpwerkwoorden

*Jan* gaat *zitten.*
Hij *gaat zitten* lezen.
Hij *gaat* een krant kopen.

Jan *staat te* wachten.
Hij *zit te* lezen.

Uta *komt* aanlopen.

Je *kunt* beter wat eerder *komen*.
Je *moet niet* * zoveel meeslepen.

* Negatief **moeten** geeft aan dat iets verkeerd is.

**- adjectief - flectie**

| **+ e** | **onveranderd** |
|---|---|
| *vóór* **de**-*woorden* | *vóór* **het**-*woorden enkelvoud* |
| een oud**e** heer | |
| een klein**e** tas | een zwart tasje |
| een hel**e** dag | een half uur |
| geen zwar**e** bagage | geen groot station |
| / goed**e** reis | / mooi weer |

Na **een** en **geen** vóór een het-woord en als er geen ander (bepalend) woord vóór het adjectief staat, blijft het adjectief **onveranderd.**

*vóór* **het**-*woorden*

het drukk**e** station
haar zwart**e** tasje

Na **het** en de possessiva **mijn** / **haar /** ... krijgt het adjectief wél **-e** *in het meervoud*

hartelijk**e** groeten
oud**e** stations

**1. Vul aan met een participium perfectum (voltooid deelwoord):**

Uta is al eerder in Utrecht _______.
Ook deze keer heeft ze een goede reis _______.
Jan heeft niet _______ : hij heeft zitten lezen.
Nu moet hij aan iemand vragen wat er _______ is.

Gevonden? We zochten *omgeroepen / gehad / opgelet / geweest.*

**2. Vul aan met een vorm van de werkwoorden:**

wachten / opletten / haasten / halen / kopen

* Heb ik nog de tijd om een krant te gaan _______?
°Ja, als je je _______. Je weet dat de trein niet _______!
* Jij kunt intussen nog iets te drinken _______ voor in de trein.
° Nee, ik _______ liever _______: Misschien wordt er iets omgeroepen.

### 3. Kijken we even naar het genus?

| | | |
|---|---|---|
| ____ bagage | ____ kwartier | ____ loket |
| ____ boekhandel | ____ krant | ____ kopje |
| ____ uur | ____ tasje | ____ vertraging |
| ____ rij | ____ leeftijd | ____ jongeman |
| ____ koffie | ____ minuut | ____ jaar |
| ____ stationshal | ____ perron | ____ tas |

### 4. Verdeel de substantieven over de open plaatsen:

*loket / koffie / tasje / krant / jaar / uur*

**Schrijf er** *deze* of *dit* **voor**:

- Ik heb _____ _______ altijd bij me.
- _____ _______ ben ik nog niet in Utrecht geweest.
- _____ _______ vind ik niet lekker.
- Aan _____ _______ krijg je alleen kaartjes voor binnenlands verkeer.
- Rond _____ _______ is er niemand in de boekhandel.
- _____ _______ lees ik anders nooit.

### Hoe lang duurt het?

### 5. Gebruik waar nodig *half / halve – heel / hele:*

- vijftien minuten =
- dertig minuten =
- vijfenveertig minuten =
- zestig minuten =
- twaalf uur =
- vierentwintig uur =
- zesendertig uur =

### 6. Vul aan met een substantief:

* Wacht je op het _______ of in de stationshal?
°Liever in de _______. Dan kan ik nog een krant kopen.
* Onze trein heeft tien minuten _______.
°Er is net omgeroepen dat het een _______ (vijft ien minuten) wordt.
* Dan hebben we nog tijd voor een _______ koffie.
°Ken je die _______ (een paar twintigers) daar in de _______ voor het loket?
* Nee, maar ik zie dat ze niet op hun _______ (wat ze bij zich hebben) letten.

Gevonden? We zochten *vertraging / rij / kopje / boekhandel*
*bagage / jongelui / kwartier / perron*

## 7. Flectie: -e of niet?

Jan en zijn moeder wonen niet in een (druk) straat. Ze hebben ook geen (groot) huis. Een (goed) (half) uur vóór Uta aankomt, gaat hij naar het station. Hij heeft een (druk) dag gehad. Gelukkig is het de (heel) tijd (mooi) weer geweest.

Uta heeft zeker geen (zwaar) koffers bij zich. Ze neemt altijd maar een (klein) tasje mee, herinnert Jan zich. Een (zwart) tasje, voor zover hij weet. Hij vindt Uta een (verstandig) én een (aardig) meisje. Dat is niet hetzelfde!

Er komt een (groot) jongedame aanlopen. Is dat Uta? Ze heeft nu blijkbaar (zwart) haren! "(Hartelijk) welkom," zegt Jan. "Zullen we een van onze (lelijk) bussen nemen? - Comfortabel zijn ze gelukkig wél!"

Als ze thuis zijn, doet Uta (hartelijk) groeten van haar familie. Dan drinken ze samen een (lekker) kopje koffie. "Hm ... (lekker) koffie" zegt Uta.

## 8. Flectie: -e of niet?

Om een (mooi) reis te maken, hoef je geen (zwaar) bagage mee te nemen. Een (klein) tas is meestal genoeg. En in een (laat) trein vind je altijd wel een (oud) krant om te lezen.
Ik probeer al het (heel) weekend naar Jan te bellen. Maar hij heeft blijkbaar een (ander) nummer. Ik heb alleen zijn (oud) nummer.

## 9. Verdeel de adjectieven over de open plaatsen. Zet er zo nodig -e achter:

*verstandig / slecht / mooi / druk / uitstekend /*
*begrijpelijk / gelukkig / lelijk / ver / triest*

Omdat het in de stad zo _______ is met al die auto's, gaan veel mensen liever met de bus naar hun werk. Dat is heel _______. Toch zijn er ook mensen die absoluut zelf willen rijden. Ook dat is _______: ze prefereren hun vrijheid boven alles! Blijkbaar zijn ze alleen op die manier _______.

Het nieuwe station is niet meteen _______ (vanuit esthetisch oogpunt), maar je kunt ook niet zeggen dat het _______ is. En het ligt niet te _______ van het centrum. Er zijn bovendien _______ busverbindingen [Die zijn heel goed]. Dat de mensen tegenwoordig zoveel afval gewoon wegwerpen, is een beetje _______. Het wordt langzaam een _______ gewoonte!

**10. Verdeel de preposities / voorzetsels over de open plaatsen:**

*op / naast / bij / aan / rond / tegen / over / van / naar / met*

* We zijn nog _____ tijd. Onze trein komt pas _____ tien minuten.
° Dan ga ik nog even _____ de boekhandel.
* _____ deze tijd is het daar erg druk, weet je.
° Ga je _____ me *mee*? Ik heb liever dat je _____ me bent.
* Dat doe ik, maar ik hoef geen krant te kopen. Ik heb die _____ gisteren nog.
° Moet jij niet nog even bellen en _____ moeder z eggen dat we er niet zijn? En vragen of ze de bloemen wil gieten?
* Precies! _____ wie anders kan ik zo iets vragen. Gelukkig woont ze _____ ons.

Gezien dat **met** als deel van een samengesteld werkwoord **mee** wordt?
In de hoofdtekst van deze les komt **meeslepen** voor. In onze minidialoog van zo-even staat **"Ga** je ... **mee?**". Andere voorbeelden zijn **meelopen / meefietsen / meerijden / meenemen / meedelen / ...**

**11. Vervang wat onderstreept is door** *er.*
**Laat, als dat kan, de zin daarmee beginnen. Als het niet kan, begin je met het subject.**

Bij het loket staat een lange rij. Op het perron is het duk. In de boekhandel koopt Jan een krant. Naast hem staan een paar jongelui. In een druk station kun je je bagage beter bij je houden. Vóór het station nemen ze de bus. Een half uur later zijn ze thuis.

***Een mevrouw kan hulpjes in de huishouding nooit lange tijd in dienst houden. Als de nieuwe kandidate graag wil weten hoe lang het vorige meisje gebleven is, antwoordt ze: „Op drie weken na precies een maand".***

# Hoofdstuk 4

## Peter gaat naar Antwerpen (inleidend deel)

Peter krijgt een emailberichtje van Joke.
Ze vraagt of hij niet eens naar Antwerpen komt.
Antwerpen is een *belangrijke havenstad*.
Het ligt niet aan zee maar aan de Schelde.
Op de linkeroever van de *rivier* is er ook veel industrie.
En stroomafwaarts staat er *buiten* Antwerpen een atoomcentrale.
Peter kent de familie Teunis.
Hij en zijn ouders zijn samen met Joke en haar familie aan zee geweest, aan de Vlaamse kust.
Peter gaat met de auto naar Antwerpen.
Onderweg is er een *file*.
Er vliegen twee *helikopters* van de politie over.
Iedereen stopt.
Peter staat net onder een brug,
samen met nog enkele andere *chauffeurs*.
Het verkeer boven hem maakt een hoop *lawaai*.
Hij kijkt *naar* de auto vóór hem.
Er zit een dame *achter* het stuur.
Er stapt iemand uit, op de *rechterrijstrook* nog wel!
Is dat wel *verstandig*? Het kan gevaarlijk zijn.
Maar van de andere *kant* is het ook begrijpelijk.
*Sommige* mensen kunnen moeilijk blijven zitten.
Na een poos komt het verkeer weer op gang.
Peter raakt *veilig* waar hij moet zijn.

## Opfrissen en / of bijspijkeren

**woordvolgorde binnen "werkwoordelijke eindgroepen":**

Sommige mensen kunnen moeilijk *blijven zitten.*
Peter raakt veilig waar hij *moet zijn.*

**adjectief met of zonder -e?**

*linker* en *rechter* hebben nooit -e en zijn eerste deel van een samenstelling:
een hog**e** / lag**e** oever >< de *linkeroever*
een bred**e** / small**e** rijstrook >< de *rechterrijstrook* / de *rechterbaan*

**onbepaalde voornaamwoorden**

*aantallen / hoeveelheden / omvang / intensiteit*

*Iedereen* stopt.
Er stapt *iemand* uit.

*Enkele* chauffeurs staan onder een brug.
*Sommige* mensen kunnen moeilijk blijven zitten.

Er is *veel* industrie.
Het verkeer maakt *een hoop* lawaai.

**preposities / voorzetsels**

Peter staat *onder* een brug. Hij hoort het verkeer *boven* hem.
Hij kijkt naar de auto *vóór* hem. Er zit een dame *achter* het stuur.
De volgorde *binnen* werkwoordgroepen is in het Nederlands soms anders:
De atoomcentrale staat natuurlijk *buiten* de stad.

**1. Deel de substantieven in twee themagroepen in en schrijf er telkens** *de* **of** *het* **voor**:

*haven / lawaai / helikopter / rivier / zee / file*
*politie / oever / rijstrook / kust / stuur / chauffeur*

| Thema "verkeer" | Thema "water" |
|---|---|
| | |

**2. Verdeel de substantieven uit beide lijstjes nu over de open plaatsen:**

- De _______ van Antwerpen is niet zo groot als die van Rotterdam.
- Antwerpen ligt niet aan _______, maar aan een _______, aan de Schelde.
- De Vlaamse / Belgische _______ is iets meer dan 60 kilometer lang en heeft veel mooie badplaatsen.
- Ligt de Lorelei aan de linker- of de rechter _______ van de Rijn?
- Als er een _______ overvliegt, kun je als _______ eigenlijk beter niet naar boven kijken.
- Als je met je auto in de _______ staat, is het natuurlijk niet zo gevaarlijk.
- Roken achter het _______ is ook niet ongevaarlijk, maar de _______ kan er nog niet tegen optreden.
- Het verkeer stoot niet alleen teveel uitlaatgassen uit, het maakt ook teveel _______ en is op den duur schadelijk voor het gehoor.
- Als je bij een kruispunt wilt afslaan, moet je de goede ______ kiezen.

**3. Verdeel de adjectieven over de open plaatsen:**

*verstandig / begrijpelijk / gevaarlijk*
*veilig / moeilijk / belangrijk*

* Roken aan het stuur is eigenlijk niet _______ [Er zijn risico's mee verbonden].
° Het is zelfs _______, want je let minder goed op.
* Bovendien is roken nooit erg _______ [als je erover nadenkt].
° Maar stoppen met roken is _______.
* Toch is het _______ [essentieel] het altijd weer te proberen.
° Zeker, want het is _______ [Het is duidelijk / I k heb er begrip voor] dat het niet altijd van de eerste keer lukt.

**4. De begrippen *links* en *rechts* in samenstellingen.**

In landen waar je links rijdt, stapt de chauffeur aan de _______*kant* in en uit, zijn medepassagier die voorin zit, aan de _______*kant*. De chauffeur schakelt dan ook met zijn _______*hand*. Op het Europese vasteland schakelt zelfs de meest linkshandige met zijn _______*hand*, tenzij hij een auto met een stuur aan de _______*kant* heeft.

## Door Nederland naar Vlaanderen (hoofddeel)

*Peter heeft een mailtje van Joke gekregen. Hij mag voor een paar dagen naar Antwerpen. Peter kijkt in zijn agenda en vindt inderdaad een gaatje. Maar eer hij Joke terugmailt, belt hij even met zijn ouders. Het gaat er niet om dat hij het moet vragen, overleg is van belang: communicatie! Bovendien kan hij dan thuis een paar schone hemden halen.*

Zijn vader is ook student geweest en weet dat een éénentwintigjarige vast nog wat zakgeld kan gebruiken. Daar is Peter niet kwaad om. Zo'n extraatje is altijd welkom. Terwijl Peter zijn tandenborstel en zijn scheergerei in zijn tas stopt - de hemden en wat ondergoed zitten er al in -, vraagt zijn moeder of hij alles heeft. Dan geeft ze hem met een lieve glimlach ook nog wat fruit mee voor onderweg. Eer hij vertrekt, belooft hij goed op zichzelf te zullen passen, én op zijn autootje – z'n eigen auto overigens. Hij is van plan tot woensdag of donderdag in Antwerpen te blijven.

Naar de Nederlandse grens zijn het zowat honderdtachtig kilometer. Peter heeft geen zin om de hele tijd op de snelweg te rijden. Bovendien wil hij even naar Maastricht. Daar is hij ook nog nooit geweest. Maar op de secundaire wegen schiet hij niet meer zo goed op. Misschien is het maar een indruk, maar er lijken nog meer auto's en vrachtwagens te rijden.

Als hij weer uit Maastricht wegrijdt, staat er bij de Belgische grens een jongeman te liften. Peter aarzelt even, maar stopt dan toch. Overdag kan het wel geen kwaad. 's Avonds doet hij het liever niet. Bang is hij eigenlijk niet, wél voorzichtig. Je weet maar nooit!
"Goede middag," zegt de jongeman, "gaat u richting Hasselt?"
"Ja, stap maar in." antwoordt Peter. Hij wil pas in Hasselt de autoweg weer op. Naar Antwerpen hoeft de jonge Belg niet, maar hij is in ieder geval blij dat hij een eind mee mag. Er zijn nogal wat auto's voorbijgereden zonder te stoppen.
"Ik heb een hele poos op u moeten wachten," lacht hij, "maar ik neem het u niet kwalijk."
Ze praten de hele tijd en bij het binnenrijden van Hasselt vraagt de "passagier": "Wilt u me alstublieft hier ergens afzetten?" Bij het uitstappen zegt hij nog: "Dank u wel en goede reis verder."

Naar Antwerpen zijn het nog tachtig kilometer. Er zijn nu vooral Belgische nummerplaten te zien, witte dus, met rode cijfers en letters. En minder gele met zwart zoals in Nederland. Hoe lang duurt het overigens nog tot heel Europa wit met zwart heeft?

In Antwerpen wordt het een blij weerzien met de familie Teunis. Twee maanden geleden zijn ze samen aan zee geweest.

## Opfrissen en / of bijspijkeren

**werkwoorden**

**- klankwisseling:**

Peter *krijgt* een mailtje.
> Peter heeft een mailtje *gekregen*.
Peter *rijdt* weer weg.
> Er zijn zeker tien auto's voorbij*gereden*.
Hij *kijkt* in zijn agenda.
> Heb je al in je agenda *gekeken?*

**- gesubstantiveerde infinitief:**

bij het *binnenrijden* van de stad
bij het *uitstappen*

**- volgorde van werkwoordelijke eindgroepen:**

Ik heb een hele poos *moeten wachten.*

Het gaat er niet om dat hij het *moet vragen*.
Zijn vader weet dat Peter nog wat zakgeld *kan gebruiken.*

Hij belooft goed op zichzelf *te zullen passen.*

**- modaal werkwoord zonder infinitief van een hoofdwerkwoord:**

Hij *wil* even *naar Maastricht*.
Hij *wil* de autoweg weer *op*.
De lifter is blij dat hij *mee mag*.
Hij *hoeft* niet *naar Antwerpen.*

**- hulpwerkwoord** *lijken*

Er *lijken* nog meer auto's en vrachtwagens *te rijden.*
Die auto *lijkt te* (*gaan*) *stoppen*.

**- betekenis**

Ook vastgesteld dat je in het Nederlands om te *rijden* geen paard nodig hebt? En dat je met de auto kunt *gaan?* Dan vertel ik nu maar dat *varen* niet kan zonder water!

Ook gezien dat *stoppen* twee betekenissen heeft?
De auto stopt.
Peter stopt een paar dingen in zijn tas.

**substantieven**

- **diminutief**

| | | |
|---|---|---|
| haven | > | haventje |
| rivier | > | riviertje |
| mail | > | mailtje |
| gat | > | gaatje |
| extra | > | extraatje |
| auto | > | autootje |

- **meervoud**

| | | | |
|---|---|---|---|
| - **en** | nummerplaat | > | nummerplaten |
| | dag | > | dagen |
| | weg | > | wegen |
| | stad | > | steden |
| | grens | > | grenzen |
| - **s** | tandenborstel | > | tandenborstels |
| | vrachtwagen | > | vrachtwagens |
| | cijfer | > | cijfers |
| | letter | > | letters |
| | auto | > | auto's |
| | agenda | > | agenda's |
| - $\phi$ | tachtig kilometer | | (na een bepaald telwoord) |
| - **s** | enkele kilometer*s* | | (na een onbepaald voornaamwoord) |

- **tijd:**
- **de dagen van de week**

maandag / dinsdag / woensdag / donderdag / vrijdag / zaterdag / zondag

- **seizoenen en maanden van het jaar**

| | |
|---|---|
| lente: | maart - april - mei |
| zomer: | juni - juli - augustus |
| herfst: | september - oktober - november |
| winter: | december - januari - februari |

**- nationaliteit:**

| **man** | **vrouw** | **meervoud** | **adjectief** |
|---|---|---|---|
| Nederlander | Nederlandse | Nederlanders | Nederlands(e) |
| Duitser | Duitse | Duitsers | Duits(e) |
| Belg | Belgische | Belgen | Belgisch(e) |
| Amerikaan | Amerikaanse | Amerikanen | Amerikaans(e) |
| Fransman | Française | Fransen | Frans(e) |
| Engelsman | Engelse | Engelsen | Engels(e) |

**1. Verdeel het meervoud van de substantieven over de open plaatsen:**

*geval / stad / dame / weg / nummerplaat*
*auto / gaatje / droom / chauffeur / rivier*

- Zijn _______ betere _______ dan heren?
- In de meeste _______ zijn _______ bedrog!
- Zijn er te veel _______ op onze _______?
- Krijgt heel Europa dezelfde _______?
- Krijg ik een ander blad papier? In dit hier zijn een paar _______.
- Nederland en Vlaanderen hebben veel mooie oude _______.
- Schelde, Maas en Rijn zijn _______.

**2. Deze keer moet je het (land / herkomst / nationaliteit) zelf vinden!**

- Nergens wonen zoveel Nederlanders als in ______.
- Hij is _______ [Zijn ouders en voorouders komen uit Brussel] en zijn vrouw is _______ [Ze komt uit Manchester].
- De Gaulle en Pompidou waren _______ presidenten.
- De eerste man op de maan was een _______.
- De uitvinders van de dieselmotor en de Zeppelin waren _______.

**3. Krijgt het adjectief *-e* of niet?**

- Heb je nog een (schoon) hemd?
- (vuil) hemden neemt Peter natuurlijk niet mee.
- Een (lief) glimlach is zoveel waard als (mooi) weer.
- Heb jij een (blauw) tandenborstel of een (geel)?
- Antwerpen is een relatief (groot) stad.

- Peter neemt een (klein) tas mee.
- Ik wens hem (goed) reis.
- In België hebben ze voorlopig nog (wit) nummerplaten met (rood) cijfers en letters.

**4. Vul aan met de goede vorm van een werkwoord:**

* _______ je met de trein naar Amsterdam?
° Waarschijnlijk wel, ik _______ niet graag als het donker is, en we kunnen daar pas 's avonds laat weer _______.
* Ik zal het spoorboekje even _______ , dan kunnen we _______.
° Jammer dat we niet kunnen _______!
* Dat is zo, met een privé-helikopter _______ je aardig ____, maar die heb je nu eenmaal nog niet!
° Als ik ooit geld heb, zal ik niet _______ om zo 'n ding te kopen!

Werkwoord gevonden? Het ging om *opschieten / halen / vliegen / aarzelen / gaan / rijden / kijken / vertrekken*

**5. Doen we nog eens hetzelfde met**

*uitstappen / zien / afzetten / duren / raken / instappen*
*beloven / gebruiken / stoppen [1] / krijgen / stoppen [2]*

* Heb je ook een uitnodiging voor het personeelsfeest _______?
° Ja, maar ik kan je niet _______ dat ik meega. Het _______ me allemaal veel te lang. Ik kan mijn tijd beter _______.
* En ik _______ er nooit op tijd. Kijk, er _______ een auto aan de andere kant van de straat.
° Dat _______ ik, ja.
* Er _______ ook iemand ____.
° Ja, een dame. Ken jij de heer die haar _______?
* Nee, het ziet er overigens naar uit dat ze weer gaat _______.
° Ja, ze _______ haar sleutels weer in haar tas en loopt terug naar de auto.

**6. Kleuren**

- Sneeuw is _______.
- Een citroen is _______.
- Is de Donau echt _______?
- In mei is de natuur mooi _______.
- Bloed is _______.
- Steenkool is _______.

- Een sinaasappel is _______.
- Als je oud bent, is je haar _______.
- Katholieke bisschoppen dragen _______.
- _______ is de kleur van de holebi's (homo's-lesbiennes-bisexuelen).

**7. Vul aan met een voorzetsel**

- Peter heeft een mailtje _____ Joke gekregen.
- Hij mag _____ een paar dagen _____ Antwerpen.
- Hij belt even _____ zijn ouders.
- Mevrouw Böhm geeft haar zoon wat fruit mee _____ onderweg.
- Daar is hij niet kwaad _____.
- Peter is _____ plan _____ woensdag in Antwerpen te blijven.
- _____ de Nederlandse grens zijn het zowat honderdtachtig kilometer.
- _____ secundaire wegen schiet je niet zo goed op.
- We weten eigenlijk niet wanneer Peter weer _____ Maastricht wegrijdt.
- Maar dat is niet _____ belang.
- De lifter is _____ ieder geval blij dat hij mee mag.
- _____ het uitstappen wenst hij Peter verder goede reis.
- In Nederland hebben ze gele nummerplaten _____ zwarte letters en cijfers.
- Liften moet je niet in het centrum maar even _____ de stad doen.

*in / bij / op / om / tot / uit / buiten / met (2 keer)*
*naar (2 keer) / voor (2 keer) / van (3 keer*

***„Wel, kinderen, zal ik de taart in vier of in acht stukken snijden?" „In vier, tante, acht stukken krijgen we nooit op!"***

# Hoofdstuk 5

## Bij de familie Teunis in Antwerpen (inleidend deel)

De familie Teunis gaat *aan tafel.* 's Avonds eet men in Vlaanderen *meestal* niet warm. Er is *bruin* brood - "*grijs* brood" zeggen ze hier - en wit brood. En als *beleg* is er *vlees*, *vis* en *kaas*. Moeder Teunis zoekt een *lepel* voor de *confituur* - zo heet *jam* hier. Joke haalt er eentje in de *keuken*. Er zijn ook twee *vorken* te *weinig*, ziet ze, en een *mes* voor de *kaas*. Die brengt ze mee uit de *keuken*.

Peter drinkt alleen zwarte *koffie*, *zonder* iets erin. Hij hoeft geen *melk* en *suiker*. 's *Ochtends* drinkt hij wél melk, en 's *middags* water of cola. Vader Teunis drinkt geen cola, lacht hij. Geef hem maar een *pilsje* of een *glaasje wijn*. Of een van de vele Belgische speciale biersoorten.

"*Smakelijk* eten" zegt moeder Teunis, en Joke antwoordt gewoon "Smakelijk". Dat valt Peter op: in Nederland heeft hij altijd "Eet smakelijk" gehoord. Maar eigenlijk heeft het geen belang. Het ziet er allemaal bijzonder *lekker* uit. In Nederland hebben de mensen trouwens geen *honger* [1], maar *trek*.

---

[1] In het noord-westen van Nederland (zeker bij taalgebruikers van de oudere generatie) slaat het begrip *honger* vrijwel alleen nog op algemeen voedselgebrek, zoals tijdens de laatste oorlogswinter 1944 –1945 en de jongste jaren in ontwikkelingslanden. De zuidelijke provincies Brabant en Limburg waren al in 1944 door de geallieerden bevrijd.

## Opfrissen en / of bijspijkeren

| | | | |
|---|---|---|---|
| *tijd*: | 's ochtends / 's morgens | | vanochtend / vanmorgen |
| | 's middags | | vanmiddag |
| | 's avonds | >< | vanavond |
| | 's nachts | | vannacht |
| | altijd / vaak / meestal | | bepaald moment / tijdstip |

| | |
|---|---|
| *dat kleine woordje:* | ***Er*** is bruin brood.<br>***Er*** zijn twee vorken te weinig.<br>Het ziet ***er*** allemaal lekker uit. |
| *Gezien dat* die *in zin 8* | "***Die*** brengt ze mee uit de keuken"<br>*verwijst naar* "... twee vorken..." *en* "...een mes..." *van zin 7 en dus meervoud is?* |
| *Ook gezien dat het diminutief van* | glas (*met korte velare* a *)*<br>glaasje *is (met lange palatale* a *)?* |

**1. a. Wat voor eetbaars staat er op tafel?**

het _______ de _______ het _______

de _______ de _______

**b. Hoe heet *jam* meestal in Vlaanderen?**

**c. Waaruit bestaat een gewoon bestek?**

de _______ de _______ het _______

**2. Nu even enkele voorzetsels / preposities:**

Ze gaan _______ tafel.

Joke brengt een vork mee _______ de keuken en een lepeltje _______ de jam.

Zwarte koffie is koffie _______ melk erin.

**3. Wanneer?**

Heb je _______ helemaal niets gegeten? Zonder ontbijt kun je toch niet werken!

In Nederland eet men gewoonlijk _______ warm, in Vlaanderen veelal _______.

Maar _______ lusten zowel Nederlanders als Vlamingen wel eens een gekookt eitje.

Ik heb _______ gedroomd dat ik in de gevangenis zat omdat ik een bankoverval gepleegd had, maar toen ik _______ wakker werd, lag ik gelukkig in mijn eigen bed.

4. **Vul aan met de passende bijwoorden van tijd of modaliteit:**

Eerst gaat het om *meestal / altijd / bijzonder*.

Een pilsje smaakt Vader Teunis _______. En trappistenbier vindt hij ook _______ lekker. Maar _______ drinkt hij 's avonds een glaasje wijn.

En voor de rest van het verhaal heb je nog *eigenlijk / trouwens / gewoon* nodig.

Dat is _______ gezond. Alleen mag je niet overdrijven. _______ is het simpel met alcohol. Je moet er _______ niet te veel van drinken.

## Twee generaties over studeren en over taal (hoofddeel)

| | |
|---|---|
| Moeder Teunis: | Jullie hebben nu ook de bama-structuur. Denk je dat die beter is dan het vroegere systeem, Peter? |
| Peter: | Ik weet het eigenlijk niet. Hadden jullie in Vlaanderen niet een nogal *strak* systeem van jaarlijkse examens? |
| Vader Teunis: | Dat in ieder geval. Tot enkele jaren geleden werd je na twee of drie jaar kandidaat en na vier of vijf jaar *licentiaat* of ingenieur en na zeven jaar arts. |
| Joke: | Maar dan moest je wel ieder jaar voor alle vakken *slagen*, als je binnen die tijd *klaar* wou zijn. |
| Peter: | En mocht je nooit eens een minder goed of zelfs een slecht cijfer krijgen? |
| Joke: | Twee keer minder dan tien op twintig was al een serieus probleem, hoor. En je kon ook geen vak *uitstellen* tot later, omdat er vaste studieprogramma's per jaar waren. |
| Peter: | En zo'n jaarprogramma moest je *telkens* helemaal *afwerken*? In Nederland hadden ze ook vroeger al een *soepeler* systeem, he? Je hoefde er niet op vaste tijden examen *af te leggen*. |
| Vader Teunis: | Nee, maar de *gemiddelde studieduur* was er ook langer. En het lijkt erop dat dat nu ook hier het geval zal zijn. |
| Moeder Teunis: | Ik vond bovendien die "*doctorandus*" zo'n *rare* titel voor een *afgestudeerde*. |
| Joke: | Dat is natuurlijk een *kwestie van smaak*. De naam van mijn diploma kan me eigenlijk niet *schelen*. Belangrijk vind ik wel |

dat alle goede cijfers die ik in de loop van mijn studie *behaal,* ook goed blijven. En dat ik voor zo'n vak later niet *opnieuw* examen hoef te doen.

Vader Teunis: Daar ben ik het helemaal mee eens. Dat was vroeger, en zeker in mijn tijd, veel te streng. Je wist zelfs niet wat voor cijfers je kreeg. En een goed resultaat kon je niet naar een volgend examen meenemen.

Moeder Teunis: Zullen we 't nu nog eens over minder serieuze dingen hebben? Je hebt in Maastricht een *lifter* meegenomen, zei je, Peter. Doen de jonge mensen *tegenwoordig* nog veel *autostop*?

Joke: Dat zeggen wij hier voor "liften", weet je.

Peter: Ik versta het wel, hoor. - Toen ik in Maastricht *vertrok*, stonden er misschien drie of vier. Nee, er stonden er meer, wel zes of zeven, denk ik. Maar ik kon natuurlijk niet iedereen meenemen.

Moeder Teunis: Dat is zo. Die ene mocht al blij zijn dat hij mee kon naar Antwerpen. Veel chauffeurs nemen helemaal niemand mee. - Heb je 't hier *makkelijk* gevonden?

Peter: Dat viel erg mee, en zeker met zo'n goede wegbeschrijving.

Joke: Bedankt, dat was een kleine *moeite*.

Vader Teunis: Jij hebt dus geen last van die kleine verschillen tussen ons Nederlands en dat van het Noorden?

Peter: Nee, waarom wel? In het Duitse *taalgebied* bestaan die ook. In Zwitserland heet een autoband "pneu".

Vader Teunis: En ik ben *ooit* in een Oostenrijks dorp geweest waar ze platte kaas "Topfen" noemden.

Joke: Da's een mooie, papa, onze platte kaas heet in het Nederlands eigenlijk "kwark", wist je dat?

Peter: Net als in Duitsland, behalve in het zuiden dan, maar wij schrijven het anders.

Moeder Teunis: Moesten jullie niet nog naar opa bellen, Joke? Toen hij vanmiddag hier was, vroeg hij naar die charmante jongen uit Duitsland. Hij wist nog dat je van de zomer zo *zorgvuldig* je fiets *schoonmaakte*. Een goed voorbeeld voor Joke, vond hij. Jullie moesten hem *verwittigen* als je morgen naar de stad gaat. Hij wou graag mee.

Peter: "Verwittigen" zei u?

Joke: Ja, da's ons woord voor "laten weten / *waarschuwen*".

Peter: Dan doen we dat! Ik wil de oude meneer Teunis graag terugzien. Van de zomer heb ik een paar keer een heel interessant gesprek met hem gehad.

Joke: Maar ik ga wel mee hoor, Peter.

Moeder Teunis: "Een gewaarschuwd man telt voor twee", zegt men in Nederland.

Vader Teunis: Precies: een verwittigd man is er twee waard! [2]

## Opfrissen en / of bijspijkeren

*werkwoorden*

- **hebben** / ***zijn***

| ***imperfectum*** | | | | ***perfectum*** |
|---|---|---|---|---|
| ik | | we | | |
| je | **had** | jullie | **hadden** | heb / hebt / heeft / hebben **gehad** |
| ze | | ze | | |
| | | | | |
| ik | | we | | |
| je | **was** | jullie | **waren** | ben / bent / is / zijn **geweest** |
| hij | | ze | | |

- **modale werkwoorden**

| *presens* | *imperfectum* | *perfectum* | |
|---|---|---|---|
| kan / kunnen | kon / konden | heb/ hebben | gekund |
| mag / mogen | mocht / mochten | | gemogen |
| moet / moeten | moest / moesten | | gemoeten |
| wil (wou) / willen | wilde / wilden | | gewild |

---

[2] In *van Dale Groot Woordenboek der Nederlandse Taal* krijgen sommige woorden of betekenissen van woorden het label BELG. N.. Dat staat natuurlijk voor 'Belgisch Nederlands'. Er is dus duidelijk voor gekozen de term 'Vlaams' niet te gebruiken. Dat Belgische Nederlands beperkt zich in hoofdzaak tot een aantal woorden en uitdrukkingen en tot de volgorde van werkwoordsvormen aan het eind van bepaalde zinnen.

Zo zeggen veel Vlamingen nog altijd *hesp* voor *ham* , dames dragen geen *jurk* maar een *kleed* en het *jasje* of *colbert* van de heren heet veelal *vest*, hoewel dat laatste in Nederland geen mouwen heeft.

Als een Nederlander zich bijvoorbeeld afvraagt hoe iets *af zal lopen*, stelt een Vlaming zich de vraag of het wel goed *zal aflopen.*

De versie die vader Teunis gaf van "Een gewaarschuwd man telt voor twee" is voor een deel ook vertaald Frans: Un homme averti en vaut deux.

Behalve de vorm **wilde**, die naast **wou** bestaat, hebben deze vormen in het enkelvoud geen **-e** aan het eind!
Als het perfectum een infinitief als complement heeft, staat daar geen participium bij maar een *vervangende* infinitief:
**Ik heb het gisteren pas kunnen doen.**

| word(t) / worden | werd / werden | geworden |
|---|---|---|

Het participium **geworden** staat alleen bij **worden** als copula: **Ik ben ziek geworden. / Ze is dierenarts geworden.** In het passief heeft het perfectum maar één participium:
**Dat is al vaak geprobeerd.**
**Tegen mij is dat nog nooit gezegd.**

| hoef(t) / hoeven | hoefde / hoefden | |
|---|---|---|

- **klankwisselende / onregelmatige werkwoorden**

| | | |
|---|---|---|
| krijg(t) / krijgen | kreeg / kregen | (heb) gekregen |
| vind(t) / vinden | vond / vonden | (heb) gevonden |
| vertrek(t) /vertrekken | vertrok / vertrokken | (ben) vertrokken |
| vraag(t) / vragen | vroeg / vroegen | (heb) gevraagd |
| ga(at) / gaan | ging / gingen | (ben) gegaan |
| sta(at) / staan | stond / stonden | (heb) gestaan |
| weet / weten | wist / wisten | (heb) geweten |

- **afleidingen en samenstellingen**

| | | |
|---|---|---|
| behalen | behaalde | (heb) behaald |
| waarschuwen | waarschuwde | (heb) gewaarschuwd |
| afwerken | werkte af | (heb) afgewerkt |
| afleggen | legde af | (heb) afgelegd |
| uitstellen | stelde uit | (heb) uitgesteld |
| meevallen | viel / vielen mee | (is) meegevallen |
| terugzien | zag / zagen terug | (heb) teruggezien |
| meenemen | nam / namen mee | (heb) meegenomen |

- **(vaste) verbindingen met een werkwoord**

(een) examen *afleggen*
een resultaat *behalen*
het over iets *hebben*
het eens *zijn* met iets / met iemand

**het woordje *er*** (1) en (2)

Stonden ***er*** (1) drie ***lifters?***
➢ Nee, ***er*** (1) stonden ***er*** (2) meer.
➢ Vanmiddag stonden ***er*** misschien drie of vier.

*er* (1) en *er* (2) kunnen allebei in een zin voorkomen;
als de zin niet met *er* (1) begint, vallen ze echter weer samen.

**1. *hebben* en *zijn***

**Vul aan met een vorm van het imperfectum of met het participium perfectum:**

- Wanneer _______ vader Teunis aan de universiteit?
* Dat moet in de jaren tachtig _______ zijn.
- _______ de examens toen strenger dan nu?
* Dat is moeilijk te zeggen, maar de studenten _______ in ieder geval genoeg te doen.
- Wanneer heb jij je laatste examen _______?
* Vorige maand pas. Op de oorspronkelijke datum _______ ik griep.

**2. Verdeel de imperfectumvormen van de werkwoorden**

*weten / hoeven / vragen / willen / zijn / staan / kunnen*

**over de reacties op de onderstaande zinnen:**

| | |
|---|---|
| - Uta wou weten of je komt. | - _______ ze dat? |
| - Ik heb het in de krant gelezen. | - Waar _______ dat? |
| - Piet is van de trap gevallen. | - _______ je dat nog niet? |
| - Was je niet van plan mee te gaan? | - Ja, maar Koos _______ niet mee. [Hij had geen zin.] |
| - Had je geen tijd? | - Nee, ik _______ echt niet. |
| - Vond Jan het goed? | - Ja, voor hem _______ het best [okay]. |
| - Was het niet nodig? | - Nee, het _______ niet. |

**3. *de* of *het* ?**

| | | | |
|---|---|---|---|
| ___ structuur | ___ systeem | ___ studie | ___ lifter |
| ___ studieduur | ___ smaak | ___ probleem | ___ cijfer |
| ___ diploma | ___ moeite | ___ verschil | ___ titel |
| ___ resultaat | ___ geval | ___ band | ___ arts |

4. **Zeker van de spelling?**

het syst___m / het result___t / het probl___m / de struct___r
de m___te / het diplom___ / de studied___r / de sm___k
het c___fer / het v___k / het programm___ / de n___m
r___r / m___i / seri___s / gr___g / w___rd / v___st / bl___

5. **Geef de substantieven hun goede meervoudsvorm:**

Joke heeft geen probl____ met haar studie. Ze is ook niet bang voor exam____. Voor alle vak____ haalt ze goede cijf____, al drie ja____ na elkaar. De verschi____ tussen oude en nieuwe struct____ kunnen haar niet schelen. Syst____ kunnen veranderen, wat ze ermee doen, moeten alle generat____ zelf weten, heb ik haar al een paar ke____ horen zeggen. Dat is zoals met auto____ en wegen: ook chauffeu____ moeten zich aanpassen. En ingenieu____ in fabrieken niet minder!

6. **Welke begrippen vormen telkens een tegenstelling?**
**Vorm paren als bijvoorbeeld *goed >< slecht* :**

| | |
|---|---|
| - raar | strak |
| - moeilijk | vorige |
| - soepel | gewoon |
| - volgende | los |
| - vast | tolerant |
| - streng | makkelijk |

7. **Welke begrippen zijn inhoudelijk verwant?**
**Vorm paren als *aardig / lief* :**

| | |
|---|---|
| belangrijk | vriendelijk |
| blij | serieus |
| charmant | vlak |
| plat | maandelijks |
| jaarlijks | vrolijk |

8. **Vul telkens aan met een comparatief en/ of superlatief van:**

*lang / lekker / hoog / graag / mooi / weinig / veel*

- Is de Schelde de __________ rivier in België, of is de Maas _________?
- Hebben ze in Brugge de __________ toren van het land? Of is die van de St.-Rombouts in Mechelen ___________?
- Heeft Antwerpen __________ of _________ inwoners dan Gent?

- Ik denk dat Antwerpen er ____ _________ heeft.
- Vind je het stadhuis van Aalst niet mooi? - Zeker, maar dat van Leuven vind ik nog _________, en in Brussel staat ongetwijfeld het _________ van België.
- Gaan we naar de film? - Nee, ik zou ______ naar de opera gaan.
- Ik eet wel graag mosselen, maar als ik mag kiezen heb ik _________ gebakken Noordzeetong. Dat vind ik nog altijd de _________ vis.

**9. Vul aan met een voorzetsel (prepositie) / een voegwoord (conjunctie):**

- Kun je ____ vijf jaar studie een masterdiploma behalen als je ____ tijd ____ alle vakken slaagt?

* Ja, maar veel studenten halen het niet ____ die tijd.

- Is er op het gebied van diploma's nu nog veel verschil ____ Nederland en Vlaanderen?

* Nee, _____ wat de studieduur betreft misschien.

- Was dat ____ opa z'n tijd ook zo?

* Dat moet je hem maar eens vragen als jullie ____ de stad gaan.

Het ging om *op / na / tussen / in / voor / binnen / naar / behalve*

***Een klant maakt zich kwaad aan de kassa van de supermarkt: „Als je zelf toegeeft dat je nog nooit een bankje van 150 Euro gezien hebt, hoe kun je dan beweren dat dit hier vals is?"***

# Hoofdstuk 6

## Opa Teunis heeft niet altijd in Antwerpen gewoond. (inleidend deel)

Opa Teunis is op[1] pensioen.
Voor hij naar Antwerpen kwam, woonde hij in Limburg.
Hij werkte er toen als mijningenieur.
Ook toen al woonden er in Genk veel *vreemdelingen*, vooral *mijnwerkers*. In de jaren dertig van de vorige *eeuw* waren het meestal Italianen en Polen. Pas na de *Tweede Wereldoorlog* kwamen de Turken en de Marokkanen. Nu gaat er niemand meer de mijn in, want alle "putten" zijn gesloten. Een aantal oud-mijnwerkers heeft werk gevonden in de grote autofabriek. Maar Genk heeft ook veel *werklozen*.
En velen van hen moeten het huis dat ze vroeger gekocht hebben, nog afbetalen.

Vroeger moest ook Opa Teunis soms midden in de nacht *naar beneden*. Als de mijnwerkers 's morgens weer *naar boven* kwamen, *durfden* ze wel eens meteen ergens een pint te gaan drinken[2], nog eer ze naar huis gingen.
En sommigen bleven zelfs hangen in het café.

De Italianen vond opa Teunis heel *vrolijk*.
Die hielpen elkaar altijd.
En ze probeerden ook altijd weer *grappen* uit te halen.
Maar dat namen de meeste mensen hun niet kwalijk.

De oude heer Teunis heeft een andere uitspraak dan de meeste Antwerpenaren.

---

[1] In Nederland vrijwel altijd *met pensioen* zijn
[2] Belgisch Nederlands

Van de Limburgers vindt men in Vlaanderen in het algemeen dat ze "zingen". Maar die intonatie hoor je ook in een deel van Nederlands Limburg, en zelfs bij onze *oosterburen* tot voorbij de Rijn. De zogenaamde sleeptonen zijn bovendien ook de Scandinavische talen niet vreemd. Zelfs het Ierse Engels is erdoor *gekenmerkt*.

En nog iets over Antwerpen en zijn bewoners: als je uitspraak nogal afwijkt van wat de mensen hier alle dagen horen, ga je al gauw voor een Hollander door!

**1. Bij welke infinitief horen de volgende werkwoordsvormen?**

| | |
|---|---|
| durfden | durven [= niet bang zijn] |
| werkte | _____ |
| woonden | _____ |
| kwam | _____ |
| probeerde | _____ |
| hielpen | _____ |
| haalde | _____ |
| vond | _____ |
| bleven | _____ |
| gekocht | _____ |
| gingen | _____ |

**2. Wat is het participium perfectum van *sluiten* ? /** _____

**3. Welke infinitief hoort bij *afgeweken* ? /** _____

**4. Vul aan met wat er in de idiomatische uitdrukkingen ontbreekt:**

op of met _____ zijn (vanaf een bepaalde leeftijd niet meer werken)

een _____ gaan drinken (in Belgie in plaats van een „biertje" / „pilsje")

_____ uithalen (dingen doen om zich te amuseren, maar die niet iedereen waardeert)

Iemand iets _____ nemen (om een bepaalde reden kwaad zijn of iemand)

Voor iets of iemand _______ (gehouden worden)

**5. Welke adverbia / bijwoorden van plaats horen in de „blanks"?**

op het dak is _______ en in de kelder is _______

de trap op is naar ______; de trap af is naar ______

**6. Vul aan:**

Kom jij ook gauw slapen? Ik ga al ____ ____ ('s avonds gehoord)
Ga jij al koffie zetten? Ik kom zo ____ ____ ('s ochtends gehoord)

**7. Kun je het verschil tussen *in de mijn* en *de mijn in* uitleggen met de begrippen *plaats* en *richting*?**

De vroegere kompels gaan niet meer *de mijn* _____; ze gaan wél nog geregeld *hun tuin* _____.

**8. Vul telkens aan met een bijwoord van tijd:**

_______ werkte opa Teunis als ingenieur in de mijn.

_______ woonden er ook al veel vreemdelingen in België.

De Italianen hielpen elkaar _______ . Na de Italianen en de Polen kwamen er Turken; de Marokkanen kwamen ________ later .

_______ zijn alle mijnen gesloten.

________ (niet altijd) gingen de mijnwerkers van de nachtploeg 's ochtends ________ (zonder te wachten) een pint drinken.

We zochten *toen / meteen / vroeger / soms / nu / altijd / pas*

## Van gastarbeiders tot allochtonen ... (hoofdtekst)

Opa Teunis: Aha, de jongelui zijn er. Ik dacht al dat ze *verdwaald* waren. Dag petekind. Gaven we elkaar vroeger geen kusje?
Joke: Zeker, opa, blijven we ook doen. Goeie morgen.
Opa Teunis: Dag jongeman, alle problemen in Duitsland opgelost?
Peter: Nee, meneer Teunis, *jammer genoeg* niet. Maar ik ben wél blij u terug te zien. We hebben al van ver gezwaaid, hoor, maar u zag ons niet.
Opa Teunis: Ik stond eigenlijk mijn krant te lezen en heb niet opgelet toen jullie eraan kwamen.
Joke: *Geeft niks*. Goed geslapen, opa?
Opa Teunis: Uitstekend, ik slaap altijd goed. En jullie? Niet *uitgeput* van een of ander dansfeest?
Peter: Nee hoor, we zijn gisteravond helemaal niet uit geweest.
Joke: We hebben alleen nog een *wandelingetje* gemaakt ...
Opa Teunis: ... en een *frisse neus gehaald*, zoals de Hollanders zeggen. Zelf heb ik gisteravond overigens ook *een luchtje geschept*. Lopen we naar het Groenplein, de Groenplaats zoals ze hier zelf zeggen?

Joke: En via de kathedraal naar de Grote Markt? De kathedraal heeft maar één toren, maar het is wel de mooiste die ik ken. En dan naar de Grote Markt met het renaissancestadhuis[3] en het *standbeeld* van Brabo[4]?

Peter: Alleen kan ik me niet voorstellen dat de Grote Markt hier zo mooi is als die van Brussel.

Joke: Dat hoeft ook niet. Die van ons is wél gezelliger. En er zijn gelukkig niet zoveel toeristen. Naar het Centraal Station[5] en de Diamantwijk[6] gaan we een andere keer. Goed?

Peter: U hebt me daarnet een beetje *geplaagd* met problemen in Duitsland, meneer Teunis, maar hier zijn er ook een paar, heb ik gehoord.

Opa Teunis: Met de haven? Daar gaat het vrij goed mee, hoor. Het is de grootste containerhaven van Europa. Alleen moeten Antwerpen en Rotterdam *volgens* mij meer samenwerken.

Joke: Ik denk dat Peter de problematiek van de *allochtonen* bedoelde, opa.

Opa Teunis: Ja, dat is iets anders. In Limburg waren er in de tijd van de mijnen eigenlijk weinig problemen, omdat de vreemdelingen toen allemaal werk hadden. Ze heetten toen ook "gastarbeiders". Hier is juist dat *gebrek* aan *tewerkstelling* van jonge

---

[3] Uit 1564. Het stond er dus al toen in 1576 de "Spaanse Furie" uitbrak, een rebellie van Spaanse troepen die hun soldij niet op tijd gekregen hadden en aan het plunderen sloegen.

[4] Legendarisch Romeins veldheer, die de reus Druoon Antigoon een hand afgehakt zou hebben [in Belg. N. *zou afgehakt hebben* ]. In de Scheldebocht waar nu Antwerpen ligt, eiste die reus volgens dezelfde legende tol van de schippers. Brabo zou de *hand* in de rivier *geworpen* hebben, en dat zou de oorsprong zijn van de naam van de stad. Dat is echter alleen een leuke volksetymologie. Veeleer heeft de oude naam *Andouerpis* (ca 650) te maken met een *aanwerp* of *aanworp* , een op de oever van de rivier hoger gelegen plek. Sommigen denken dan weer dat *aan de werf* [dam / kade / afgesloten plaats] een verklaring kan zijn.

[5] Het station van Antwerpen (1905) is een van de mooiste van Europa. Wie een vergelijking met de kathedraal wil maken, zou het over *Onze-Lieve-Vrouw van het Spoor* kunnen hebben.

[6] Antwerpen is het wereldcentrum van de diamanthandel, die er al in de 15^e^ eeuw begon met de komst van Spaanse en Portugese joden en nu vooral te situeren is in de buurt van het Centraal Station.
*Antwerp cut* en *Antwerp Quality* zijn internationale vaktermen die zoveel betekenen als perfecte afwerking en volmaakte schoonheid.
In tegenstelling met Amsterdam is er in Antwerpen na de Tweede Wereldoorlog opnieuw een uitgebreide joodse gemeenschap ontstaan.
In België begonnen de deportaties pas in 1942. Bovendien vonden vele zogenaamde *niet-ariërs* een veilig onderdak in kloosters en katholieke internaten.

allochtonen de oorzaak van *wrevel*. Ze voelen zich *miskend* en uitgestoten. De concentratie in enkele *wijken* heeft ook tot een soort van gettovorming *geleid*. Terwijl de jongere Marokkanen bijvoorbeeld allemaal Nederlands met een duidelijk Antwerps accent spreken.

Joke: En sommige werklozen van hier zeggen dan weer dat al die vreemdelingen hun werk afgepakt hebben.

Opa Teunis: Zullen we nu maar eens naar de Vogelenmarkt gaan? Weet Peter wat *smoutebollen* zijn?

Joke: Dat zal hij gauw weten als hij daar het tweetalige opschrift ziet.

Peter: Tweetalig?

Joke: Niet echt tweetalig natuurlijk. Voor de Nederlanders staat er "*oliebollen*". Want die komen graag naar Antwerpen omdat er zoveel lekkere eethuisjes zijn.

Opa Teunis: Maar de bollen zijn voor iedereen dezelfde.

Peter: Gelukkig maar. Heeft ook geen belang hoe ze heten, als ik ze lekker vind.

Joke: Vertel je nog eens over de mijn, opa? Gisteravond vroeg Peter nog hoeveel jaar je met de vreemde mijnwerkers naar beneden gegaan bent.

Opa Teunis: Goed dertig jaar.

Peter: U deed het erg graag, zei Joke vanmorgen nog.

Opa Teunis: Dat klopt, jonge vriend. Ik had heel bewust voor de mijn gekozen. Maar ik heb veel dingen graag gedaan in mijn leven, hoor. - Beneden werd er wel hard gewerkt, maar het was niet te vergelijken met de toestanden die Vincent van Gogh in de negentiende eeuw in de Borinage aantrof. Tussendoor deed er ook wel eens iemand niets. Soms zat er zelfs eentje ergens zijn krant te lezen. En één keer heb ik er een moeten wakker maken[7]: die lag te slapen. Ik *schrok me een aap*. Ik wist niet wat er gebeurde. Hij sliep als een os, want hij bewoog nauwelijks.

Peter: Lijkt me wel leuk eigenlijk.

Opa Teunis: Maar hij droeg zijn helm niet. En dàt kon ik niet toestaan, zei ik. Daar heeft de hele ploeg toen hartelijk om gelachen, maar zelf antwoordde hij niet veel. De volgende morgen bracht hij

---

[7] Nederlanders zouden de volgorde "Heb hem wakker *moeten maken*" gebruiken omdat ze de "werkwoordelijke eindgroep" niet doorbreken.

een zakje aardappelen voor me mee, uit zijn tuin zei hij.

Joke: Da's toch ontroerend!

Opa Teunis: Dat vond ik toen ook, maar ik kon het moeilijk zeggen tegen de goede man. Een beetje afstand moest er ook zijn. - Gaan we nu mosselen eten? Ik trakteer. Zeeuwse [8] mosselen, maar klaargemaakt in Antwerpen. Mosselen natuur, stel ik voor.

Peter: Met frieten?

Joke: Natuurlijk! En met mosterdsaus.

Opa Teunis: En daar drinken we een bolleke [9] bij. Kom!

## Opfrissen en / of bijspijkeren

**- werkwoordelijke groepen**

| | | |
|---|---|---|
| Ik stond mijn krant **te** lezen. | > | Ik heb mijn krant staan lezen. |
| Hij zat zijn krant **te** lezen. | > | Hij heeft zijn krant zitten lezen. |
| Hij lag **te** slapen. | > | Hij heeft liggen slapen. |

In het perfectum valt **te** weer weg.

Ook bij sommige werkwoorden van beweging is de constructie met **te** mogelijk.

Hij **loopt** maar wat te kletsen.

**- blijven** als hulpwerkwoord

| | | |
|---|---|---|
| Ze bleef staan. | > | Ze is blijven staan. |
| Hij bleef zitten. | > | Hij is blijven zitten. |
| Ik blijf nog een beetje liggen. | > | Ik ben nog een beetje blijven liggen. |

---

[8] *Zeeuws* is het adjectief bij de oorspronkelijke Nederlandse geografische naam *Zeeland.* Zo heet het stukje Nederland beneden de Schelde *Zeeuws-Vlaanderen.* Als er in Vlaanderen hier en daar reclame gemaakt wordt voor *Zeelandse* mosselen, is dat een Belgische vertaling van *Moules de Zeelande.* Het allergrootste deel van de Zeeuwse mosselkweek wordt in België opgegeten.

[9] In een bokaalglas geschonken amber bier van de brouwerij De Keuninck. Veel dorstige zomergasten vinden het zo lekker dat ze 't waarschijnlijk met een hoofdletter zouden schrijven: Bolleke! Maar het is nu eenmaal een spreektalig woord.

In het perfectum neemt **blijven** de vorm van een vervangende infinitief aan.

**Ik blijf nog wat lezen.**

**Hij bleef maar lachen en kletsen.**

Blijf nog een beetje praten, ik vind het echt gezellig.

**Blijven** komt ook in langere eindgroepen voor:
Je moet niet te lang blijven lezen.
Hij doet niets liever dan blijven kletsen.
Ze had gedacht nog wat te kunnen blijven lezen.
Ik hoop hier de rest van mijn leven te kunnen blijven wonen.

1. **Verdeel de imperfectumvormen van de werkwoorden**

denken / liggen / komen / helpen / weten / vragen / kopen / vinden / vallen

**over de open plaatsen:**

Ze was erg zenuwachtig, _______ hij, maar hij _______ niet waar het aan _______. Hij _______ haar ook liever niet waar het door _______. Dat _______ toch niet. Wél _______ hem op dat ze veel meer rookte. Vroeger _______ ze maar af en toe een pakje sigaretten. Dat _______ hij tenminste.

2. **Reageer in het perfectum:**

| | | |
|---|---|---|
| Durf je dat? | - | Zelf heb ik het nooit gedurfd. |
| Rook je nog veel? | - | Zelf heb ik nooit veel _______. |
| Wacht je al lang? | - | Nee, zo lang heb ik nog nooit _______. |
| Gaat dat horloge goed? | - | Nee, het heeft nooit goed _______. |
| Ik mocht kiezen. | - | Waarom heb je dan niet het duurste ______? |

3. **Verdeel de imperfectumvormen van de werkwoorden**

*worden / nemen / komen / verkiezen / moeten / geven / weten*

**over de open plaatsen:**

- Toen ze hem tot president _______, _______ ze niet dat hij een bedrieger was.

- Soms moet ik vreselijk niezen. - Dat _______ ik vroeger ook, maar nu heb ik goeie neusdruppels.
- Kom je nog vaak in dat café? - Nee, vroeger _______ ik daar wel eens, maar tegenwoordig haast nooit meer.
- Toen ze me opeens een kus _______, _______ ik helemaal rood.
- Nu loop ik liever, maar toen ik mijn voet gebroken had, _______ ik altijd de bus.

**4. substantieven in de stad:**

*wijk / eeuw / toren / haven / kathedraal / buurt / stadhuis / standbeeld*

- Een kerk met bisschopszetel heet _______.
- Als je in Antwerpen van op de linkeroever over de Schelde naar het oude stadscentrum kijkt, zie je de _______ van de kathedraal boven alles uitsteken.
- De burgemeester heeft zijn bureau in het _______.
- Op de Grote Markt staat het _______ van de legendarische held Brabo.
- Het stadhuis is gebouwd in de 16e _______.
- De oude _______ achter het stadhuis werd aan het eind van de Tweede Wereldoorlog verwoest door V2-bommen.
- Die bommen waren bedoeld voor de _______.
- De Schelde en de oude haven zijn hier vlak in de _______.

**5. En nog wat woordenschat:**

*containers / schepen / steden / jongelui / mijnwerkers / gebreken*

- Als een jongeman en zijn vriendin samen zijn, kun je ze aanspreken met _______.
- Een haven zonder _______ is economisch dood.
- Wie heeft er geen _______? Hij of zij sta op!
- Veel goederen worden tegenwoordig in _______ (grote recipiënten) vervoerd.
- Vincent van Gogh was in de 19e eeuw een poosje zendeling bij _______ (mensen die diep onder de grond werken) in Wallonië.
- Antwerpen is niet vergelijkbaar met _______ als Parijs en Londen.

## 6. Kennen we ook de verkleinwoorden?

*frietjes / huisje / kusje / wandelingetje*
*mosseltjes / grapje / luchtje / pintje / bolleke*

Toen opa Teunis aan Joke vroeg of hij een _______ kreeg, was dat meer dan een _______.

Vanavond maken ze zeker een _______. Ze willen graag nog een _______ scheppen.

Voor de vakantie hebben we een _______ in de bergen gehuurd.

Een pilsje / biertje heet in Vlaanderen veelal _______ , maar een _______ krijg je alleen in Antwerpen.

Mensen die erg verlekkerd zijn op mosselen met frieten, spreken soms van _________ en _________.

## 7. Ook de voorzetsels / preposities mogen we niet vergeten!

*over / uit / van / tot / volgens / voor / bij / om / met / tegen*

________ opa Teunis moeten ze ________ de mosselen een bolleke drinken.

Joke weet dat opa dat _______ iedereen zegt.

Peter moet er hartelijk _______ lachen, want hij drinkt eigenlijk geen bier.

Peter zijn al verschillende dingen opgevallen: _______ ver lijkt de toren van de kathedraal wel een kaars, en opa Teunis spreekt niet _______ een Antwerps accent, al heeft het ene natuurlijk niet met het andere te maken.

Joke hoort opa graag _______ de mijn vertellen, vooral over de Italiaan die een zakje aardappelen _______ zijn tuin _______ hem meebracht.

Er was toen genoeg werk voor de gastarbeiders, zoals ze toen heetten. Nu leidt de werkloosheid vaak _______ problemen.

***Kan aannemer Boersma wel goed rekenen? Hij heeft iets voor iemand opgeknapt en schrijft de volgende rekening: Twee zakken cement, waarvan één gebruikt en twee mee teruggenomen. Samen vier zakken.***

# Hoofdstuk 7

## Naar een zomercursus (inleidend deel)

Uta en Peter gaan *allebei* naar een zomercursus Nederlandse taal en cultuur. Een *poos* geleden hadden ze zich kandidaat gesteld, *gesolliciteerd zoals* dat ook wel heet. En nu hebben ze positief *nieuws* ontvangen van de *respectieve selectiecommissies.*

Sinds Peter Joke kent, komt hij *geregeld* in Vlaanderen. Daarom wou hij nu maar eens in Nederland naar zo'n cursus. Uta *daarentegen* is beter thuis in Nederland. Haar neef Jan woont en werkt immers in Utrecht. Zij heeft voor Vlaanderen *gekozen.*

*Hoewel* Uta talen studeert, was het niet *vanzelfsprekend* dat ze die *beurs* kreeg. En als aankomend ingenieur heeft Peter al helemaal geluk dat hij niet zelf hoeft te betalen. Hij had die mogelijkheid wél aangegeven op het aanvraagformulier.

Ze hebben intussen ook ieder een programmabrochure toegestuurd gekregen. Daaruit blijkt een aantal verschillen qua logies en maaltijden. In Vlaanderen krijgt iedereen een eigen kamer in een *studentenhuis*, *al dan niet* met douche en toilet. En de deelnemers moeten iedere dag naar de universiteit voor de lessen, seminars en lezingen. In Nederland vinden alle activiteiten, behalve excursies en bezoeken natuurlijk, in een congrescentrum met tweepersoonskamers plaats.

In Vlaanderen wordt er 's middags warm gegeten in de mensa - die daar *studentenrestaurant* heet. In Nederland krijg je voor de *lunch* meestal belegde broodjes - een broodje kaas / een broodje ham / *een broodje gezond* - en een kopje soep. Vaak kun je ook *karnemelk* krijgen. Het warme avondeten heet er *diner*. In Vlaanderen klinkt dat laatste erg chique.

*Uiteraard* heeft ook dat soort culinaire cultuurverschillen zijn voordelen. Het is *weliswaar* allemaal een beetje *wennen*, maar je leert ermee dat *anders* daarom niet *slechter* is.

## Opfrissen en / of bijspijkeren

### werkwoordsvormen

- zonder klankwisseling:

| | | |
|---|---|---|
| wennen | wende | gewend |
| toesturen | stuurde toe | toegestuurd |
| betalen | betaalde | betaald |
| beleggen | belegde | belegd |
| leren | leerde | geleerd |
| studeren | studeerde | **ge**studeerd |
| solliciteren | solliciteerde | **ge**solliciteerd |

- met klankwisseling:

| | | |
|---|---|---|
| blijken | bleek | gebleken |
| ontvangen | ontving | ontvangen |

### dubbel participium

Ze hebben het programma *toegestuurd gekregen.*

### genus en meervoud van enkele substantieven

| | |
|---|---|
| de kamer | het voordeel |
| de commissie | het verschil |
| de les | het aantal |
| de beurs | het formulier |
| | het seminar (Engelse uitspraak) |
| | het diner (Franse uitspraak) |
| | het nieuws (geen meervoud) |
| | het centrum |

| | |
|---|---|
| kamer-s | formulier-en |
| commissie-s | seminar-s |
| excursie-s | diner-s |
| les-sen | centr**a** |
| beur-**z**en | |

### pronomen

| | | |
|---|---|---|
| die beurs | > < | dat seminar / die beurzen / seminars |
| deze beurs | > < | dit seminar / deze beurzen / seminars |

### adjectief

een positie**f** resultaat / het positie**ve** resultaat / positie**ve** resultaten

**voegwoord / conjunctie**

- *Sinds* Peter Joke kent, komt hij geregeld in Vlaanderen.
- *Hoewel* Uta talen studeert, was het niet vanzelfsprekend dat ze die beurs kreeg.
- Ze hadden zich kandidaat gesteld, gesolliciteerd *zoals* dat ook wel heet.

**1. Vul telkens aan met een participium perfectum:**

- Peter heeft zich kandidaat _______.
- Ook Uta heeft _______.
- Ze hebben allebei een beurs _______.
- Het stond in de brief die ze _______ hebben.
- Uta heeft voor Vlaanderen _______.
- De organisatoren hebben hun een programmabrochure _______.
- In Nederland wordt er meestal 's avonds warm _______.
- Daar is Uta nog altijd niet aan _______.
- Maar broodjes zijn ook lekker als ze goed _______ zijn.
- Anders is daarom niet slechter, zo is _______.

We zochten de vormen van
*stellen / kiezen / blijken / beleggen / toesturen / solliciteren / eten / wennen / ontvangen* (formeler) / *krijgen* (minder formeel)

**2. Geen moeite met het genus?**

*aantal / voordeel / formulier / verschil / nieuws*

**3. Akkoord dat het alle vijf *het*-woorden zijn?**

**4. En het meervoud?**

*deelnemer / seminar / excursie / kamer / commissie*

**Alle vijf met -s?**

**5. Verdeel de adjectieven (met of zonder -e) over de open plaatsen:**

| *positief / vanzelfsprekend / eigen / aankomend* |
|---|

- Dat je een beurs krijgt, is niet _______.
- Dat ze in Vlaanderen 's middags iets warms te eten krijgt, vindt Uta wel _________.
- En die _______ kamer vindt ze al helemaal geweldig.

- Peter is nog niet afgestudeerd. Hij noemt zichzelf wel eens "_______" ingenieur. Hij is dat weliswaar ook, maar als hij het zelf zegt, is het uiteraard een grapje.

**6. Verdeel de bijwoorden over de open plaatsen:**

*immers / daarentegen / geregeld / weliswaar / uiteraard / vaak*

- Peter komt _______ in Vlaanderen.
- Joke _______ gaat niet zo vaak naar Duitsland.
- Ze vindt het _______ een mooi land, maar het is zo groot in vergelijking met België.
- En ze hoeft er ook niet zo _______ naartoe.
- Peter komt _______ zelf.
- En daar heeft ze _______ (natuurlijk) niets tegen.

**7. *ieder(een) / allebei ?***

- Gaat alleen Uta naar een zomercursus? Of gaan Uta en Peter _______?
- Hebben ze intussen ook _______ een programmabrochure?
- Kan _______ solliciteren of is er een leeftijdsgrens?

**8. Vul aan met een voegwoord** *sinds / hoewel / zoals* **:**

- In Vlaanderen eten de mensen nog altijd 's middags warm, _______ vroeger in agrarische tijden.
- _______ hij op pensioen is, woont opa Teunis in Antwerpen.
- _______ hij zo lang in Genk gewoond heeft, mist hij het mijnstadje niet.

**9. Welk partikel: *al* of *maar?***

- Hebben we een eigen kamer? – Dat is _______ helemaal geweldig.
- Als er hier niks meer te doen is, ga ik _____ eens naar huis.
- Je moet _____ zien of je tijd hebt.

## Van stoplichten en éénrichtingverkeer (hoofddeel)

Peter: Niks vergeten, Joke?

Joke: Ik denk van niet. Ik heb mijn bagage maar *achterin* gezet. Dan blijft de kofferruimte helemaal voor jou.

Peter: Zoveel heb ik nou ook niet bij me, hoor.

Joke: 't Was ook maar een grapje.
Nu kunnen we echt vertrekken.

(Peter en Joke stappen in, trekken het portier dicht, draaien het raampje naar beneden en zwaaien nog even. Afscheid genomen hadden ze al. Dan rijden ze weg.)

Peter: Jij kent de weg, he?

Joke: Ik heb alle *knooppunten*, *stoplichten* en *rotondes* in mijn hoofd.

Peter: En ook waar we moeten *afslaan*?

Joke: Absoluut! Als je ergens verkeerd zou rijden, weet ik zelfs waar je moet *draaien*.

Peter: Geweldig!

Joke: Tot uw dienst, meneer! Nee, maar serieus: ik weet het wel ongeveer, ja. En wat ik niet weet, staat op het blaadje van Jan z'n mail. Moeilijk is het eigenlijk niet. Alleen in het centrum zal het wat zoeken zijn.

Peter: We vinden het wel. Eerst nog al die verschillende autowegnummers en knooppunten uit elkaar houden. Tot Breda is het de A 1, he?

Joke: Ik denk het, ja. Op een zeker moment wordt het A 12 en E 19, en nog later A 16 en A 27. En bij Utrecht is het weer een ander nummer. Maar veel belang heeft het niet, denk ik. Als we een beetje *uitkijken*, kan het helemaal niet *misgaan*.

Peter: En dan moeten we maar *duimen* dat er geen *files* zijn.

Joke: Ik zou al tevreden zijn als het een beetje *opschiet*. Het kan erg druk zijn op de Nederlandse autowegen.

...

Peter: Hier moeten we afslaan, he? Of zouden we nog een eindje doorrijden?

Joke: Nee, als dat nu de Martin Luther Kinglaan is, zitten we goed.

Peter: En het ís ook goed. Ik heb net het *straatnaambordje* gezien.

Joke: Nu komt de Weg van de Verenigde Naties. Heel internationaal allemaal, vind ik. Dat zijn de Nederlanders nu eenmaal erg graag. Maar er is ook absoluut niks op tegen.

Peter: Van die *plattegrond* op het internet heb ik onthouden dat we door een *spoorwegtunnel* moeten.

Joke: Klopt: Daalsetunnel heet die. En dan komen we via een groot soort rotonde op de Nieuwe Kade. Dat is rechts van de Vecht.

Peter: Okay, links van ons is er nu alvast water. Hadden we niet al eerder links moeten afslaan?

Joke: Nee, nee, hier is het. Hier moeten we linksaf, het water over. Even kijken: is dat Oudenoord?

Ja, rij maar door, nog een paar stoplichten, denk ik. Het moet vlakbij zijn: Kaatstraat en dan Adelaarstraat

(*Ondanks* Jan z'n routebeschrijving rijden ze toch nog verkeerd. Ze hebben geen *rekening gehouden* met het *éénrichtingverkeer* in het centrum. Joke vraagt het dan maar eens aan een voetganger. *Vanwege* een voorbijrijdende vrachtwagen verstaat Peter wel niet wat die zegt, maar Joke heeft alles begrepen. En *uiteindelijk* komen ze via een kleine omweg bij Jan Groeneveld in de Adelaarstraat aan.)

Jan: Hallo! Goede middag! Dag Peter, en dat moet Joke Teunis zijn. Blij je te leren kennen, meisje. - Kom erin!

Joke: Aangenaam ...

Jan: Goeie reis gehad? Het zal wel niet te druk geweest zijn, anders waren jullie er nog niet. - Uta is onderweg, heeft ze net gebeld. Ze was in België op die zomercursus.

Joke: En? Is mijn vaderland haar een beetje meegevallen?

Jan: Zal wel, waarom niet? Ze wou *er* absoluut *naartoe*. Eerst dacht ik natuurlijk van 'Zou dat kind het wel goed hebben bij die Belgen'. Maar ze verstonden haar wel als ze Nederlands sprak.

Peter: Foei, Jan!

Jan: Grapje natuurlijk. Ik ben een *notoir* plaagbeest, Joke. - Uta was erg *opgetogen* aan de telefoon. Het moet er heel gezellig geweest zijn, en haar Nederlands was er zelfs op *vooruitgegaan*.

Peter: Is ze met de trein onderweg *hiernaartoe*?

Jan: Ja, toen ze belde, ging ze net *overstappen* in *Luik*, voor Peter *Lüttich* en ter plaatse zelf *Liège*. Het is me wat, daar in België ... Zullen we nu maar eens een kopje koffie drinken? Ga jij daar bij Joke zitten, Peter?

Peter: Graag, en dan ga ik nu naar mijn zomercursus. Ben benieuwd wat voor *kamergenoot* ik krijg. Hoe laat is jouw trein naar Antwerpen, Joke?

Joke: O, maar ik heb nog tijd hoor, ik ga eerst nog eens naar het Domplein.

Jan: Is het goed als ik dan met je meeloop? Ook naar station? Ik haal m'n lieve nichtje af en jij stapt in. Uta blijft nog een paar dagen bij m'n moeder.

Joke: En over drie weken, als Peter z'n zomercursus overleefd heeft, kom ik terug.

Jan: Precies, Uta weet al van ons plan: met z'n vieren naar Amsterdam en Noordwijk. Wordt leuk!

## Opfrissen en / of bijspijkeren

### werkwoorden

### met klankwisseling

| | | |
|---|---|---|
| begrijpen | begreep | begrepen |
| (door)rijden | reed (door) | (door)gereden |
| (uit)kijken | keek (uit) | (uit)gekeken |
| (op)schieten | schoot (op) | (op)geschoten |
| vertrekken | vertrok | vertrokken |
| (mee)lopen | liep (mee) | (mee)gelopen |
| vergeten | vergat | vergeten |
| (mis)gaan | ging (mis) | (mis)gegaan |
| (af)slaan | sloeg (af) | (af)geslagen |
| onthouden | onthield | onthouden |

### zonder klankwisseling

| | | |
|---|---|---|
| instappen | stapte in | ingestapt |
| duimen | duimde | geduimd |
| draaien | draaide | gedraaid |
| zwaaien | zwaaide | gezwaaid |
| overleven | overleefde | overleefd |

### valentie en distributie

Werkwoorden als *denken / weten / geloven / hopen* ... hebben een object / aanvulling bij zich:

Ik denk *het.*
Ik denk *van wel.*
Ik hoop *het.*
Ik vrees *van niet.*

### interjecties als begroeting

| - formeler - | - informeler - |
|---|---|
| goedemorgen | goeiemorgen |
| goedemiddag | goeiemiddag |
| goedendag | goeiendag |
| goedenavond | goeienavond |
| goedenacht | goeienacht |

## 1. *moeteni* of *zullen?*

- Ze zijn een beetje te laat, maar dat ______ wel aan het verkeer liggen.
- Uta is terug uit België. Als ik de verhalen hoor, ______ ze het er heel goed gehad hebben.
- Als ik zie hoe nat de mensen zijn, ______ het de laatste uren erg geregend hebben.
- Komt Jan ook? - Dat ______ wel, hij heeft toch niet afgezegd?
- ______ we dan maar vertrekken?

## 2. Het is niet zo! - Het is niet gebeurd!

- Als ik dat geweten _____, _____ ik thuis gebleven!
- _____ ik eerst nog moeten opbellen?
- _____ we niet beter wat eerder kunnen vertrekken?
- Als Uta niet naar die cursus geweest _____, _____ ze niet geweten dat er in België zoveel verschillende biersoorten zijn.
- Vandaag heb ik geen tijd, maar als je gisteren gekomen _____, _____ ik je kunnen laten zien waar Joke woont.

## 3. Vul aan met een (vorm van) een werkwoord:

- Ik zal nog een eindje _______ [niet stoppen].
- Moet ik hier _______ [naar links / rechts]?
- Kun je hier _______ [weer in de andere richting gaan rijden]?
- Wanneer zijn jullie _______ [afgereisd]?
- Wat _______ je hier moeten invullen?
- Als Jan het zegt, _______ het wel zo zijn.
- Wat Uta d'r vader doet weet ik niet, maar volgens Jan _______ hij ooit kapitein van een binnenschip geweest zijn.

*zal / zou / moet / doorrijden / vertrokken / draaien / afslaan*

## 4. Vul aan met (een vorm van) een werkwoord:

*nemen / zwaaien / instappen / opschieten*
*begrijpen / vertrekken / vergeten / onthouden*

- Kun je een beetje _______ [zorgen dat het niet te lang duurt]?
* Gaan we _______ [weggaan]?
- Ben je _______ dat we er om 10 uur moeten zijn? [Weet je dat niet meer?]

* Ik had ______ [Ik dacht] dat we pas om elf uur verwacht werden.
- Dan heb je 't niet goed _______ [weet je 't niet meer goed].
* Zal ik alvast _______ [in de auto gaan zitten]?
- Ja, - heb je al afscheid _______ ?
* Ik zal nog eens _______ [mijn hand opsteken], da's genoeg!

**5. Welke substantieven - in het meervoud - staan er nog niet? Maar vul eerst de titel van dit verhaal aan met *de / het*:**

_____ auto en _____ verkeer

- Alleen op _________ mag je meer dan 100 km per uur rijden.
- Men denkt dat veel ongelukken met _________ veroorzaakt worden door het systeem van "cruise control".
- Ongevallen hebben altijd _________ tot gevolg. Vaak kan het verkeer nog maar over één rijstrook.
- Ook in de _________ onder de Alpen zijn er ooit zware ongevallen gebeurd.
- In de stad zijn er kruispunten, bij autowegen spreekt men van _________.
- Volgens het verkeersreglement geldt de voorrang van rechts niet op _______.

*rotonde_ / tunnel_ / autoweg_ / knooppunt_ / file_ / vrachtwagen_*

**6. Een verhaal waarin de adjectieven / bijwoorden ontbreken!**

*verkeerd / leuk / moeilijk / absoluut / notoir / opgetogen / blij / geweldig / serieus / verschillend*

- Het is bekend dat Jan de mensen in zijn omgeving graag plaagt. Hij is een _______ plaagbeest, zegt hij van zichzelf.
- Niet iedereen vindt dat _______ natuurlijk.
- Maar je moet zijn grappen niet _______ opvatten.
- Hij bedoelt het allemaal niet _______.
- Toch zijn sommige mensen er helemaal niet _______ mee.
- Alle mensen zijn _______.
- En niemand hoeft _______ over iets te zijn als hij het er _______ mee heeft.
- '_______' roepen als je 't maar niks vindt, is niet _______ nodig.

***Kellner: „Hoe vond u het vlees meneer?" Klant: „Eigenlijk heel toevallig, toen ik een aardappel opzij schoof".***

# Hoofdstuk 8

## Uta was niet echt ziek (inleidend deel)

Toen Uta een poos geleden terugkwam van haar zomercursus in België, in Vlaanderen eigenlijk, was ze *doodop.* "Kapot" zou haar neef Jan zeggen, maar dat komt op hetzelfde neer.

Wat wil je ook, als je drie weken lang bijna *geen enkele* dag vóór middernacht naar bed geweest bent. Uta was trouwens *niet de enige*. Ondanks het intensieve programma bleven de jongelui vrijwel allemaal zo laat op.

Gelukkig had Uta geen *koorts*, alleen *hoofdpijn*. Én een beetje *keelpijn*, maar dat was van het zingen. Want na het op zich al leuke afscheidsfeest waren *enkele* deelnemers op het terras van het studentenhuis nog *blijven doorvieren*. Er is bij zulke gelegenheden *blijkbaar* altijd een harde kern die niet bang is om *door te zakken*. De volgende ochtend bij het echte afscheid zag iedereen dat er nog *menig* flesje gekraakt was.

*Verkouden* was Uta dus niet, wél *hees*, en zó *moe* dat ze *het liefst* de klok rond geslapen had. Want uitslapen is in zo'n geval *het enige* middel, weten alvast ervaren feestvierders / fuifnummers.

Haar bezorgde tante Rietje dacht eerst dat Uta echt ziek was en een paar dagen binnen zou moeten blijven, maar toen de jonge dame opstond, voelde ze zich weer *zo fris als een hoentje*. En dat alleen met slapen, zonder aspirientje!

Binnen blijven zou in volle zomer ook niks geweest zijn voor iemand die zo graag buiten is!

## Opfrissen en / of bijspijkeren

**substantieven**

meervoud: cursus-sen
geval-len
bed-den
week / weken
deelnemer-s , feestvierder-s , fuifnummer-s
programma-'s
jongelui / jonge mensen
**zo'n** gelegenh**ei**d / **zulke** gelegenh**e**den
**zo'n** geval **/ zulke** gevallen

diminutief: fles / flesje, terras / terrasje (cfr. **meisje**)
nacht / nachtje, feest / feestje (De **t** spreken we niet uit.)
hoen-tje (vrijwel alleen als diminutief gebruikt)
de aspirine / het aspirientje

**gebruik van** *enkele* **en** *enige* / *menig(e)*

| **meervoud** | **enkelvoud** |
|---|---|
| - *Enkele* mensen bleven doorvieren. | *Geen enkele* dag ben ik op tijd gaan slapen! |
| - Zijn dat de *enige* aspirientjes die we nog hebben? | Dat is het *enige* middel. |
| - Jullie waren niet de *enigen!* | Je bent absoluut niet de *enige*. |

Er is *menige* fles gedronken.
Er werd *menig* flesje gekraakt.

**Menig** is semantisch meervoud, maar grammaticaal enkelvoud.

**1. Genus bekend?**

____ feest ____ terras ____ programma ____ koorts
____ ochtend ____ hoofdpijn ____ geval ____ keel

**2. Meervoud correct?**

terrasje __________ programma __________
aspirine __________ gelegenheid __________

**3. Welk voegwoord?**

_____ Uta aankwam, was ze volgens Jan helemaal kapot.
Maar _____ ze uitgeslapen was, voelde ze zich weer helemaal fit.

**4. Welke superlatief past bij welke situatie?**

Als je 's avonds moe bent, kun je ___ _______ meteen naar bed gaan.
___ _______ had Uta de klok rond geslapen, maar ze moest de volgende ochtend om acht uur op.

**5. Een beetje medische terminologie voor leken?**

* Ben je _______ (niet gezond)?
\- Ja, ik heb _______ (verhoogde temperatuur).
* Was je gisteren al niet _______ (Je neus druipt)?
\- Ja, maar nu heb ik ook _______ (achter in mijn mond).
* Ik hoor ook dat je _______ bent.
\- En ik barst van de _______ (achter je ogen en je voorhoofd).

hoofdpijn / keelpijn / koorts / ziek / verkouden / hees

**6. Feestje bouwen?**
**Verdeel de woorden over de open plaatsen. Pas daarbij de vorm van de werkwoorden aan en maak van de substantieven en wat ervoor staat zo nodig een meervoud:**

*doorzakken / vieren / opblijven / kraken / neerkomen ... op hetzelfde / bang voor / ochtend / zo'n gelegenheid / klok rond / hoentje / afscheidsfeest*

* Gisteren hebben we _________ dat Jan tien jaar in de firma is.
\- O, dan was het geen _________ ?
* Waarom wel? We hebben gewoon een paar flessen _________.
\- En niet eens flink _________?
* Nee, we zijn vooral laat _________.
\- Was je _________ _________ een kater?
* Nee, we hebben vooral gepraat en gelachen, tot in de late uurtjes of tot in de vroege _________.
\- Dat _________ inderdaad op _________ _________.
* _________ _________ om te feesten is er ook niet alle dagen.
\- Daarna heb je vast wel de _________ _________ geslapen?
* Ja, en nu voel ik me weer zo fris als een _________.

## Amsterdam, o stad van De Keyser ... [1] (hoofddeel)

Jan: *Klaar*, vrienden? Jij ook Uta?

Uta: Zeker, waarom zou ik niet klaar zijn?

Jan: Ik dacht even aan drie weken geleden. Toen had je onmogelijk mee gekund. Maar nu mogen we je gelukkig weer tot de levenden rekenen.

Uta: Als ik geweten had dat je daar weer over zou beginnen, was ik thuis gebleven!

Joke: Laten we nu maar *ophouden*. Anders krijgen we nog ruzie eer we vertrokken zijn. En ik wil graag *goedgeluimd* en vrolijk in Amsterdam rondlopen.

Jan: Okay, Ik had er niet over moeten blijven zeuren. Ik zal m'n leven beteren, *beloofd*, dames!

Peter: Kennen jullie het lied *Bij ons in de Jordaan* [2]?

Jan: Ja, had m'n moeder *destijds* op een singeltje. Waarom?

Peter: Ik heb het een poos geleden eens in de avondles gehoord, als voorbeeld van het Amsterdamse volkslied. Ik vond het heel plezierig. Misschien kun je 't eens voorzingen, Jan, als we aangekomen zijn.

Jan: Doe ik, om Joke te overtuigen van mijn goede wil.

Uta: Hoe laat was die trein weer?

---

[1] Dit is een versregel uit het gedicht "Een Voetreis naar Rome" van de Amsterdamse dichter Bertus Aafjes (1914 – 1993 / J. M. Meulenhoff 1946). De daarin genoemde De Keyser is beeldhouwer en architect Hen(d)rick De Keyser (1565-1621), naar wiens plannen o.m. de Westerkerk met de monumentale 85 m hoge toren is gebouwd.
De naam van de stad gaat terug op een aarden **dam** die in de middeleeuwen werd opgeworpen bij de monding van de rivier **Amstel** in het IJ, dat zelf een inham van de Zuiderzee was en de natuurlijke haven van het oorspronkelijke vissersdorp.

[2] De *Jordaan* - sommigen denken dat de naam te maken heeft met het Franse *jardin,* maar waterdicht blijkt deze etymologie niet - is in de 17e eeuw gebouwd voor *de kleine burgerij,* tussen de Prinsengracht, de Brouwersgracht en nog een paar andere grachten. Voor de Tweede Wereldoorlog woonden er ook veel joden. Na 1960 is deze buurt, met haar smalle straatjes, typische geveltjes en cafeetjes na restauratie weer tot bloei gekomen en vanwege de sfeer erg in trek bij kunstenaars en studenten. Het is de meest bezongen buurt van Amsterdam. *Bij ons in de Jordaan* is een lied van Johnny Jordaan (fabrieksarbeider Jan van Musscher). Amsterdam was al altijd bekend om zijn straat- en cafézangers, men denke ook aan Willy Alberti (Carel Verbrugge), overigens een neef van Johnny Jordaan, die vanwege zijn beroemde *O mooie Westertoren* een plaquette kreeg naast de ingang van die toren. Het vrouwelijke element in dit populaire gezelschap van de tweede helft van de 20e eeuw is Tante Leen (Heleen Jansen-Polder), oorspronkelijk garnalenpelster, die met haar hit *Oh Johnny, zing een liedje voor mij alleen* wel duidelijk naar de eerste verwees. De in 2004 overleden André Hazes - *Eenzame Kerst / 't Is voorbij* - was een jonger vertegenwoordiger van dit Amsterdamse genre.

Jan: Naar Amsterdam zijn er *voortdurend* treinen, om het kwartier zowat.

Joke: En hoe lang doen we erover?

Jan: Een goed half uur. Over Duivendrecht en Amstel of via de Bijlmer [3] en Duivendrecht.

Peter: Stopt hij niet in Driebergen-Zeist?

Jan: Deze niet, nee, maar daar kun je natuurlijk ook met de trein naartoe. Moet goed tien minuten duren, heb ik het gevoel.

Peter: Dan had ik beter dat treintje kunnen nemen toen ik naar mijn zomercursus ging. Ik heb toen meer dan een half uur gereden over die twaalf kilometer. Had ik dat geweten!

Joke: En waar had je dan je auto moeten laten?

Peter: Da's ook weer waar.

...

Jan: We zijn er, mensen. Heeft iedereen alles?

Uta: Welke richting gaan we uit?

Jan: Gewoon via het Damrak naar het Paleis op de Dam [4], zeker?

Joke: Alleen al aan de mensen op straat kun je zien dat Amsterdam een multi-culturele, kosmopolitische stad is.

Peter: Klopt. Hier lopen mensen uit alle werelddelen en windstreken. Ik begrijp dat Joke staat te kijken.

Jan: En maar blijft kijken. Kom je mee meisje? We gaan naar de Dam ...

Uta: Maar het moet soms toch ook moeilijk zijn. Nederland is

---

[3] **Bijlmer** was lang geleden een dorpje tussen Amsterdam en Weesp. Het meertje waar het dorp aan lag, werd al vroeg drooggelegd, en de polder die daardoor ontstond heette **Bijlmermeer**. Begin jaren zestig van vorige eeuw werd deze polder ten zuidoosten van Amsterdam bouwrijp gemaakt. Volgens de principes van de Zwitserse architect Le Corbusier werden de wegen voor het gemotoriseerde verkeer op een ander niveau aangelegd dan de voet- en fietspaden. De elf verdiepingen hoge flats waren bedoeld voor middenklasgezinnnen, maar die bleken liever naar de laagbouwwoningen te trekken die ongeveer tegelijk elders rond Amsterdam gebouwd werden. In hun plaats kwamen er vooral Surinamers en Antillianen wonen, veel éénoudergezinnen en marginalen ook. Het werd een minder fraaie buurt dan gepland. Door de bouw van **ArenA Boulevard**, een nieuwe laagbouwwijk vlak bij het oorspronkelijke Bijlmercomplex, het slopen van enkele hoge flats en nog andere urbanistische maatregelen werd dit zuidoostelijke stadsdeel in de jaren negentig ook maatschappelijk grondig gesaneerd. Er is nu bovendien veel werkgelegenheid. Een zwarte bladzijde in de geschiedenis van de Bijlmer was de crash van een vrachtvliegtuig van de Israëlische luchtvaartmaatschappij EL AL op 4 oktober 1992, waarbij in twee getroffen flats 39 bewoners omkwamen. Doordat bij overlevenden en brandweerlieden achteraf gezondheidsproblemen werden vastgesteld, kwam er een onderzoek naar de lading van het vliegtuig.

[4] Oorspronkelijk bedoeld als nieuw stadhuis en voltooid in 1665.

traditioneel heel tolerant [5] en kon toch niet anders dan zijn gedoogbeleid [6] voor een stuk terugdraaien.

Jan: Het moeilijke is dat iedere Nederlander zo gauw een mening heeft.

Joke: En dit is jouw eigen mening? Ik dacht dat we 't wat vrolijker gingen houden, ja toch?

Uta: Gelijk heb je, Joke! Zijn we nu bijna in de Jordaan?

Jan: We zijn vlakbij. De Prinsengracht *oversteken* en we zijn er. (*wijst*) Kijk, mijn baas had dit huisje gekocht, maar intussen heeft ze het weer *van de hand gedaan*. Te moeilijk *bereikbaar* vond ze.

Peter: Welk huisje, zei je? Ik was even met iets anders *bezig*. Dit hier? En ze heeft het weer verkocht? Schande! Zo'n leuke buurt.

Jan: Wat wil je, als zakenmensen er niet vlot met de auto geraken ...

Joke: Ik vind die grachten in ieder geval *indrukwekkend*. Wij hebben in Brugge nog wel *reien* , maar dit is toch nog iets anders! En zeggen dat bij ons een *gracht* is wat jullie een *sloot* noemen.

Uta: Maakt toch niks uit als je weet waar het over gaat.

Joke: Maar je moet hier wel geen *croque-monsieur* vragen als je een *tosti* wilt bestellen.

Jan: Waar slaat dát nou weer op?

Peter: Op de vaststelling dat we nu maar beter iets kunnen gaan eten.

Uta: Heel goed. Als we vanmiddag nog naar het *Rijksmuseum Vincent van Gogh* willen, kunnen we nu het best wat krachten opdoen. We hebben *tenslotte* al een paar uur rondgelopen.

Jan: Prima, voor mij een *broodje kroket*, graag ... En als het straks nog kan, een kopje koffie ... *op een terrasje van het Leidse Plein* ...[7]. Als Joke tenminste geen *fruitsap* [8] wil.

---

[5] Voor dit begrip heeft het Nederlands ook een eigen leenvertaling: *verdraagzaam / verdraagzaamheid.*

[6] Door sociologen en politici veel gebruikte term om aan te geven dat tegen sommige vormen van criminaliteit nauwelijks wordt opgetreden. Het geldt vooral voor het gebruik van drugs.

[7] Titel van een voor ouderen heel bekend liedje.

[8] Belgisch-Nederlands woord voor wat in Nederland meestal *jus d'orange* heet. Het is een (leen)vertaling van het Franse *jus de fruits* . Een variant is *appelsiensap.*

## Opfrissen en / of bijspijkeren

### werkwoorden

- **zonder klankwisseling**

| | | |
|---|---|---|
| geloof / geloven | geloof-de(n) | geloof-d |
| beloof / beloven | beloof-de(n) | beloof-d |

- **onregelmatige**

| | | |
|---|---|---|
| koop / kopen | kocht-en | gekocht |
| verkoop / verkopen | verkocht-en | verkocht |
| bezoeken | bezocht-en | bezocht |

- **modaal gebruik**

| | |
|---|---|
| - **aansporing:** | *Laten* we maar beginnen. |
| - **voorstel:** | We *kunnen* maar beter iets gaan eten. |
| - **mogelijkheid / twijfel**: | Waarom *zou* ik niet klaar zijn? |
| - **niet-werkelijkheid**: | Als ik tijd *had*, *ging* ik mee.<br>*Kon* ik maar thuis blijven!<br>Als ik niet zo moe *was*, *zou* ik nog een wandelingetje maken.<br>*Had* ik dat (maar) geweten!<br>Als ik dat geweten *had*, *was* ik thuis gebleven.<br>Ik *had* beter dat treintje *kunnen* nemen. |

- **"blijven"**

  - Joke blijft maar kijken.
  - Ik had er niet over moeten blijven zeuren.

### lidwoord en pronomen

| | | | | | |
|---|---|---|---|---|---|
| **de** trein | / | **het** huis | **de** treinen | / | huizen |
| **welke**- | / | **welk**- | **welke** - | / | - |
| **deze** - | / | **dit**- | **deze** - | / | - |
| **die** - | / | **dat** - | **die** - | / | - |

**1. Sluit de zinnen af met één enkel werkwoord:**

- Wie zijn best doet om zijn gebreken af te leren, is bereid zijn leven te _________.
- Van belang daarbij is niet voortdurend te reclameren en te _________.
- Maar simpel is het niet: men moet geduld hebben met zichzelf, want het kan lang _________.
- Had je gedacht dat mijn vermoeden zou _________?
- Onze buren hebben drie auto's. Maar nu hebben ze besloten er een van de hand te _________.
- Heb je enig idee waar die opmerking op kan _________?
- Ik heb een uitnodiging om naar hun buitenverblijf te gaan voor een dagje. Maar er rijdt helemaal geen bus daar in de buurt, en mijn auto is kapot. Ik weet absoluut niet hoe ik er kan _________.

We zochten: *slaan / doen / geraken / beteren / zeuren / duren / kloppen*

**2. Verdeel de samengestelde werkwoorden in de goede vorm over de open plaatsen:**

*overtuigen / oversteken / opdoen / ophouden*

- Hier moet je niet _________. Ginds is een zebrapad.
- Het regent al uren aan een stuk. En het wil maar niet _________.
- Ik heb geprobeerd haar te _________ , maar ze wilde absoluut niet.
- Krachten kun je op velerlei manieren _________ , maar de twee belangrijkste zijn wel eten en slapen.

***„Papa, wat zijn idioten? Zijn dat dieven?"***
***„Maar jongen toch! Dat zijn mensen zoals jij en ik!"***

# Hoofdstuk 9

## Een picknickmand voor Jan (inleidend deel)

Jan en co zijn niet bijzonder *zuinig,* maar vandaag nemen ze toch maar liever wat proviand mee i.p.v. in Scheveningen naar een *eettentje* te gaan. Behalve wat gebruikelijk *beleg* voor de broodjes willen ze vooral *fruit* meenemen, is afgesproken. En daarvoor gaan ze [1] naar de markt. Daar hebben ze [2] het hele jaar door *bananen* en bergen *sinaasappelen*. Het is niet meteen het seizoen van de *pompelmoezen*, maar *mandarijntjes* zijn er misschien wel, of *druiven*.

Natuurlijk gaan er ook flessen water mee: *spuitwater*, dat in Nederland al een poos *spa rood* heet, en *spa blauw*, dat veel Vlamingen *plat water noemen* , ook weer zo'n vertalinkje uit het Frans (eau plate). Bovendien zit er in de koelbox een *fles* echte champagne, maar dat weet Jan nog niet. Vanochtend hebben ze gedaan alsof ze de *jarige* vergeten zijn, maar als ze op het strand aankomen, wordt het edele *vocht* meteen *te voorschijn* getoverd. Want om het maar eens met een dubbele negatie te zeggen: niemand van hen lust geen champagne!

### 1. Woordenschatoefeningen

- Een spreekwoordelijke eigenschap van de Nederlanders is dat ze _______ (zouden) zijn, d.w.z. niet zomaar geld uitgeven. Klopt dat volgens jou? Geef een of meer voorbeelden en tegenwoorbeelden.

---

[1] Dit *ze* staat voor *Jan en co* .

[2] Dit is het onpersoonlijke *ze* , equivalent van *men*: *de verkopers op de markt.*

- Typisch voor het Nederlands is in ieder geval een adjectief waarmee je aangeeft dat iemand weer precies een jaar ouder geworden is. Zelf ben ik _______ op vijftien april: elke keer komt er dan een jaartje bij. Hoe is dat met jou?
- Hoe kan een *eethuisje* nog heten?
- Gezien dat *(het) vocht* een substantief is?
  En weet je ook nog wat het adjectief is?
- Wat zijn de verkleinwoorden van *vertaling* en *wandeling?*
  Vanwaar het verschil, denk je?
- Wordt het een moeilijke zaak om die fles champagne *te voorschijn te toveren?*
  Nee, want ...
- En is ten slotte de afkorting *i.p.v.* helemaal duidelijk?

## Lang zal hij leven ... in de gloria (hoofddeel)

Uta: Is dat geen prachtig zonnetje, mensen? We hadden geen betere dag kunnen kiezen! En zeggen dat het gisteren nog *pijpenstelen regende.*

Jan: Ongelooflijk, ik was er bijna *gek* van geworden. En zoals het *waaide, vreselijk.* Maar vannacht is het zo goed als windstil geworden. Gisteren dacht ik nog dat we naar Mallorca zouden moeten uitwijken!

Uta: *Zwijn gehad* zeggen wij dan. Hoe is dat in écht Nederlands?

Jan: Wij *hebben* gewoon *geluk*, of we *boffen.* Of niet, natuurlijk.

Uta: Maar wij vandaag in ieder geval wél. Als er nu straks niet teveel dagjesmensen komen, is dit stuk strand helemaal voor ons.

...

Uta: (terwijl ze met Jan alleen is) Oei, ik denk er opeens aan: ik heb gisteren tante Rietje vergeten te bellen. Ze wou vorige week graag weten wanneer we hiernaartoe zouden gaan.

Jan: Geeft niks, ik zal zo m'n *mobieltje effen*[3] pakken. - Waar zijn Joke en Peter eigenlijk gebleven? Wilden ze nog iets gaan kopen?

Uta: Dat zou kunnen. Maar ik heb ze ook bij het reisbureau zien blijven staan. Peter zou graag eens willen gaan zeilen, zei hij gisteren.

Jan: Die studenten hebben ook niks beters te doen!

...

Joke: (als zij en Peter na een poos opduiken) Sorry, we zijn te laat.

Jan: Maakt niks uit. Uta en ik hebben het hier best gezellig gehad.

Joke: We zijn champagneglazen gaan kopen. Laat jij de kurk knallen, Peter? Wel gefeliciteerd Jan!

---

[3] Omgangstalig informeel voor *even*.

Peter: Laten we er met z'n allen een *prettige verjaardag* van maken voor ons *feestvarken!* Lang zal hij leven, onze eeuwige contestant!

Uta: Hier, mijn grote lieve neef, een flinke zoen! Veel geluk en nog vele jaren! Je dacht toch niet dat we je vergeten waren?

Jan: Nee hoor, het leek alleen nogal *geheimzinnig* allemaal.

Joke: We moesten vooral die fles proberen te smokkelen.

Uta: En ik heb moeten leren zwijgen! Proost.

Jan: In ieder geval *hartstikke bedankt*, vrienden! Jullie zullen je niet hoeven te beklagen, ook al heb je ons strand niet met *slingers en ballonnen* versierd.

Joke: Nee, in de plaats daarvan laten we een kleurige *vlieger* voor je op, met van die lange *franjes* eraan. De vlieger vervangt de ballonnen en de franjes de slingers, akkoord?

Jan: Je bent een schat, meisje. Daar krijg jij nu een kus voor, zie. Het liefst zou ik mee *omhoog* gaan en van daarboven naar jullie zwaaien.

Peter: Maar eerst kun je beter even helpen om dat touw hier af te rollen, Janneman[4].

Joke: Bovendien word ik liever niet uit de hoogte[5] behandeld en toegesproken.

Jan: Gelijk heb je! Dan blijf ik maar met mijn twee voeten op de grond [6]. En vanavond nodig ik jullie uit om ergens lekker te gaan eten.

Peter: Bravo, dan hebben we nog iets *tegoed*. Met onze fles is het feest alvast goed ingezet. Zullen we nog eens klinken?

Uta: Dat restje kunnen we inderdaad maar beter opdrinken eer het slecht wordt. Nog eens op ons feestvarken!

Jan: Proost. Op onze vriendschap! Laten we hopen dat we 't nog een poos goed hebben op deze aarde.

Peter: En dat we om te beginnen na onze studie werk vinden.

Joke: Daarvan moeten we natuurlijk kunnen blijven uitgaan, anders *heeft* dat studeren allemaal *geen zin*.

Uta: Ik *heb geen zin* om me daar nu al zorgen over te maken. Op dit ogenblik heb ik alleen behoefte aan *een frisse duik*.

Jan: Wil je nu het water in, met die champagne in je hoofd? Niet te ver de zee in zwemmen, hé, anders moet ik je weer komen redden!

Peter: Zal ik hier op onze *spullen* blijven passen?

---

[4] In werkelijkheid een liefkozende aanspreking voor een klein kind dat Jan heet. Hier uiteraard ironisch bedoeld.

[5] Overdrachtelijk: op een vernederende manier. De ironie zit hier in het teruggaan naar de letterlijke betekenis.

[6] Overdrachtelijk: bij de realiteit, de feiten blijven, maar ook hier wordt het een ironisch spel.

Jan: Goed voorstel, Peter, was al aangenomen eer je 't gedaan had. Er lopen tegenwoordig weer stranddiefjes rond hier. Er is vorige week nog nadrukkelijk voor gewaarschuwd, maar de mensheid wil bestolen en bedrogen worden

Joke: Eergisteren stond er nog in de krant dat er een paar van die jongens *opgepakt* zijn.

Peter: Voor hoelang?

Jan: De feiten zijn al jaren geleden vastgesteld, de gegevens onderzocht, maar een oplossing is er nog niet voor gevonden.

Joke: Dan ga ik ook maar wat op de golfjes liggen. Kom Jan, laat al die *wantoestanden* niet aan je hart komen. Hou jij de zaak hier verder in de gaten, Peter?

Peter: Ik zorg ervoor. En laat nog een beetje water over voor mij!

## Opfrissen en / of bijspijkeren

### Hulpwerkwoorden

- Ik *zou* naar de stad *moeten*.
- Je *zou moeten* opbellen.
- Ik dacht dat we *zouden moeten* uitwijken.

**zou / zouden** drukken alleen de modaliteit uit. Om het begrip **moeten** uit te drukken, moet dat werkwoord eraan toegevoegd worden.

Hoewel **zou / zouden** etymologisch en taalhistorisch verwant zijn met het Duitse **sollte(n)** en het Engelse **should,** verschillen ze in dat opzicht van die beide vormen.

- In plaats van de auto te nemen, *zouden* we *kunnen* lopen.
- Ik *zou* u *willen* vragen of ...

Ook hier blijven de betekenisdragers **kunnen** en **willen** in de infinitief, terwijl **zouden / zou** de modaliteit uitdrukken.

### het werkwoord worden / zijn

- Anders *wordt* de champagne *slecht*.
  Ik *was* bijna *gek geworden*.

(**worden** als copula / koppelwerkwoord)

- Ik *wordt* niet graag uit de hoogte *toegesproken.*
  *Werd* er vroeger niet meer bier *gedronken?*
  (**worden** als hulpwerkwoord in het passief)

- Er *is* nog geen oplossing voor *gevonden.*
  De diefjes *zijn opgepakt.*
  (**zijn** als hulpwerkwoord in het perfectum van het passief - zonder het participium **geworden**)

**postposities en adverbia van richting**

Wil je nu het water *in?*
Zwem niet te ver de zee *in*!

Jan wil met de vlieger mee *omhoog.*

**1. Voeg beide zinnen samen tot een langere. Transformeer naar het perfectum:**

Ze zijn blijven zitten. - Ze hebben de hele tijd gepraat.
➢ Ze zijn de hele avond _________ _________ _________.

Nu kan ik zwijgen, maar ik heb het moeten leren.
➢ Ik heb _________ _________ _________.

**2. Zeg / vraag op een wat voorzichtiger / vriendelijker manier:**

Ik moet naar de stad.
Kan dat?
Komen ze straks?

***„Dat moet een vergissing zijn", zegt de leerling na zijn proefwerk wiskunde, „Ik kan me moeilijk voorstellen dat ik een nul zou verdienen".***
***„Daar heb je gelijk in", antwoordt de leraar, "Maar nul is nu eenmaal het laagste cijfer dat we mogen geven".***

# Hoofdstuk 10

## Europa

1 Bosnië en Herzegovina
2 Montenegro

# Europa (inleidend deel)

Brussel is niet alleen de hoofdstad van België en van het Vlaamse Gewest, maar ook van Europa, van de E(uropese) U(nie) om precies te zijn. Een *belangrijk* deel van de Europese *instellingen* is er *gevestigd* of komt er samen. De **Europese Commissie** [1] heeft er haar zetel. Voor zijn plenaire *vergaderingen* en de stemming over *wetten* trekt het **Europees Parlement** [2] *weliswaar* iedere maand voor een week naar Straatsburg, maar het werk in de parlementaire *commissies* heeft tevoren in Brussel plaats gevonden. Beide instellingen zijn nog belangrijker geworden sinds de *toetreding* van steeds meer *lidstaten*.

De *administratieve zetel* en het *secretariaat-generaal* van het Europees Parlement zijn in Luxemburg gevestigd, net als het **Hof van Justitie**.

De **Raad van de Europese Unie** of de **Europese Raad**, die *naargelang van* de te bespreken zaken in wisselende *samenstelling* van ministers *bijeenkomt*, heeft geen vaste plaats. Het EU-voorzitterschap wordt immers *om beurten* door een van de lidstaten waargenomen, *telkens* voor een periode van zes maanden. De **Europese Centrale Bank** heeft haar zetel in Frankfurt am Main.

Europa telt nog andere belangrijke internationale instellingen, die echter geen *onderdeel* zijn van de Europese Unie. **De Raad van Europa** [3] en het **Europese Hof voor de Rechten van de Mens** hebben hun zetel in Straatsburg. In Den Haag, officieel in 's Gravenhage, zetelt bovendien het **Internationaal Gerechtshof van de V(erenigde) N(aties)**.

Het hoofdkwartier van de **NAVO** [4] is in Brussel gevestigd. Ten tijde van de Irakcrisis waren er *meningsverschillen* tussen België en de Verenigde Staten en *dreigden* de Amerikanen ermee de NATO uit Brussel weg te halen, maar

---

[1] De Europese Commissie dient wetsvoorstellen in bij het Parlement en bij de (Europese) Raad, en brengt het EU-beleid en de EU-begroting ten uitvoer. Bovendien waakt ze over de uitvoering van de verdragen. Samen met het Hof van Justitie zorgt zij voor de handhaving van het Europees Recht. Ook vertegenwoordigt ze de EU op internationaal vlak, bijvoorbeeld bij onderhandelingen met andere landen.

[2] Nederland heeft 27 zetels, België 24, Luxemburg 6. Het land met de meeste inwoners heeft ook het meeste zetels: Duitsland met 99. Van de andere grote lidstaten hebben Frankrijk, Italië en het Verenigd Koninkrijk er elk 78, Spanje en Polen 54. Malta heeft er het minst: 5.

[3] De Raad van Europa heeft veel meer lidstaten dan de EU, bv. ook Rusland. En eer er sprake van was dat Turkije zou kunnen toetreden tot de EU, was het al lang vertegenwoordigd in de Raad van Europa.

[4] Noord-Atlantische VerdragsOrganisatie - Veel Nederlandstaligen in België zeggen echter ook NATO, waarbij ze de **A** uitspreken als in 'v**a**der'.

gelukkig voor de vele *werknemers* uit de omgeving is dat niet *doorgegaan*.

Brussel heeft uiteraard ook een luchthaven. Die ligt eigenlijk op het grondgebied van de gemeente Zaventem, in het Vlaamse Gewest dus, maar heet in Belgische termen toch *Brussel Nationaal*. Er zijn maar weinig landen met een luchthaven die zo dicht bij het centrum van de hoofdstad ligt. In een goed kwartier brengt een treintje je naar het hart van de oude stad. Dat is een voordeel voor wie in Brussel landt of opstijgt, maar nogal wat bewoners van de *omliggende* dorpen en *stadswijken* lijden onder het *lawaai* van de vliegtuigen.

## Woorden en wendingen

de instelling
de vergadering
de wet
de werknemer
de toetreding
het lid / de leden
de lidstaat
de zetel
de samenstelling
het onderdeel
het meningsverschil
om beurten
het lawaai

belangrijk
uiteraard
naargelang van

vestigen / gevestigd zijn
bijeenkomen
zetelen
dreigen
doorgaan

Welke Nederlandse equivalenten van de onderstaande begrippen of uitdrukkingen komen in de tekst van het inleidende deel voor ?

der Sitz – die Sitzung / der Mitgliedstaat / der Reihe nach / das Stadtviertel / die Zusammensetzung / Meinungsverschiedenheiten / wichtig / der Lärm / drohen / Der Europarat tritt zusammen.

## Heeft Europa niet te veel academici? (hoofddeel)

Peter: (legt de krant weg) Hebben jullie dat artikel gelezen over de toenemende *delokalisering* in West-Europa?

Jan: Ja, jongen, als het zo *doorgaat*, vinden jullie nooit nog werk in eigen land! De grote bonzen steken hun geld alleen nog in Chinese bedrijven!

Joke: Ik ken *langzamerhand* die theorieën over academici die maar beter *loodgieter* hadden kunnen worden. Ik heb veel respect voor de kunstenaars van de handenarbeid, maar ik ben niet *van plan* hun concurrentie aan te doen.

Jan: Zal ook niet nodig zijn, meisje. Wie iets goed kan, vindt altijd werk. Daar moet je niet aan twijfelen. En de Europese Commissie zal in Brussel wel iets verzinnen, zeker: een of andere nieuwe richtlijn of *wet*.

Uta: Maar je kunt toch niet *ontkennen* dat er in plaats van *afgewerkte* producten werkgelegenheid geëxporteerd wordt, om het zo maar eens te *noemen*? Ook de *vakbonden slagen* er niet in dat *tegen te houden*.

Peter: Hoe groter Europa, hoe erger het wordt, staat hier. En binnenkort liggen de *lagelonenlanden* zelfs al niet meer in Oost-Europa maar in Azië.

Jan: Dan gaat het alleen over productie. Ontwikkeling en strategisch denken *verhuizen* niet zo gauw, *tenminste* als er op tijd geïnvesteerd wordt.

Peter: Dat klopt. Op het grote belang van *investeringen* wordt hier ook gewezen.

Uta: Als ik geen werk vind, word ik air hostess. Bij een luchtvaartmaatschappij kun je met een goede *talenkennis* altijd terecht, heb ik me laten vertellen.

Jan: Als je zo'n baan hebt, blijf je natuurlijk "*op de hoogte*"! Maar je hebt geen ongelijk: het belang van een goede vreemde-talenkennis wordt nog altijd onderschat. Bij een *sollicitatie* is het vaak net dat ietsje meer dat de *doorslag* geeft. Toen ik aangenomen werd, bleek zelfs mijn Duits heel nuttig. En dát in een land waar sommige mensen denken dat je alles in het Engels kunt oplossen.

Joke: En wat voor Engels! Is dat echt gebeurd van die meneer die tegen zijn Engelstalige gasten *I hate you welcome* [5] zei?

Jan: Zou best kunnen. Een andere van die aard is *to have something under the knee* [6].

Joke: En soms denk ik dat de Nederlanders af en toe *should do some water in the wine* [7].

---

5 Interferentie met de Nederlandse verbinding *iemand welkom heten*
6 *iets onder de knie hebben*: het goed weten of kennen, beheersen
7 *water bij / in de wijn doen:* toegeeflijk / tolerant zijn

Jan: Je hebt gelijk, soms is het heel gek.

Uta: Nu begrijp ik waar het over gaat. Maar dat is een algemeen *verschijnsel.* De kwaliteit van het Engels van anderstaligen is er de laatste tijd inderdaad niet altijd op *vooruitgegaan.* De Engelsen zelf zijn daar *trouwens* helemaal niet blij mee. Zij laten liever een *tolk* aan het werk zetten dan *onverstaanbaar* pseudo-Engels aan te moeten horen.

Peter: Is het eentalige Europa dan een illusie? Is het niet genoeg als iedereen naast zijn moedertaal Engels leert?

Uta: De eerste *decennia* zeker niet. Er zullen juist veel mensen nodig zijn die elkaars taal vrij goed beheersen. Zolang alles goed gaat, *lukt* het misschien wel met één lingua franca, maar als er problemen ontstaan, heb je elkaars taal nodig.

Jan: Wat bedoel je daarmee? Gaat het dan over de familie en hobby's?

Uta: Ook, maar vooral over het in zijn of haar eigen taal *aanvoelen* van wat de andere wil of nodig heeft. In zijn moedertaal kan die zich *bovendien* nog altijd genuanceerder uitdrukken, vooral in noodsituaties of als het een beetje emotioneel wordt.

Joke: Dan kan iedereen zijn eigen taal spreken en gaat het om receptieve meertaligheid. Is dat geen *verafgelegen* ideaal?

Uta: Men kan er in ieder geval naar streven.

Peter: Maar het echt spreken van een vreemde taal is toch nog altijd waardevoller?

Joke: Dat vind ik ook. In Vlaanderen was er vroeger echt een traditie en leerde men op de *middelbare school* in het algemeen vrij goed Frans, Engels en Duits. Mijn ouders hebben op vakantie in Frankrijk heel vaak tolk gespeeld voor Nederlanders en Duitsers. Maar jongere Vlamingen leren niet meer echt goed Frans, omdat ze denken dat ze' t niet nodig hebben.

Uta: En hoe is het met het Duits?

Joke: Dat kennen veel Nederlandstaligen zonder het geleerd te hebben, - dénken ze tenminste.

Peter: In Antwerpen kun je in ieder geval nog altijd de weg vragen in de taal van Goethe, terwijl dat in Brussel helemaal niet lukt.

Joke: Daar lukt het trouwens ook niet altijd in het Nederlands.

Uta: Net daarom zijn de mensen in Vlaanderen altijd heel blij als een anderstalige Nederlands spreekt, terwijl dat de meeste Nederlanders niks kan schelen. Jan *alludeerde* er daarstraks al op: als je een klein beetje een accent hebt, antwoorden ze je in het Engels.

Jan: Dat zouden ze ook doen als je 't in 't Duits probeert, hoor. - Maar daar hoef je je niks van *aan* te *trekken.* Uta en Peter zullen hoe dan ook nog veel nut en evenveel plezier hebben van hun kennis van het Nederlands. Jij ook als ingenieur later, Peter. Want de *bedrijfswereld* wordt almaar meer grensoverschrijdend.

Peter: Dat hebben ook in Oost-Europa nogal wat jongelui begrepen. In Nederland vragen veel mensen zich af hoezo, maar er zijn ginds heel veel studenten Nederlands, en als die *afgestudeerd* zijn, verdienen ze allemaal voor een stuk hun brood met onze taal, zoveel industriële en commerciële contacten zijn er intussen met Nederland en Vlaanderen.

Jan: Die geven dan het goede voorbeeld. Misschien kunnen ze over een poos de vroegere meertalige Vlamingen aflossen, Joke!

### 1. Beroep en stand

- Wie repareert er een lek in de waterleiding?
- Wie zorgt ervoor dat mensen met verschillende moedertalen elkaar toch verstaan?
- Wie zorgt voor hapjes en drankjes in het vliegtuig?
- Wie verfraait de wereld met zijn / haar werk?
- Wat is iemand die aan de universiteit gestudeerd heeft?

### 2. Wat is ... / Wie zijn ...? / Hoe functioneert ...?

- delokalisering
- werkgelegenheid exporteren
- een vakbond
- strategisch denken
- een lagelonenland
- een decennium
- receptieve taalvaardigheid
- tolk spelen

### 3. Maak een zin met de opgegeven woorden / collocaties:

- van plan zijn
- concurrentie aandoen
- verzinnen
- ontkennen
- erin slagen
- wijzen op
- terecht kunnen
- op de hoogte zijn van
- de doorslag geven
- nuttig zijn
- oplossen
- aflossen
- erop vooruitgaan
- alluderen op
- zich (n)iets aantrekken van
- zich afvragen
- afgestudeerd zijn
- meertalig

**4. Schrijf bij ieder land van de Europese Unie z'n hoofdstad:**

Helsinki - Athene - Sofia - Tallin - Wenen - Boekarest - Riga - Warschau
Madrid - Amsterdam - Luxemburg - Rome - Lissabon - Parijs
Boedapest - Praag - Valetta - Ljubljana - Londen - Brussel - Vilnius
Dublin - Berlijn - Kopenhagen - Stockholm - Bratislava - Nicosia

| | |
|---|---|
| ▪ België | |
| ▪ Bulgarije | |
| ▪ Cyprus | |
| ▪ Denemarken | |
| ▪ Duitsland | |
| ▪ Estland | |
| ▪ Finland | |
| ▪ Frankrjk | |
| ▪ Griekenland | |
| ▪ Hongarije | |
| ▪ Ierland | |
| ▪ Italië | |
| ▪ Letland | |
| ▪ Litouwen | |
| ▪ Luxemburg | |
| ▪ Malta | |
| ▪ Nederland | |
| ▪ Oostenrijk | |
| ▪ Polen | |
| ▪ Portugal | |
| ▪ Roemenië | |
| ▪ Slovakije | |
| ▪ Slovenië | |
| ▪ Spanje | |
| ▪ Tsjechië | |
| ▪ Verenigd Koninkrijk | |
| ▪ Zweden | |

# Modul 3 - Übersetzerische Kompetenz

VOOR-REDEN.

De tijdelijcke haef leert Crates den Thebaen
Om vord'ren inde Deughd' ons al geheel ontſlaen.
En Solon dadelijck vermaent ons zonderlingen
Met ſtille zedigheyd ons loſſe tongh te dvvingen. &c.
Maer den verdurven Menſche en vvaſt noch niet genoegh,
Oft zijn gemoed al ſchoon met der VVijſ-gieren Ploegh
Dus omgeſpittet vvas: dies veel Poëten abel
Om leeren met genucht verzierden meen'ge Fabel,
Die onder hunne ſchorſ gemeen'lijck hielden in
Een ſchoon geheymeniſſe oft leerelijcken zin,
Daer mede t' vvoeſte volck al bourdigh en met jocken,
Als met een lockende aes, goedvvilligh vvert getrocken
In s'VVijſheyds heyligh net, den Goddelijcken ſtrick
Die ons geluckigh maeckt op eenen oogenblick.
D'Hiſtori-ſchrijvers die benevens hun voorts brachten
Al d'ou geſchichten op den Altar der gedachten,
Betoonden yeder een met menigh voorbeeld ſchoon
Hoet quaed zijn ſtraffe vind en t'goede zijnen loon,
Hoe d'eene om leege valt, en d'ander is geklommen,
VVanneer, vvaerom, vvaer door, dit al is by gekommen. &c.
Maer als ick nu te gaer het onderſcheyden vverck
Van alle ſchrijvers raep, zoo is hun oogen-merck
En doel-vvit algemeen gevveeſt het ſchoon bekranſte
Beeld van d'oprechte Deughd, de Bruyt daer't al om danſte:
Jck volgende als op't ſpoor (hoo qualijck het my veughd)
Hier eenen Winckel heb geopent, daer de Ieughd

Een

# Blok 1 - Schwerpunkt Sprache

Tekst 1

## Taal als deel van de natuur

Dat taal een product van de evolutie is, weet men al lang. Zowat 100.000 jaar geleden heeft de mens een eerste vorm van taal ontwikkeld die het produceren van geluiden overstijgt. Complexere vormen van taal, met een uitgebouwde grammatica, ontstonden zowat 40.000 jaar geleden. Taal is meer dan communicatie: als olifanten infrasone geluiden als tekens gebruiken en dolfijnen ultrasoon contact houden, betekent zulks nog niet dat ze een taal hebben.

### Voorwaarden

De evolutie heeft de mens van een veel verfijnder strottehoofd voorzien dan de andere primaten, van een anders gebouwde keelholte ook, en van een veel beweeglijker tong. Alleen op die manier zijn kreet en schreeuw *woorden* kunnen worden: pas zijn complexer gebouwd stemorgaan maakte het de mens mogelijk klanken te differentiëren, zoals dat in het Nederlands b.v. nog altijd kan binnen reeksen die naar betekenis niet noodzakelijk met elkaar te maken hoeven te hebben: *dik / dek / dak / dok / doek / deuk / duik / dijk* of een groep vormen rond één begrip: *breek / brak / braken / gebroken / brok / breuk.*

Niet voor niets hebben enkele talen voor *taal* en *tong* hetzelfde woord: *lingua* in het Latijn, *langue* in het Frans; het Engels kent bovendien het begrip *mother-tongue.* In het Nederlands kan een kwaadspreker een *vuile tong* heten. Karl May liet Winnetou vaststellen dat sommige blanken een *gespleten tong* hadden omdat ze hem belogen. Een verder aspect in de fysische productie van spraak heeft van doen met de omzetting van de luchtstroom uit de longen in geluid. Wie een strottehoofdoperatie ondergaan heeft, kan – als zijn stembanden weg zijn – alleen nog fluisteren, want hij heeft geen trillingsapparaat meer voor die luchtstroom. Zonder die luchtstroom zelf gaat ook niet zoveel: terwijl de winnaar van een wielerkoers nog nahijgt van de sprint, heeft hij het moeilijk om de reporter te woord te staan; en het echte stotteren kan een rechtstreeks gevolg zijn van een onregelmatige, onbeheerste luchtstroom uit de longen.

En dan is er nog een ingewikkeld domein: de fysiologie van de spraak, de wetenschap van de hersenen met de daarvan in chemische en elektrische processen uitgaande commando's naar zenuwen en spieren.

Hoe leert een kind een taal? In ieder geval van iemand anders. In de jaren zestig en zeventig van de twintigste eeuw zijn daarover stellingen geformuleerd door taalgeleerden als Noam Chomsky en Leon Jakobovits. Zij hadden het over een natuurlijk, aangeboren vermogen van de mens om taal te leren. Maar er moet iets als een *bevruchting* plaatsvinden; taal wordt in het nageslacht *voortgeplant.*

**Gedrag en verbreiding, bloei en verval**

Toen de mens intelligenter werd dan de andere levende wezens in de natuur, ging hij hen overheersen. Hij begon steeds meer en verfijnder werktuigen en gebruiksvoorwerpen te maken, en dankzij een complexer communicatiemedium, *de taal,* kon hij zich beter in groep organiseren. Daardoor nam hij ook sterk in aantal toe en verspreidde hij zich over de hele wereld. Mensen zijn er op onze aardbol overal waar die nog net bewoonbaar is; gorilla's, chimpansees en orang-oetans niet. Hun natuurlijke levensruimte wordt almaar kleiner doordat de Afrikaanse mens steeds verder oprukt in het oerwoud.

Naarmate zich binnen de mensheid groepen afsplitsten, ontstonden er verschillende talen, het isolement in een eigen biotoop als factor van differentiatie. Ook voor flora en fauna geldt dat: het Oost-Siberische Baikalmeer en het Oost-Afrikaanse Tanganjikameer beherbergen soorten vissen die nergens anders voorkomen. Schattingen over het aantal talen op de wereld variëren van vier- tot zesduizend. Maar sinds het isolement door allerlei factoren is doorbroken, verdwijnen er steeds meer talen. Sommige geleerden voorspellen dat er van de nu nog bestaande talen over honderd jaar nog maar de helft over zal zijn, anderen stellen zelfs dat dan het aantal tot één tiende zal zijn gereduceerd. In dat laatste geval zouden er omstreeks 2100 nog maar zowat vijfhonderd talen overblijven. Of zal het Engels, dat nu overal ingang vindt, over honderd of meer jaren opnieuw uiteenvallen door een zich herhalend *Babel*effect?

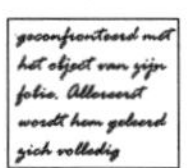

## Woordvelden

❖ ***taal***

spraak / grammatica, zin, woord / verhaal / mythe / sage / communicatie, medium

❖ ***geluid***

klank, klinken, klinker, medeklinker / luchtstroom, trilling, trillen / stem / schreeuw, kreet

❖ ***spreken***

kwaadspreken, vuile tong / liegen, beliegen / gespleten tong / beklemtonen / stellen, een stelling formuleren / een discussie aangaan / iemand te woord staan / geen woord kunnen uitbrengen / fluisteren / zwijgen / stotteren / hijgen

keel, keelholte, strot(tehoofd) stembanden / longen, mond, tong, hersenen / zenuwen / spieren

❖ ***ontstaan***

schepping / evolutie / levend wezen / gewas / levensruimte / vrucht, vruchtbaar, bevruchting / voortplanting, zaad, ei(cel), geboorte

❖ ***dier***

zoogdier, olifant, dolfijn / vis / vogel

❖ ***werktuigen / gebruiksvoorwerpen***

hamer, tang, zaag, vijl, schroevendraaier, schaar / verfkwast potten en pannen, bestek, emmer en dweil

❖ ***aantal***

talrijk, toenemen, reeks / verbreiden / zich verspreiden / overheersen, heersen over / oprukken / bloei

reduceren, verval / onderwerpen

❖ ***verschil***

verschillend / differentiatie, differentiëren / variatie, variëren / uiteenvallen / afsplitsen, isolement, endemisch

**1. Wat zijn de Duitse equivalenten van de reeksen?**

- *dik / dek / dak / dok / doek / deuk / duik / dijk*
- *breek / brak / brok / breuk*

**2. Vul in:**

- Wat is het __________ tussen een mens en een aap?
- Heeft de mens grotere __________ in zijn schedel?
- Waarschijnlijk wel, maar de aap heeft sterkere __________ in zijn armen en benen.
- Wanneer heeft het mensenras zich van de primaten __________ (gedifferentieerd)?
- Een __________ wordt ook wel eens "een vuile tong" genoemd.
- Wie heeft dat __________ verteld?
- Dat hij loog, kon je merken: hij begon te __________.
- Ik was zo verbaasd dat ik geen __________ kon __________.
- Heeft er nog een ander dier dan de __________ een slurf?
- Ken je de __________ van Pythagoras?
- In het weekend is er altijd weer een lange __________ auto-ongevallen.

We zochten:

*olifant / stelling / verschil / spieren / stotteren / reeks / verhaal*
*hersenen / woord ... uitbrengen / afgesplitst / kwaadspreker*

Tekst 2

**Loopt een kind een taalachterstand op wanneer het tweetalig opgroeit?**

Kan het geen kwaad voor de ontwikkeling van een driejarig meisje als haar moeder altijd Nederlands met haar spreekt en haar vader Engels? Nee, luidt het antwoord. Voor zover bekend heeft een twee- of zelfs meertalige opvoeding geen enkele nadelige invloed.

Kinderen die een meertalige opvoeding krijgen, verwerken in hun eerste zinnetjes zowel woordjes uit de ene taal als woordjes uit de andere taal. Ze maken zinnen noch conform de woordvolgorderegels ( = syntaxis) van de ene taal noch conform de syntaxis van de andere taal, gooien de woordvormingsregels van de verschillende talen door elkaar (bijvoorbeeld *little hond* in plaats van *hondje*), of passen de uitspraakregels van de ene taal toe op woordjes en zinnen uit de andere taal. De gedachte dat het kind nooit in staat zal zijn keurige uitingen te formuleren in één, beide of meer talen, maakt de opvoeders blijkbaar ongerust.

Maar alles komt goed. Kinderen die in hun jeugd een meertalige opvoeding krijgen, zullen uiteindelijk prima in staat blijken de verschillende taalsystemen van elkaar te scheiden. De Franstalige taalkundige Jules Ronjat, getrouwd met een Duitstalige vrouw, worstelde met een soortgelijk probleem. Hij kreeg van collega-taalkundige Maurice Grammont in 1908 het volgende advies:

‘Het kind hoeft helemaal niets onderwezen te worden. Het is eenvoudig voldoende om hem steeds toe te spreken in de talen die je hem wilt leren. Maar van groot belang is het volgende: elke te leren taal moet consequent door één spreker uit de omgeving van het kind gebruikt worden. Jij bijvoorbeeld moet altijd Frans tegen hem spreken en je vrouw steeds Duits. Verwissel dat nooit. Op deze manier leert hij tegelijkertijd twee talen beheersen, zonder dat hij daarvoor speciale inspanningen hoeft te verrichten.’ Dit principe, *une personne, une langue,* bleek (en blijkt) uitstekend te werken, maar is waarschijnlijk geen wet van Meden en Perzen. Zelfs als ouders het niet altijd consequent doen, ontpopt het kind zich als een flexibel meertalig individu. Wel bestaat altijd de kans dat het kind meer aan de ene taal wordt blootgesteld dan aan de andere, en dat dus één bepaalde taal dominant wordt.

Goed beschreven levenslopen van kinderen die opgroeien onder meertalige condities melden dat het kind *soms* achter is met de taalontwikkeling, wanneer deze vergeleken wordt met de taalontwikkeling van even oude kinderen die in een eentalige omgeving opgroeien. Maar het gebeurt ook dat er geen enkel verschil valt waar te nemen. Op latere leeftijd hoeft het kind in elk geval - mits niet een van de talen om wat voor redenen dan ook is gaan domineren - in geen van de verworven talen een achterstand te hebben. Vergelijk dit met leren lopen: sommige kinderen laten erg lang op hun eerste stapjes wachten, andere zijn binnen een jaar al niet meer te houden. Maar na verloop van tijd dribbelen alle kinderen er lustig op los, en is niet te achterhalen welk kind aanvankelijk ‘problemen’ met lopen had. En mocht uw tweetalig opgevoed kind zich ten slotte in geen van de beide talen die hij beheerst ontpoppen als een begenadigd redenaar, maar als iemand die in elke bijzin die hij inslaat hopeloos verdwaalt, troost u dan met de gedachte dat het niet onwaarschijnlijk is dat hij zich in een eentalige situatie waarschijnlijk ook zo ontwikkeld zou hebben. Tenslotte wordt ook niet iedereen die heeft leren lopen een topatleet!

Samengevat: kinderen leren de taal of de talen van hun omgeving moeiteloos, in een verrassend korte tijd, zonder expliciet in die taal of talen onderricht te worden. Het aangeboren taalvermogen, zo kenmerkend voor de menselijke soort, stelt de mens blijkbaar in staat om de wet- en regelmatigheden van elke taal te achterhalen en toe te passen. Een taal meer of minder in zijn prille ontwikkeling lijkt geen probleem. Voordelen biedt een tweetalige opvoeding zeker. Zo heeft iedereen perfecte intuïties over wat wel en niet kan in zijn moedertaal, meestal zonder dat hij zich bewust is van die kennis. Zo weet iedereen die het Nederlands als moedertaal heeft, dat de volgende zin ongrammaticaal is: *Ik wil morgen nog wel twee van.* Ons merkwaardige woordje *er* ontbreekt in die zin. Bovendien is het voor sprekers van het Nederlands direct duidelijk waar dat woordje in de gegeven zin hoort te staan: tussen *wil* en *morgen.* Zo heeft elke taal zijn eigen subtiliteiten, die voor mensen die op latere leeftijd met de taal geconfronteerd worden, uit kunnen groeien tot schier ondoordringbare geheimen. Iemand die dus meer moedertalen heeft, heeft wat grammaticale intuïties betreft een prettige voorsprong.

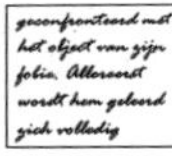

## Woordvelden

❖ ***taal***

spreker: taalvermogen, moedertaal, taaluiting, taalkundige / meertalig: Nederlandstalig, Franstalig, Duitstalig ... / syntaxis, woordvolgorde, zin, bijzin / regels, wetmatigheden

❖ ***opvoeding***

kind, meisje, jongen, vader, moeder, ouders, getrouwd / opvoeder, opvoeding, onderrichten / ontwikkeling, opgroeien, leren, zich ontpoppen / jeugd, leeftijd, levensloop / achterstand, voorsprong / stap, dribbelen / blootstellen aan, confronteren / kwaad kunnen, goed komen / met een probleem worstelen, advies geven, - krijgen / verwisselen, door elkaar gooien, uit elkaar houden, verdwalen, van elkaar scheiden

❖ ***hoedanigheid***

pril, keurig, voldoende / nadelig, ongerust

❖ ***omstandigheid***

soms, tegelijkertijd, uiteindelijk, ten slotte /blijkbaar, waarschijnlijk, tenslotte

**1. Welke typisch Nederlandse woorden geven weer wat het Duits uitdrukt met:**

| | | | |
|---|---|---|---|
| Eltern | | Wortfolge | |
| Alter | | Nebensatz | |
| ausreichend | | unruhig | |
| aufwachsen | | beunruhigt | |
| Rückstand | | in Ordnung gehen | |
| Schritt | | durcheinanderwerfen | |

**2. Zoek in de tekst de zinnen waaruit blijkt dat het Nederlandse werkwoord "leren" zowel "lernen" als "lehren" betekent.**

**3. Beantwoord de volgende vragen. Gebruik daarvoor onder meer het (de) als tip opgegeven woord(en):**

- Mogen vader en moeder elk hun eigen taal tegen hun kind spreken? (...kwaad...)
- Moeten ze dan wel consequent die taal (en niet die van hun partner) tegen het kind spreken? (...belang...)
- Zo'n jong kind kan dus twee taalsystemen uit elkaar houden? (...van elkaar...)
- Wat doet een anderstalige die zegt "* Ik morgen kom"? (... door elkaar...)

**4. Vul in:**

- met een probleem kun je ___________
- in een bos kun je ___________
- aan gevaar moet men zich niet ___________

**5. Wat is het verschil tussen "ten slotte" en "tenslotte"? Zoek de desbetreffende zinnen in de tekst en geef de Duitse equivalenten.**

# Blok 2 - Schwerpunkt Psychologie und Lebensart

Tekst 1

## Wat zijn fobieën, hoe ontstaan ze en wat valt ertegen te doen?

Opvallend veel mensen blijken bang te zijn voor relatief onschuldige beestjes als spinnen of muizen. Als dergelijke angsten een ziekelijke vorm aannemen, spreekt men van een fobie.

Het begrip is afkomstig van het Griekse woord *phobos* (vrees, schrik) en duidt op een ziekelijke mate van angst waarvoor geen reële basis is. Met andere woorden: de fobiepatiënt is bang voor iets waarvoor hij helemaal niet bang hoeft te zijn. Bovendien zijn fobische angsten vaak dermate groot dat ze verlammend kunnen werken op iemands leven. Zo kan een persoon die lijdt aan agorafobie (pleinvrees, angst voor open ruimten) besluiten om maar helemaal niet meer naar buiten te gaan. Smetvrees (een overdreven preoccupatie met hygiëne en schoonmaken) ontwricht vaak niet alleen het huiselijk leven, maar kan mensen ertoe brengen zo vaak schoon te maken dat zij daardoor lichamelijk letsel oplopen, zoals open wonden aan de handen.

Gelukkig ontwikkelt niet iedereen dergelijke verlammende angsten. Waarom de één wel en de ander niet? Een sluitende verklaring is nog niet voorhanden, maar wel is men zo langzamerhand een aantal factoren op het spoor die van invloed kunnen zijn.

Conditionering speelt bijvoorbeeld een grote rol. Hiermee bedoelt men een zodanige gewenning aan bepaalde prikkels, dat daarop automatisch (geconditioneerd, dat wil zeggen: altijd volgens eenzelfde stramien) gereageerd wordt. In het geval van fobieën worden meestal twee gebeurtenissen of objecten met elkaar in verband gebracht die in feite niets met elkaar te maken hebben. Een simpel voorbeeld: een klein kind steekt per ongeluk zijn vinger in het stopcontact, krijgt een schok, en ontwikkelt op latere leeftijd een fobie voor stopcontacten. In plaats van een verband te leggen tussen de handeling en het vervelende gevolg daarvan, worden in dat geval object (stopcontact) en gevolg (de elektrische schok) met elkaar geassocieerd. Hoe onbekender of griezeliger het voorwerp, des te meer leent het zich als object voor een fobie (er bestaan meer spinfobieën dan fietsfobieën).

Fobieën kunnen dus te maken hebben met conditionering, maar dit verklaart nog niet alles. Sommige geleerden gaan ervan uit dat fobieën verband houden met de evolutionaire ontwikkeling van de mens. De angst van de prehistorische holenmens voor - laten we zeggen - slangen, zou daarbij als het ware in ons erfelijk materiaal zijn opgeslagen, en zo van generatie op generatie worden doorgegeven. Tegenwoordig zoekt men de oorzaken echter steeds meer in het fysiologische vlak. Onderzoekingen hebben namelijk aangetoond dat bepaalde stoffen in het menselijk lichaam (de zogenaamde neurohormonen) van invloed zijn op het ontstaan van angst. Niet alleen produceert ons lichaam grotere hoeveelheden van deze stoffen als wij ons in vreeswekkende situaties bevinden, maar omgekeerd kan ook angst kunstmatig worden opgewekt of verhoogd door de toediening ervan. Wellicht worden sommige fobieën veroorzaakt door hormonale afwijkingen.

Bij de behandeling van fobische angsten wordt vooral gebruik gemaakt van gedragstherapie: de patiënt wordt, al dan niet in combinatie met medicijnen, geleidelijk aan geconfronteerd met het object van zijn fobie. Allereerst wordt hem geleerd zich volledig te ontspannen. Als dat lukt, krijgt hij vervolgens in de veilige en ontspannen sfeer van de behandelkamer opdracht om aan iets te denken dat hem normaal gesproken lichte angst inboezemt. Stap voor stap wordt de intensiteit van deze angstaanjagende fantasieën opgevoerd, nog steeds in combinatie met ontspanningsoefeningen. Vaak neemt de angst dan langzaam maar zeker af.

Als door nader onderzoek meer bekend wordt over mogelijke verbanden tussen lichamelijke condities (zoals de invloed van hormonen) en angst, dan zal de therapie hieraan ongetwijfeld worden aangepast.

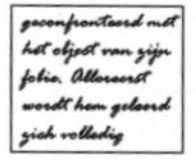

## Woordvelden

❖ ***angst***

duizend angsten uitstaan, iemand angst inboezemen, angstaanjagend / vrees, vreeswekkend, pleinvrees, engtevrees (claustrofobie), smetvrees / schrik, schrikwekkend / bang zijn

❖ ***hygiëne en gezondheid***

schoonmaken / smet, besmetten, besmetting / besmettelijk / letsel, wonde, medicijn / geneeskunde, ziekelijk, lichamelijk

❖ ***gedrag***

gedragstherapie, prikkel, schok

1. **Wat zijn de Duitse equivalenten van:**

   - bedoelen / bepalen / aantonen
   - verklaren / verlammen / ontwrichten / verhogen / (de intensiteit) opvoeren
   - afkomstig / griezelig / geleidelijk / vervolgens / in feite

2. **Welke (typisch) Nederlandse woorden / adverbiale uitdrukkingen staan in de tekst voor:**

   - Reiz / Muster / Steckdose
   - künstlich / unangenehm / zweifellos
   - allmählich / gleichsam

Tekst 2

## Het einde van de workaholic

De workaholic sleept zijn uitgeputte lichaam liever voort tot het vanzelf neervalt. Dat levert hem doorgaans geen heel leuk leven op, maar wel veel applaus van de omgeving. Althans, zo was het. Maar zo is het niet meer. De enkele jaren geleden onder gewone werknemers ingezette cultuuromslag, die de diepere zin van al te veel werk in twijfel trok, lijkt nu ook het laatste bastion omver te werpen: de workaholic. Het gedreven type - nooit tijd voor een wandeling in het bos of een weekendje weg, hoe vaak zijn vrouw of vriendin ook klagen, hoe zielig de kinderen ook smeken - kan niet meer automatisch rekenen op bewonderende blikken van de buitenwereld en dus ook niet op het aanzien, de macht en de status die de legitimatie vormden van al zijn gezwoeg. Het maatschappelijk respect voor de workaholic taant.

De nieuwe trend geeft aan dat mensen in toenemende mate verlangen naar de geborgenheid van de huiselijke omgeving, een 'haven in een onrustige wereld'. Deze trend houdt verband met het zoeken naar balans tussen werk en privé en de behoefte zich terug te kunnen trekken in een complexe samenleving. Voorts is er het gevoel dat men keuzen moet maken ten aanzien van zijn eigen tijdsbesteding. Die trend hangt samen met het afnemende streven om maatschappelijk hogerop te komen en het afnemend belang van materieel prestige. Consumptie en materiële status worden van minder belang gevonden voor de persoonlijke identiteitsvorming, net als werk: de stelling 'mijn werk is mijn leven' wordt steeds minder vaak onderschreven.

Dat is nu precies wat de workaholic wel doet. Klassieke workaholics geven hun privé-leven geen hoge prioriteit. Als een oud of ziek wordend lijf hen uiteindelijk toch tot rust dwingt, kost ze dat de grootste moeite. Sommigen schaffen zich weliswaar een luie stoel aan, maar nemen er vrijwel nooit plaats in. Ze voelen zich schuldig alsof ze zitten te spijbelen.

Workaholics zijn in de regel echte perfectionisten. Ze hebben een sterke behoefte controle te houden over allerlei zaken: ze kunnen moeilijk delegeren. Als je zoekt naar een oorzaak en teruggaat in hun ontwikkeling, blijkt meestal dat het mensen zijn bij wie perfectionisme niet alleen onderdeel vormt van het karakter, maar die ook nog eens tamelijk 'strict' zijn opgevoed, vaak ook wat voorwaardelijk: je bent pas goed als je heel erg je best doet. Ouders waren conditioneel in hun waardering. Je kunt niet stellen dat die kinderen geen liefde kregen, maar wel dat ze die liefde in veel gevallen moesten verdienen; zo werd het in elk geval ervaren.

Workaholics zijn niet per definitie ongelukkig. Heel veel workaholics beleven gewoon veel plezier aan hun werk. Al zijn er ook voor wie het werk een vlucht is, die er stiekem niet aan moeten denken vaker thuis te zijn.

In 1992 presenteerde de Amerikaanse Harvard-econome Juliet Schor haar boek *The overworked American,* waarin ze betoogde dat de Amerikaanse werkweek sinds de jaren zeventig steeds langer was geworden, met als belangrijkste oorzaak dat Amerikanen liever geld hebben dan vrije tijd. Twee jaar later reageerde de Britse econoom Chris Gratton met de Europese cijfers: aan de verkorting van de werkweek tussen 1945 en 1980 was sinds 1980 ook hier een eind gekomen, en zelfs begon die werkweek in een aantal bedrijfstakken - met dank aan de yuppies - weer stiekem te groeien.

Op dit moment blijkt het merendeel van de managers ontevreden over de manier waarop ze hun tijd indelen. Te veel uren gaan verloren aan zinloze vergaderingen, zo luidde een veel geuite klacht. De meeste topmensen willen minder tijd besteden aan het werk en meer aan kinderen, sport en sociale contacten. Het wordt daarom steeds moeilijker mensen te vinden die bereid zijn heel veel uren in een veeleisende baan te stoppen. Bij jongeren is de trend het duidelijkst: de groep dertigers en veertigers maakt totaal andere afwegingen tussen werk, privé en geld dan ouderen.

Voor de echte topfuncties zijn workaholics nog steeds het meest geschikt. Die hele drukke banen vragen nu eenmaal ontzettend veel uren, daar ben je gewoon nooit klaar. Mensen met kleine kinderen doen dat niet meer. Dat argument van gezin, tijd en afspraken thuis hoorde je tien, twintig jaar geleden nauwelijks.

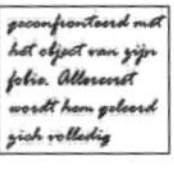

## Woordvelden

❖ ***vermoeidheid***

uitgeput, uitputten(d), uitputting / gezwoeg, zwoegen / neervallen / tanen / een luie stoel

❖ ***omgeving***

buitenwereld / samenleving, maatschappij, maatschappelijk / gezin / baan / vergadering / veeleisend, heel erg je best doen / keuze, afweging

**1. Wat betekenen de 'valse vrienden' *zielig* en *geschikt* in werkelijkheid?**

**2. Welke Nederlandse woorden staan er in de tekst voor:**

Wahl / Spaß / Bedürfnis / verwenden
aufwenden / schwänzen / argumentieren / darlegen

**3. Formuleer een antwoord op volgende vragen:**

- Wanneer is de zogenaamde cultuuromslag ingezet?
- Waarin bestaat die verandering?
- Welk verlangen geeft de nieuwe trend aan?
- Waarmee houdt die trend verband?
- Zijn consumptie en materiële status niet meer zo belangrijk?
- Waarom gaan sommige gepensioneerden met tegenzin in een luie stoel zitten?
- Is perfectionisme meestal een onderdeel van het karakter?
- Doen workaholics hun werk in het algemeen met tegenzin?
- Waarom zijn zoveel managers tegenwoordig ontevreden met hun tijdsindeling?
- Waaraan willen veel topmensen van de nieuwe generatie meer tijd besteden?

Tekst 3

## De leider in jezelf

*Vele managers prediken de verandering, maar blijken zelf te vastgeroest en te overtuigd van hun eigen gelijk om deze verandering een kans op slagen te geven. De sterkste leiders zijn daarentegen niet te beroerd om hun onzekerheden te tonen.*

Er moet een onderscheid gemaakt worden tussen managers en echte leiders. Leiders zijn moedige personen die in onzekere tijden opstaan en een visie verkondigen. Met hun moedig gedrag zetten ze anderen aan tot veranderen. We hebben genoeg managers, maar er is meer en meer behoefte aan leiderschap omdat alles sneller gaat.

**Echte leiders veranderen mee.** De meeste managers zien waar hun medewerkers fout lopen, maar ze zijn blind voor de eigen starheid. Vaak verwacht de directie dat ieder zich aanpast, maar zijzelf blijven rustig op hun stoel. Dat is hypocriet.

**Echte leiders durven de eigen zwakheid tonen.** Elke topmanager staat (of zit) eenzaam aan de top. Hij kan bij niemand meer terecht en wil onkwetsbaar lijken. Toch hebben ze allen hun sterke en zwakke kanten. Sommigen zijn echte financiële genieën met een menselijk aanvoelen van niks. Anderen kunnen hun medewerkers begeesteren maar zijn technisch zwak. Ze trachten hun zwakten te compenseren, maar trekken dan 'klonen' aan. Een echte leider durft moeilijke situaties aan: hij heeft de moed af en toe zijn eigen zwakheid te tonen. Wie de integriteit bezit af en toe de eigen tekorten te tonen, blijft geloofwaardig. Enkel wie durft buiten de eigen comfortzone te stappen, verandert echt. Dat betekent: constant balanceren op de rand van de chaos. Echte leiders opereren buiten de regels.

**Echte leiders durven de controle opgeven.** Mensen veranderen niet omdat je hen vertelt hoe belangrijk dat is of omdat je dreigt. Onder een dreigement doen velen alsof ze meewillen. Maar een manager die echt iets wil zien veranderen, moet de controle opgeven. Dan weten de medewerkers zich betrokken, ze kunnen en durven iets te zeggen omdat ze de richting kennen.

**Echte leiders reageren niet op het minste signaal.** Veel managers zijn hyperactief. Hun antennes zijn te gevoelig. Meestal overreageren ze op elk signaal uit de markt. Vooral in een moeilijke periode komt hun echte visie naar boven. Bijvoorbeeld, een manager die enkel milieuvriendelijk is als zijn resultaten positief zijn, kan dit niet als een waarde vooropzetten.

**Echte leiders zijn een tweede maal geboren.** Je maakt pas carrière als je de leider in jezelf hebt ontdekt door anders te worden.

*Test uzelf en ontdek meteen uw leiderskwaliteiten!*

**Bent u een goede leider?**

*Om een team te leiden is het belangrijk dat u mensen weet te motiveren.*

*Bent u iemand die zijn of haar medewerkers iedere dag weer bruisend van energie aan de slag krijgt? Of twijfelt u aan uw capaciteiten als people manager?*

Geef uw mening op de uitspraken hieronder en test uw motiverende capaciteiten. Wees zo eerlijk mogelijk. Als u absoluut niet akkoord gaat met de uitspraak, omcirkelt u '1'. Bent u het volledig eens, dan omcirkelt u '4'.

nooit = 1 soms = 2 vaak = 3 altijd = 4

| | | | | | |
|---|---|---|---|---|---|
| 1. | *Ik overtuig mijn medewerkers liever dan dat ik ze dwing te doen wat ik zeg.* | 1 | 2 | 3 | 4 |
| 2. | *Medewerkers die ontslag nemen, vraag ik naar de reden waarom.* | 1 | 2 | 3 | 4 |
| 3. | *Ik geef mijn medewerkers zo volledig en zo eerlijk mogelijke informatie.* | 1 | 2 | 3 | 4 |
| 4. | *Ik tracht het werk zo aangenaam mogelijk te maken voor mijn medewerkers.* | 1 | 2 | 3 | 4 |
| 5. | *Ik gebruik mijn kennis van niet-verbale communicatie om discussies te beïnvloeden.* | 1 | 2 | 3 | 4 |
| 6. | *Als ik navraag doe over de gewoontes van mijn personeel, dan tracht ik daar ook rekening mee te houden.* | 1 | 2 | 3 | 4 |
| 7. | *Ik tracht vriendjespolitiek te vermijden en moedig anderen aan om dat ook te doen.* | 1 | 2 | 3 | 4 |
| 8. | *Ik tracht mijn medewerkers al in het vroegste stadium overal bij te betrekken.* | 1 | 2 | 3 | 4 |
| 9. | *Ik geef argumenten voor mijn beslissingen en tracht ook redenen te geven als ik het met iemand oneens ben.* | 1 | 2 | 3 | 4 |
| 10. | *Ik streef naar een consensus en moedig anderen aan om dat ook te doen.* | 1 | 2 | 3 | 4 |
| 11. | *Bij fouten van anderen tracht ik niemand met de vinger te wijzen. Liever analyseer ik het probleem en zoek ik naar een oplossing.* | 1 | 2 | 3 | 4 |

12. *Ik streef naar een mooi evenwicht tussen controle over en het geven van onafhankelijkheid aan mijn medewerkers.* 1 2 3 4
13. *Ik tracht voortdurend mijn capaciteiten om te motiveren bij te schaven.* 1 2 3 4
14. *Ik verander mijn standaarden vaak zodat de doelstellingen op een stimulerende hoogte blijven.* 1 2 3 4
15. *Ik herzie regelmatig mijn werkwijze om de performantie op te drijven.* 1 2 3 4
16. *Ik bekijk meer dan alleen maar de financiële resultaten als ik mijn personeel beoordeel.* 1 2 3 4
17. *Ik moedig mijn medewerkers aan om open te zijn over wat zij en anderen verdienen.* 1 2 3 4
18. *Tijdens evaluatiegesprekken vraag en krijg ik zelf ook een evaluatie.* 1 2 3 4
19. *Ik krijg volledige en klare feedback van de mensen die ik zelf heb moeten beoordelen.* 1 2 3 4
20. *Ik organiseer het werk zodanig dat iedereen zijn eigen taken kan aanvangen en afronden, zonder de hulp van anderen.* 1 2 3 4
21. *Ik vind dat mijn personeel zich het best kan ontwikkelen aan de hand van taken, opdrachten en projecten.* 1 2 3 4
22. *Ik moedig mijn medewerkers aan om zelf initiatief te nemen.* 1 2 3 4
23. *Werk dat ik zelf niet moet doen, delegeer ik.* 1 2 3 4
24. *Als er moeilijke beslissingen genomen moeten worden over het personeel, dan doe ik dat zonder aarzelen.* 1 2 3 4
25. *Ik tracht altijd disputen en meningsverschillen te voorkomen of te regelen.* 1 2 3 4
26. *Ik voer enkel veranderingen door na een diepgaand gesprek met diegenen die ermee te maken hebben.* 1 2 3 4
27. *Ik dank mijn medewerkers persoonlijk of schriftelijk voor het goede werk dat ze gedaan hebben.* 1 2 3 4
28. *Ik werk niet volgens de regels van het boekje.* 1 2 3 4

29. *Mensen die niet volgens hun volle potentieel werken, tracht ik andere opdrachten te geven.* 1 2 3 4

30. *Ik beloon en promoveer enkel op grond van verdiensten.* 1 2 3 4

Om uw resultaat te berekenen telt u uw score per vraag op:
- u omcirkelde 1: 1 punt
- u omcirkelde 2: 2 punten
- u omcirkelde 3: 3 punten
- u omcirkelde 4: 4 punten

**WIE BENT U?**

**Uw resultaat ligt tussen 0 en 59:**

- U bent waarschijnlijk beter in het demotiveren dan in het motiveren van uw medewerkers. Het moet u toch ook al opgevallen zijn dat bepaalde acties meer succes hebben dan andere. Gebruik die vaker, u zal merken dat het resultaat oplevert.

**Uw resultaat ligt tussen 59 en 89:**

- U kent veel motivatietechnieken en past ze ook toe. U kan echter de gemiste kansen reduceren door u nog meer toe te spitsen op verschillende manieren van motivatie.

**Uw resultaat ligt tussen 89 en 120:**

- Als u eerlijk geweest bent in uw antwoorden, dan bent u een echt motivatie-wonder. Blijf vasthouden aan uw hoge standaarden.

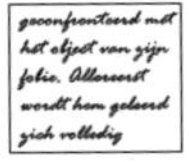

## Woordveld

❖ ***ego en omgeving***

een tekort toegeven, een gebrek bijschaven / iets aandurven / in iets slagen (on)gelijk hebben, krijgen / akkoord gaan / aan de slag gaan / het (on)eens zijn / beslissen / (niet) te beroerd zijn / (on)kwetsbaar, gevoelig / vriendjespolitiek / vastgeroest / iemand bij iets betrekken / de regels van het boekje / aarzelen / fout lopen / taak / rekening houden met / reden / ontslag nemen / bekijken / trachten

**1. Waardoor zijn deze woorden anders dan hun verwante Nederlandse equivalenten?**

| (on)afhankelijk / oplossing / dreigement / gewoonte / verkondigen / geloofwaardig / vroeg / evenwicht / iedereen |
|---|

**2. En wat is het Duitse equivalent van:**

| volledig / doelstelling / vooropzetten / bruisend / enkel / alleen maar / durven |
|---|

# Blok 3 - Schwerpunkt Recht und Wirtschaft

Tekst 1

## De opbouw van de gerechtelijke organisatie

De opbouw van de gerechtelijke organisatie steunt op een aantal principes:

### 1. De eenheid van de rechtspraak

Wanneer de rechtbanken bij het beslechten van juridische conflicten het recht interpreteren en toepassen, is het wenselijk dat hier een zekere coherentie in zit, m.a.w. dat de interpretatie en toepassing van de wetgeving niet al te veel verschilt van rechtbank tot rechtbank.

Om deze coherentie in de rechtspraak te verzekeren is de gerechtelijke organisatie *piramidaal opgebouwd.* De zaken worden aanhangig gemaakt bij de lagere rechtbanken. In hoger beroep kunnen de vonnissen van deze rechtbanken herzien worden door een beperkter aantal hogere rechtbanken en hoven. Ten slotte kunnen de beslissingen van deze rechtsmachten op hun beurt verbroken worden door *één hoogste gerechtshof*: in België het Hof van Cassatie, in Nederland de Hoge Raad. Voor een beperkt aantal gebieden van het recht heeft men daarboven, op Europees vlak, nog een hoger gerechtshof, namelijk het Europees Hof voor de Rechten van de Mens en het Europees Hof van Justitie.

### 2. De dubbele aanleg

Om de partijen in een geschil te beschermen tegen vergissingen of willekeur van één rechter of één rechtbank geldt het principe dat in beginsel *elk geschil in hoger beroep een tweede maal volledig opnieuw behandeld kan worden voor een andere rechtsmacht.* Slechts in een beperkt aantal gevallen, doorgaans bij minder belangrijke geschillen, wordt van deze regel afgeweken.

Wanneer een zaak voor de eerste maal behandeld wordt, spreekt men van *eerste aanleg*; wordt ze behandeld in hoger beroep, dan is dit de *tweede aanleg.* Is een zaak niet vatbaar voor hoger beroep (b.v. geschillen voor de vrederechter (B) / kantonrechter (NL) over een bedrag van minder dan 1.250 Euro, of geschillen voor de rechtbank van koophandel of de rechtbank van eerste aanleg over een bedrag van minder dan 1.800 Euro, met uitsluiting van fiscale geschillen, waar altijd hoger beroep mogelijk is), dan is de eerste aanleg meteen ook de laatste aanleg.

Een derde aanleg is niet mogelijk. Procedures in Cassatie / voor de Hoge Raad of procedures voor het Europees Hof voor de Rechten van de Mens of voor het

Europees Hof van Justitie kunnen niet beschouwd worden als een derde aanleg omdat de geschillen hierbij nooit voor een derde maal volledig opnieuw behandeld worden.

### 3. Specialisatie van de rechtbanken

De omvang van de wetgeving, de ingewikkeldheid van het recht, de behoefte aan eigen procedures voor bepaalde takken van het recht, brengen met zich mee dat er voor een aantal domeinen van het recht eigen rechtbanken bestaan of eigen afdelingen binnen eenzelfde rechtbank. Deze domeinen zijn: het strafrecht, het jeugdrecht, het handelsrecht, het sociaal recht, het burgerlijk recht en het militair (straf)recht. Ook binnen deze domeinen kan men nog een onderverdeling hebben: bijvoorbeeld in het strafrecht is naar gelang van de ernst van het misdrijf de politierechtbank, de correctionele rechtbank, dan wel het assisenhof (in België, want Nederland kent geen juryrechtspraak) bevoegd om in eerste aanleg recht te spreken.

De specialisatie van de rechtbanken maakt het ook mogelijk de samenstelling van de rechtbank aan te passen aan de aard van de geschillen die ze dient te beslechten: één of meer rechters, beroepsrechters, lekenrechters of in België een jury. De rechtbank van koophandel bijvoorbeeld bestaat uit één jurist-beroepsrechter en twee handelaren-lekenrechters. De voorzitter van deze rechtbank kan evenwel ook als alleenzetelend rechter in 'kort geding' dringende en voorlopige maatregelen nemen.

### 4. Territoriale organisatie van de rechtbanken

Elke rechtbank is slechts bevoegd voor geschillen in een bepaald domein van het recht: dit noemt men de *materiële bevoegdheid* van een rechtbank.

Elke rechtbank is tevens slechts bevoegd voor een bepaald grondgebied: dit is de *territoriale bevoegdheid.* De gerechtelijke organisatie is dan ook *territoriaal gestructureerd.*

Op supranationaal niveau zijn er dan nog het Benelux-gerechtshof, het Europees Hof van Justitie en het Europees Hof voor de Rechten van de Mens.

### De Raad van Europa en het Europees Hof voor de Rechten van de Mens

De Raad van Europa is een vrij losse en weinig uitgewerkte verdragsstructuur, waarbij thans 40 Europese landen zijn aangesloten, waaronder ook Turkije en Rusland. De Raad werd opgericht te Londen in 1949. De organisatie heeft voornamelijk als doelstelling enkele gemeenschappelijke waarden in Europa, zoals de bescherming van mensenrechten, de ontwikkeling van een culturele, sociale en wetenschappelijke politiek, via het uitwerken van verdragen, in de hand te werken. Leden wier interne politiek strijdig is met deze waarden (vnl. mensenrechten), kunnen geschorst worden als lid (b.v. Griekenland onder het kolonelsregime, Turkije onder het generaalsregime).

De belangrijkste verwezenlijking van de Raad van Europa is ongetwijfeld het Europees Verdrag voor de rechten van de Mens en de Fundamentele Vrijheden. In dit verdrag, gesloten te Rome in 1950, verbinden de leden van de Raad van Europa zich ertoe in hun wetgeving en politiek beleid een aantal grondrechten te eerbiedigen. Belangrijke grondrechten hierbij zijn: het recht op leven, op persoonlijke vrijheid en veiligheid, het recht op een eerlijk en onpartijdig proces, het recht op eerbied voor het privé-leven, het recht op vrije vereniging, enz.

Dit verdrag voorziet tevens in de oprichting van het belangrijke Europese Hof voor de Rechten van de Mens. Het verdrag regelt ook de structuur en de werking van dit hof.

Het Europees Hof voor de Rechten van de Mens is gevestigd te Straatsburg. Het Hof is bevoegd voor de interpretatie en de toepassing van het Europees Verdrag voor de Rechten van de Mens en de Fundamentele Vrijheden (Rome 1950) en de aanvullende protocollen, gesloten tussen de landen die lid zijn van de Raad van Europa (medio 1999 waren dit alle landen van het Europese continent behalve Wit-Rusland en Klein-Joegoslavië. Zowel de lidstaten als niet-gouvernementele organisaties, particulieren en verenigingen van particulieren kunnen rechtstreeks een zaak aanhangig maken bij het Hof, mits vooraf alle nationale rechtsmiddelen werden uitgeput en mits het verhaal wordt ingesteld binnen de zes maanden na de definitieve uitspraak.

Het Hof telt één rechter per lidstaat en zetelt in comités van drie rechters, kamers van zeven rechters of een grote kamer van zeventien rechters. In de regel wordt een zaak behandeld door een kamer met zeven rechters. Slechts wanneer zich een belangrijk probleem stelt van interpretatie van het E.V.R.M., of wanneer een uitspraak in strijd dreigt te zijn met een eerder arrest van het Hof, kan de zaak worden voorgelegd aan een grote kamer met 17 rechters, door de rechters zelf, of, bij wijze van hoger beroep, door één der partijen, binnen de drie maanden na het arrest van een kamer.

De comités kunnen, doch enkel bij unanimiteit, klaarblijkelijk onontvankelijke vorderingen van particulieren afwijzen. Dit gebeurt wanneer niet voldaan is aan de hoger gestelde voorwaarden, maar ook wanneer de klacht anoniem is of wezenlijk gelijkaardig aan een reeds eerder voor het Hof, of een andere internationale instelling, ingestelde vordering.

Wanneer het Hof de vordering ontvankelijk heeft verklaard, wordt een tegensprekelijk debat georganiseerd, en eventueel een onderzoek ingesteld. In de eerste plaats wordt gestreefd naar een minnelijke regeling tussen de betrokken staat en de eiser(es). Wordt de staat veroordeeld, dan leidt dit in principe tot een (verplichte) wetswijziging binnen de veroordeelde staat, die het interne recht aanpast aan het E.V.R.M. Volstaat dit niet om de gevolgen uit te wissen van de inbreuk op het verdrag waarvoor deze staat wordt veroordeeld, dan kan het Hof aan de benadeelde partij ook nog een billijke schadevergoeding toekennen.

Deze regeling is in voege getreden in november 1998.

## Woordvelden

❖ ***recht***

wet, wetgeving, wetswijziging / de wet toepassen / in voege treden / strafrecht, handelsrecht, jeugdrecht
gerechtshof, (een lagere / hogere) rechtbank, kantongerecht / vredegerecht, dubbele aanleg, hof van beroep, Hoge Raad / Hof van Cassatie
vrederechter, minnelijke regeling / schikking, kort geding /
geschil, vordering, eis, eiser / klacht / misdrijf / schadevergoeding
gedaagde / misdadiger / aangeklaagde / onderzoek
openbaar ministerie / tegensprekelijk debat, vonnis, arrest / een conflict beslechten, een zaak aanhangig maken, een vordering instellen / protocol
(on)ontvankelijk, billijk

❖ ***resultaat***

iets in de hand werken / verwezenlijken, verwezenlijking / eerbiedigen / voldoen aan (een voorwaarde)
benadelen / schadevergoeding

1. **Waardoor verschillen deze woorden van hun Duitse equivalent? Hebben ze eventueel zelfs niet een andere betekenis?**

   onpartijdig / benadelen / billijk / oprichten

2. **Maak met ieder van de volgende bijwoorden (adverbia) en voegwoorden (conjuncties) een zinnetje:**

   doorgaans / naar gelang van / slechts / voornamelijk / mits / klaarblijkelijk

3. **Wat betekent het woord *beurt* in de context van dit stuk? En wat voor uitdrukkingen bestaan er verder met dit woord? Zoek ze op in een woordenboek.**

4. **En weet je zeker wat *gelijkaardig* betekent?**

*En ten slotte*

vnl. = voornamelijk (*vor allem*)

Tekst 2

## Ka(a)s met gaten

*In steeds meer ondernemingen wordt het giraal betalingsverkeer belangrijker dan de kasbetalingen en -ontvangsten. Van de ene kant maakt dat de controle op de geldbewegingen makkelijker; van de andere kant dreigen de geldbewegingen die wel nog via de kas lopen, met minder aandacht te worden gevolgd. En dit maakt het voor creatieve en "slordige" geesten makkelijker om naast het rechte pad te wandelen.*

In iedere onderneming hebben de mensen die met geld mogen omgaan, een sleutel-functie – in het bijzonder zij die de kas bedienen. Het beslissen tot betalen van gelden aan een derde behoort tot de bevoegdheid van iemand met een beherende functie in een onderneming. Het houden van de kas is de taak van iemand met een bewarende functie, en het boeken van alle soorten bewegingen van bank- en kassaldi moet gebeuren door iemand met een registrerende functie.

Het uitvoeren van betalingen en het ontvangen van gelden moet streng worden gereglementeerd. Ziehier enkele "kas"- instructies:

- Een kassier mag nooit geld ontvangen en betalingen verrichten zonder (schriftelijke) opdracht van een bevoegde functionaris.
- Een kassier mag nooit aan zichzelf kwijting verlenen voor zelf ontvangen bedragen.
- Een kassier moet regelmatig zijn kas "opnemen".

Er zijn nog veel meer instructies te bedenken, maar de kern van al die mogelijke regels is: er moet vermeden worden dat gelden ten onrechte niet in de kas terechtkomen of onrechtmatig uit de kas verdwijnen. Voor het girale geldverkeer komen de maatregelen op hetzelfde neer: ze moeten ervoor zorgen dat alle ontvangsten worden geregistreerd, en dat alle uitgaven gerechtvaardigd kunnen worden.

***Een voorbeeld: de N.V. Blut***

De N.V. Blut is een kleine onderneming; ze doet het de laatste jaren behoorlijk goed. Er zijn mooie winsten en de aandeelhouders zijn tevreden. Op zekere dag wordt de boekhouder ziek - hij zal er een maand niet zijn. Hij heeft toegezegd dat hij al zijn achterstand weer zal inhalen bij zijn terugkeer. Maar de bedrijfsleider heeft graag tussentijdse cijfers, en hij laat een extern deskundige een situatie opmaken van de tussentijdse staat van activa en passiva; zelf heeft hij er niet zo veel kaas van gegeten.

Bij het opstellen van die tussentijdse situatie doet de externe deskundige volgende vreemde vaststellingen:

- Om de klantenvorderingen te controleren, had de deskundige bevestigingen van openstaande saldi gevraagd aan de klanten; verscheidene klanten met openstaande facturen beweerden te hebben betaald. Controle wees uit dat de boekhouder een aantal betalingen van bepaalde klanten had aangewend om vorderingen van andere klanten aan te zuiveren. Dat was mogelijk geweest omdat er met cheques wordt gewerkt, en de boekhouder blijkbaar op die manier voor zichzelf een quasi permanent voorschot had geschapen van ongeveer 16 000 Euro.
- Bij de vergelijking tussen de balans van vorig jaar en die van de vorige periode blijkt dat er plotseling een aantal oude leverancierssaldi is verdwenen - voor samen ongeveer 12 500 Euro. Nader onderzoek wees uit dat de boekhouder die naar zichzelf had doorgestort.
- Bij grondige analyse bleek dat er het laatste halfjaar bijzonder veel creditnota's aan klanten werden verstrekt voor relatief kleine bedragen; deze

creditnota's werden door de boekhouder uitgeschreven en aan zichzelf uitbetaald.

- Tijdens de afwezigheid van de boekhouder bleek dat de onkostennota's van een aantal collega's de laatste maanden bijzonder hoog waren geweest. Bij navraag bleek dat zij hier niets van wisten. Verdere analyse bracht aan het licht dat de boekhouder consequent de ingeleverde onkostennota's aanpaste door vóór het bedrag van de duizendtallen een cijfer bij te schrijven. Deze toevoegingen in de tienduizendtallen liet hij ook weer bij zichzelf terechtkomen.
- Een debiteur die tijdens het onderzoek belde met de vraag of hij een bedrag van ongeveer 5 500 Euro terug kon krijgen, dat hij een half jaar daarvoor per ongeluk dubbel had betaald – zoals zijn bedrijfsrevisor hem terecht meldde – moest in eerste instantie worden teleurgesteld, want van die dubbele betaling was er in de boekhouding geen enkel spoor; de boekhouder had deze dubbele betaling immers vlijtig doorgesluisd naar zijn eigen bankrekening.

Behalve het dringend ontslag van genoemde boekhouder, zijn sedert enkele dagen volgende maatregelen van toepassing bij de N.V. Blut:

- Iedere week wordt een lijst getrokken van facturen waarvan de betalingstermijn vervalt.
- Het totale bedrag dat met deze betalingen overeenkomt, wordt in een overzicht opgenomen.
- De lijst en het overzicht worden aan het ondernemingshoofd voorgelegd ter goedkeuring (vergelijking liquiditeitspositie).
- Er wordt een betalingsopdracht klaargemaakt.
- Steekproefsgewijs controleert het ondernemingshoofd of de gebruikte rekeningnummers van de begunstigden overeenkomen met wat op de facturen staat vermeld.
- De betalingsopdracht wordt schriftelijk goedgekeurd door het ondernemingshoofd (Zij / Hij kijkt na of die overeenkomt met het eerder gecontroleerde overzicht van betalingen).
- Op betaalde facturen wordt fysiek duidelijk gemaakt dat ze betaald zijn.
- Periodiek te betalen posten (huur, leasing, ...) worden in overzichten gegoten en ter beschikking gesteld van het ondernemingshoofd, zodat deze makkelijker kan inschatten welke betalingen er te verwachten zijn.
- Klanten mogen niet meer cash betalen, en slechts in uitzonderlijke gevallen met cheques. Als dit toch gebeurt, moeten die via het ondernemingshoofd

passeren; de inning van de cheques kan enkel gebeuren door twee daartoe aangewezen personen, en de bank krijgt de instructie dat er nooit een uitbetaling kan plaatsvinden, dat chequebedragen met andere woorden altijd op een rekening van het bedrijf gestort moeten worden.

- De boeking van de bankuittreksels gebeurt door de nieuwe boekhouder; die mag overigens alleen maar boeken (ook facturen, onkostennota's, creditnota's ...) en afsluiten in het algemeen (tussentijdse balansen).
- De kas zal worden gehouden door de secretaresse van het ondernemingshoofd, die bij het indienen van onkostennota's aan het ondernemingshoofd het voorstel tot uitbetaling via overschrijving kan doen. Aangezien de uitbetalingen zelf ook door het ondernemingshoofd worden getekend, is het risico op "afleiding" van gelden geneutraliseerd.
- Er mogen geen creditnota's meer worden opgesteld aan wie dan ook, tenzij met uitdrukkelijke schriftelijke goedkeuring van het ondernemingshoofd; zonder autorisatie mogen ze niet worden geboekt, en als ze niet werden geboekt kunnen ze niet worden uitbetaald.

Bovenstaande maatregelen lijken drastisch, doch zijn in het kader van een duidelijke afbakening van bevoegdheden elementair. De "arme" boekhouder die werd ontslagen, is in wezen de metafoor voor de lakse houding die in sommige ondernemingen wordt aangenomen ten aanzien van interne controles op inkomende en uitgaande betalingen - voor deze laatste soort is het risico uiteraard groter. Het komt er dan ook op aan om als ondernemer het noodzakelijke evenwicht te vinden tussen vertrouwen in mensen enerzijds, en de nodige gestrengheid in het opleggen van controles anderzijds. Via het creëren van tegengestelde belangen en functiescheidingen binnen de organisatie kunnen de gaten in de spreekwoordelijke kaas vaak worden vermeden.

## Woordvelden

❖ ***geldbeweging / bankverrichting***

uitgave, ontvangst / kas, kassier / giro, giraal

een betaling verrichten / cash betalen / kwijting verlenen / een cheque innen / geld op een rekening storten

❖ ***bedrijf / onderneming***

ondernemingshoofd / aandeelhouder / klant / bedrijfsrevisor / debiteur
autorisatie

**1. De volgende woorden zijn makkelijk herkenbaar met behulp van de zogenaamde "klankwetten":**

| voorschot / boekhouder / uitschrijven / uitbetalen / spoor / vlijtig / doorsluizen |
|---|

**2. Deze woorden zijn ook zeer herkenbaar, maar wijken door iets bijzonders af van het Duits:**

| plotseling / grondig / afwezig / bijzonder / dubbel / collega('s) / balans |
|---|

**3. Dit groepje samenstellingen is herkenbaar aan een van de delen:**

| uittreksel / maatregel / functiescheiding / tegengesteld / bankrekening / (on)kostennota |
|---|

**4. Typische adverbia, conjuncties, preposities en pronominale groepen:**

| blijkbaar / vaak / behalve / tijdens / eender wie, wie dan ook |
|---|

**5. "Endemisch"-Nederlandse woorden, of woorden die in het Nederlands een eigen betekenis hebben:**

| gat / huur<br>laks / bevoegd(heid) / deskundig(e)<br>goedkeuren / teleurstellen / verstrekken / uitwijzen / afbakenen / ontslaan<br>tussentijds |
|---|

**Of heb je hier geen kaas van gegeten?**

Tekst 3

Euregio Benelux Middengebied zoekt voor de looptijd van het Interreg-3-programma, tot 31-12-2008 een

Programmasecretaris (1,0 fte) M/V

**Functiekarakteristieken programmasecretaris:**

De programmasecretaris geeft als ambtelijk eindverantwoordelijke leiding aan het programmamanagement van Euregio Benelux Middengebied, momenteel bestaande uit 7 (op termijn ca. 12) provinciale medewerkers.

De programmasecretaris is op de hoogte van de (sociaal-economische) trends en ontwikkelingen in de samenleving en communiceert hierover met zijn staf, in de eerste plaats de projectmanagers. Hiervoor onderhoudt hij samen met de projectmanagers contacten op Europees, landelijk, provinciaal, regionaal en gemeentelijk niveau. Vanuit een externe oriëntatie signaleert de programmasecretaris kansen en bedreigingen en initieert hij mede de strategieontwikkeling binnen Euregio Benelux Middengebied. De programmasecretaris draagt de visie von Euregio Benelux Middengebied uit en vertaalt deze naar een uit te zetten koers voor de interne organisatie. Hij communiceert hierover met de bestuurlijke Stuurgroep en bevordert dat de belangen van de 5 provincies evenwichtig behartigd worden.

De programmasecretaris vervult een brug- en schakelfunctie tussen het bestuur van Euregio Benelux Middengebied en de ambtelijke organisatie. Als eerste adviseur staat de programmasecretaris de onderscheiden bestuursorganen bij en draagt hij zorg voor het secretariaat daarvan. Hij heeft ook een rol in het borgen van de vertaling van het succes van het programma waar Euregio Benelux Middengebied voor staat in enthousiasme hiervoor bij de betrokken bestuurders.

Als hoofd van de ambtelijke organisatie van Euregio Benelux Middengebied geeft de programmasecretaris algemene leiding en is hij eindverantwoordelijk voor het bedrijfsmatig, resultaat- en klantgericht werken.
De programmasecretaris is daarbij specifiek verantwoordelijk voor de voortdurende ontwikkeling van mensen en organisatie, een en ander in overleg met de formeel-leidinggevenden bij de 5 provincies.
De programmasecretaris geeft mensgericht en resultaatgericht leiding aan de organisatie. Hierin is één van zijn belangrijkste taken het optimaal inzetten van de bij zijn medewerkers beschikbare thematische kennis en vaardigheden. De programmasecretaris is verantwoordelijk voor het personeelsbeleid.

**Functieprofiel:**

Universitaire opleiding.
Ervaring met programmatische en projectmatige samenwerking, bij voorkeur in grensoverschrijdende context op regionaal niveau. U beschikt over ruime managementervaring, bij voorkeur in Nederland en Vlaanderen. Uw stijl van leidinggeven is open, toegankelijk, inspirerend en coachend; u spreekt mensen aan op kwaliteiten, verantwoordelijkheden en resultaten. U heeft een goed ontwikkeld gevoel voor politiek bestuurlijke processen, bij voorkeur voor Nederlandse en Vlaamse processen. U hebt uitstekende communicatieve en sociale vaardigheden en bent in staat netwerken op te bouwen en te onderhouden.

**Overige informatie:**

Er kan een arbeidscontract worden aangeboden via de provincie Noord-Brabant; een werknemerschap naar Belgisch recht zal wellicht ook mogelijk zijn.
De vergoeding bedraagt:
minimaal € 3.954 maximaal € 6.769 per maand (anciënniteit kan conform wettelijke regels worden meegenomen).

Uw schriftelijke reacties ontvangen we graag o.v.v. "Sollicitatie Euregio Benelux Middengebied" in de linker bovenhoek op onderstaand adres:

Provincie Limburg, 4e directie
t.a.v. Mevr. V. Boesmans
Universiteitslaan 1
3500 Hasselt

De sollicitatiegesprekken vinden plaats in het provinciehuis in ’s-Hertogenbosch, een 2e en laatste gesprek met o.a. bestuurders van Euregio Benelux Middengebied vindt plaats in Antwerpen. Een assessment kan deel uitmaken van de selectieprocedure.

Voor vragen over de functie-inhoud kunt u contact opnemen met de implementatiemanager van Euregio Benelux Middengebied bij de Provincie Limburg (NL Hoofdgroep EGF, de heer drs. Mathieu S.F. Spierts

| | |
|---|---|
| Adres: | Postbus 5700, 6202 MA, Maastricht |
| Telefoonnummer: | +31 (0)43 389 72 60 |
| Faxnummer: | +31 (0)43 389 71 07 |
| E-mail: | msf.spierts@prvlimburg.nl |

Schriftelijke informatie kunt u opvragen bij:

Provincie Limburg, Cathérine Vanempten (011 23 74 17)
E-mail: Cvanempten@limburg.be

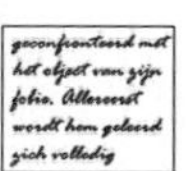

## Woordveld

❖ ***Bedrijfswereld***

bestuur / (de betrokken) bestuurders / schakelfunctie
opleiding / anciënniteit

**Typisch voor het Nederlands**

bij voorkeur / zorg dragen voor
een visie uitdragen / (op) landelijk (niveau)

**En wat betekent precies**

… een visie uitdragen naar … een uit te zetten koers (zie alinea 2)?

**En ten slotte**

fte = fulltime-equivalent: Het gaat dus om een "volle baan", want 1,0 fte.
o.v.v. = onder vermelding van

## Blok 4 - Schwerpunkt Politik und Gesellschaft

Tekst 1

### De toonaangevende cultuur

*Soms krijgt een begrip dat al jaren wordt gebezigd zonder enige controverse op te roepen, plotseling – afhankelijk van degene die het hanteert en van het verband waarin hij het hanteert – een hoogst brisante lading. Het verliest dan zijn neutraliteit en kan niet meer in een redelijke discussie gebruikt worden.*

Dit is in Duitsland gebeurd toen daar een christen-democraat het begrip “Leitkultur” lanceerde, waaraan immigranten zich zouden moeten aanpassen. Groot protest bij de politieke tegenstanders, de sociaal-democraten en Groenen.

Natuurlijk is het in Duitsland met zijn duistere verleden, veel meer dan elders zaak om op eieren te lopen bij het hanteren van bepaalde begrippen of woorden. De tegenstander kan er misbruik van maken, en in het buitenland kan het oude angsten wakker maken. Dat hebben we al eerder gezien toen de romanschrijver Martin Walser zich verzette tegen de exploitatie van 'Auschwitz'. Ook dat is toen veelal verkeerd begrepen, en, bewust of onbewust, verkeerd geïnterpreteerd.

Nu moeten de woorden van een romanschrijver anders gewogen worden dan die van een politicus. De laatste heeft altijd een politieke bedoeling met wat hij zegt. Maar dat rechtvaardigde nog niet de reactie van bondspresident Johannes Rau (sociaal-democraat): "Wij willen alles vermijden wat de indruk wekt als zouden de Duitsers in Europa nummer één willen spelen."

Maar daar gaat het niet om. Er was alleen maar gesproken over de Duitse cultuur, waaraan in Duitsland mensen van een andere cultuur die zich daar vestigen, zich moeten aanpassen. Goed, het woord “Leitkultur” is misschien niet, in verband met de associaties die het zou kunnen oproepen, de gelukkigste uitdrukking, maar zij is geen recente uitvinding, nog minder het idee van een of andere rechtse extremist.

Het schijnt dat het woord in 1996 al gebruikt is door de socioloog Bassam Tibi (die een Syriër is), die daarmee de waarden van de Europese Verlichting en democratie heeft willen aangeven, waarvan het bestaan wellicht in een multiculturele samenleving minder gewaarborgd zou zijn dan indien de immigranten zich zouden aanpassen aan de Leitkultur.

In 1998 schreef hoofdredacteur Theo Sommer in Die Zeit, een weekblad dat over het algemeen meer sympathie uitstraalt voor de sociaal- dan voor de christen-democraten: "Integratie betekent noodzakelijkerwijs een flink stuk assimilatie aan de *deutsche Leitkultur* en haar kernwaarden."

Het woord is misschien ongelukkig, maar de gedachte die het probeert uit te drukken, hoeft dat niet te zijn. In elk land – of dit nu Duitsland, de Verenigde Staten of Nederland is – is er één cultuur die de toon aangeeft (en zelf aan verandering onderhevig is). Daaraan passen de immigranten zich geleidelijk – dat proces kan enkele generaties duren – aan, tegelijkertijd vaak de toonaangevende cultuur beïnvloedend.

In Nederland is de Nederlandse cultuur, hoezeer die ook op zichzelf snelle veranderingen ondergaat, de Leitkultur, dat wil zeggen: de toonaangevende cultuur. Daaraan passen de allochtonen zich op den duur aan. De eerste generatie heeft daar nog moeite mee of wil dat helemaal niet, maar de tweede generatie is al flink op weg.

Dat blijkt uit een rapport van het Centraal Bureau voor de Statistiek: De tweede generatie allochtonen blijkt veel 'Nederlandser' dan wordt verondersteld. Van generatie tot generatie past men zich meer aan. In het openbare leven – op school, op de werkplek – zie je steeds minder verschillen. Privé zullen die nog wel blijven. Uiteindelijk is onderwijs de belangrijkste factor of iemand wel of niet goed in de Nederlandse maatschappij terechtkomt. Allochtone kinderen die hier zijn geboren, zijn toch al behoorlijk ingeburgerd. Ze hebben nooit in een ander land geleefd en hebben daarom minder taalachterstand en culturele verschillen.

Dat zal in beginsel in Duitsland niet anders zijn, al zal het daar misschien wat moeilijker gaan dan in Nederland, een land dat, als gevolg van zijn koloniale en maritieme verleden, altijd aanraking heeft gehad met mensen uit andere culturen. Niet dat hun integratie zich daarom wrijvingsloos heeft voltrokken, maar op den duur is dit toch gebeurd, al dan niet met behoud van hun subcultuur.

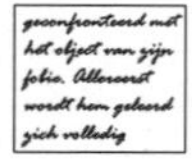

## Woordveld

❖ ***mensen en meningen***

het openbare leven / verandering ondergaan / aan iets onderhevig zijn / sympathie uitstralen / Het "is zaak om … "
een begrip bezigen, hanteren, lanceren / de indruk wekken
veronderstellen / aanraken, aanraking hebben met / waarborgen
zich voltrekken
brisant
redelijk / behoorlijk / wrijvingsloos

**Typisch voor het Nederlands**

uitvinding / in verband met / elders / al dan niet
flink op weg zijn / een flink stuk assimilatie / tegenstander

Tekst 2

## Opdat we niet allen zouden stilstaan

Voor de meeste kaderleden is een bedrijfswagen – uiteraard na een stevig salaris – het hoogste goed dat ze van een onderneming of organisatie verwachten. Dat moet tenminste blijken uit een onderzoek van een groot autoleasingbedrijf. Zevenenzestig procent van de ondervraagden zou zelfs bereid zijn meer belastingen te betalen als ze daardoor het voordeel van de bedrijfswagen kunnen behouden.

De meeste bedrijfswagens vervangen particuliere auto's. Maar er zitten nu wel honderdvijfendertigduizend chauffeurs extra achter het stuur, die hun auto niet kunnen inruilen voor het openbaar vervoer. Je kan moeilijk met de trein, tram of bus naar je werk komen als de baas een wagen ter beschikking stelt die je geacht wordt te gebruiken voor je beroepsverplaatsingen. Elke dag trotseren zij de files zelfs als ze een sneller en vlotter alternatief hebben. Bovendien zijn de meeste van die auto's een onderdeel van het loon, dat op die manier fiscaal wat minder wordt aangevreten.

Maar een hardere aanpak van de bedrijfswagens past in een ruimere benadering van de mobiliteit. Dat daar grote nood aan is, blijkt uit cijfers. De komende tien tot zeventien jaar zal het autoverkeer nog met zowat een derde toenemen. En dan houden we nog geen rekening met het vrachtvervoer over de weg, dat tijdens dezelfde periode met naar schatting 70 procent zal toenemen. Het gaat vooral om transitverkeer van en naar de havens, autoproducenten zoals Volvo, Ford, Opel en andere industriële producenten, die hun onderdelen invoeren en de afgewerkte producten vanuit ons land over heel Europa verdelen.

De meeste transporteconomen zijn het erover eens dat de aankoop (het bezit) van een wagen minder belast zou moeten worden, maar dat het rijden zelf duurder moet worden. Waarnemers zijn het erover eens dat het bezit van een auto goedkoper maken een democratische maatregel is. In een samenleving die er al decennialang van uitgaat dat iedereen over een auto beschikt en ook zo is georganiseerd, lijkt het de logica zelf dat de fiscus zich wat inhoudt bij de aankoop van een auto.

In de enorme toename van het auto- en vrachtverkeer heeft de aanleg van industrieterreinen een grote rol gespeeld. Die industrieterreinen waren bedoeld om de lokale tewerkstelling te stimuleren, maar de praktijk draaide heel anders uit. Talloze werknemers wonen nu vlak bij één industrieterrein maar werken in een heel ander, tientallen kilometer verder. Onderweg kruisen ze lotgenoten die dagelijks precies het omgekeerde traject afmalen.

De kennis en de kwalificaties die bedrijven nodig hebben, zijn immers niet geografisch geconcentreerd rond een industrieterrein, en gezinnen met twee verdieners zijn nu eenmaal minder soepel.

Vroeger vestigde een gezin zich in de buurt van de werkplek van vader. Nu wordt vaak een huis gekocht, gehuurd of gebouwd in de buurt van het werk van moeder – vaak degene die deeltijds werkt en bijgevolg de kinderen van school haalt – en vader pendelt. Andere gezinnen gaan ergens halfweg wonen, dan pendelen de ouders allebei.

Bovendien concentreren bedrijven zich steeds meer op hun kernactiviteiten. De rest stoten ze af. Gevolg: veel meer transport van onderdelen. En bedrijven verwachten van hun werknemers dat ze zich steeds soepeler opstellen. Pendelen van de ene vestiging naar de andere.

Met de mobiele telefoon aan het dashboard en de laptop op de passagierszetel hoeft de bereikbaarheid er zelfs niet onder te lijden. Een kniesoor die zeurt over veiligheid op de weg, over de 24-uurs-economie, over het toenemend aantal echtscheidingen of depressies bij kinderen die hun ouders nauwelijks in niet-overspannen toestand zien.

Meteen is ook duidelijk dat het duurder maken van het gebruik van de (bedrijfs)wagen geen geïsoleerde oplossing kan bieden. Bedrijfswagens zwaarder belasten, met de eigen wagen naar het werk rijden duurder maken, de bereikbaarheid van industrieterreinen verbeteren, mobiliteitsplannen opstellen vóór nieuwe industrieterreinen in gebruik mogen worden genomen en het gebruik van het openbaar vervoer en van de fiets fiscaal stimuleren, zijn de ingrediënten die moeten leiden tot een algehele verbetering van onze mobiliteit, zonder het milieu verder aan te tasten.

## Woordvelden

❖ ***verkeer***

bedrijfsauto, bedrijfswagen / passagierszetel, -stoel / onderdelen
openbaar vervoer, vrachtvervoer, file, veiligheid, milieu
onderweg, halfweg, kruisen, een traject afleggen, afmalen

❖ ***bedrijf***

werknemer, werkgever, baas, kaderlid *(-leden)*, verdiener
industrieterrein, tewerkstelling
salaris, belasten, belasting*(en)*

❖ ***menselijke verhoudingen***

lotgenoot / kniesoor
aanpak / benadering
zich soepel opstellen / zich inhouden /
(iets / iemand) trotseren / overspannen (*raken*)

1. **Waardoor verschillen de volgende woorden / uitdrukkingen van hun Duitse equivalent?**

*ondervragen / bereikbaar(heid) / inruilen / (zich) verplaatsen / echtscheiding / ter beschikking stellen*

2. **Ken je een equivalent voor:**

*bijna niet / natuurlijk / weerstaan / een onverwacht resultaat hebben*

**Kies tussen:** trotseren / nauwelijks / anders uitdraaien / uiteraard

3. **Wat doet een kniesoor?**

O zeuren
O iemand vervangen
O zich soepel opstellen

**4. Hij moet rust nemen. Hij is**

O overspannen
O anders uitgedraaid
O ondervraagd

**5. In welke context worden hier de werkwoorden *afwerken* en *aanvreten* gebruikt?**

**6. Welke woorden / woordgroepen zoeken we?**

- Ik reis met de trein. Het voordeel van het __________ __________ is dat je __________ kunt lezen.
- Iedere ochtend staan duizenden automobilisten in de __________.
- Neemt de __________ echt af met de snelheid?
- De meeste __________ liggen buiten de steden.
- In hoeveel tijd kun je dat __________ afleggen?
- Mijn auto is zo oud dat het moeilijk wordt __________ te vinden als er iets kapot is.

We zochten: *veiligheid / openbaar vervoer / onderdelen / onderweg / file / industrieterrein / traject*

Tekst 3

**Alles is gezegd, alles is te doen**

Het Wereld Sociaal Forum is een antwoord van de zogenaamde 'antiglobaliseringsbeweging' op de jaarlijkse hoogmissen van de bedrijfswereld in Davos.

Het forum kende van bij de start een ongelooflijke toeloop: meer dan 10.000 deelnemers, honderden organisaties uit Noord en Zuid waren van de partij. Dit succes is het resultaat van een snel groeiende mondiale beweging die sinds de anti-WTO-top in Seattle, eind 1999, geen enkel belangrijk internationaal rendezvous heeft gemist om haar stem te laten klinken: Bangkok, Genève, Melbourne, Praag ...

Sedert de val van het IJzeren Gordijn in 1989, moeten we onze pijlen steeds meer richten op het globaliseringsproces. Nagenoeg alle landen van de Derde Wereld kampen met gelijkaardige problemen: minder sociale voorzieningen, een torenhoge schuldenlast, dalende grondstoffenprijzen, douanebarrières voor de export naar de rijke landen, en staten en regeringen die hun controle- en beleidsmogelijkheden doorverkopen aan de privé-bedrijven.

Er is een mondiale beweging van burgers uit Noord en Zuid ontstaan die hun verantwoordelijkheid opnemen. In de Europese landbouwsector was er, na de hormonen-, dioxine-, en BSE-crisis de mond- en klauwzeerepidemie. De volgende crisis wordt al voorbereid door de massale productie en invoer van genetisch gemanipuleerde gewassen, door een grootschalige landbouw waarvoor het milieu én onze gezondheid moeten wijken. Tegelijk worden massale overschotten gedumpt in de arme landen, waardoor de prijzen op de lokale markten ineenstorten. Hetzelfde systeem zorgt ervoor dat in de arme landen het verbouwen van basisvoedsel zoals rijst en bonen niet meer rendabel is. Steeds meer boeren kiezen ervoor om bijvoorbeeld snijbloemen te exporteren naar de rijke landen, waar ze dan hun voedsel aankopen.

Nooit eerder was de groeiende kloof tussen rijk en arm in deze wereld zo evident, ondanks 40 jaar ontwikkelingssamenwerking. Nooit was er zoveel gezamenlijke, wereldwijde reactie tegen het fenomeen van de ultraliberale economie. De belangrijkste exponenten van de globalisering, de Wereldbank, het Internationaal Monetair Fonds en de Wereldhandelsorganisatie beginnen zelfs "mea culpa" te slaan en verliezen hun geloofwaardigheid ook bij het brede publiek.

De VN roepen de grote multinationals op om de kloof mee te dichten. Giften zijn belangrijk om de getroffen bevolkingsgroepen te helpen, maar op lange termijn werkt enkel een verandering van de praktijk van deze bedrijven. De dogma's van de vrije markt, het octrooirecht van de pharmaceutische industrie, het recht op winst van de aandeelhouders, moeten worden omgebogen in een door de overheid gecontroleerde markt, die het recht eerbiedigt op toegang tot medicijnen, het recht op leven, op respect voor het milieu; het recht op menswaardige arbeidsomstandigheden en sociaal verantwoorde producten voor de werknemers en de consumenten.

Hier knelt het schoentje: VN, nationale regeringen en bedrijven zeggen allen de groeiende kloof ernstig te nemen. Maar intussen blijven ze dezelfde politiek voeren! Zolang de financiële speculatie, de fiscale paradijzen, de schuldenlast, de handels- en investeringspolitiek niet worden aangepakt, blijft het dweilen met de kraan open.

## Woordveld

❖ ***Noord en Zuid***

beleidsmogelijkheden / sociale voorzieningen
dalende grondstoffenprijzen / een torenhoge schuldenlast / een fiscaal paradijs

**1. Waardoor zijn deze woorden / uitdrukkingen herkenbaar? En waardoor verschillen ze van hun Duitse equivalenten?**

*boer / toeloop / snijbloemen / kampen / gewas / rijst / kloof / arbeidsomstandigheden*
*van de partij zijn / z'n stem laten klinken / z'n verantwoordelijkheid opnemen / z'n geloofwaardigheid verliezen*

**2. Zeker van deze valse vrienden?**

*gift / medicijn(en)*

**3. Wat zijn de Duitse equivalenten van**

*octrooi / grootschalig / ineenstorten / nagenoeg*

**4. Hier knelt het schoentje:**

O Dat is de kern van het probleem.
O Het helpt niets.
O Er is niets aan te doen.

**5. Het is / blijft dweilen met de kraan open:**

O Niemand heeft een oplossing.
O Hiermee is het probleem niet verholpen.
O Er is nauwelijks een probleem.

**6. Om in te vullen:**

- Veel zogenaamde ontwikkelingslanden hebben een grote __________.
- De boeren verbouwen er vaak geen __________ meer, maar kweken snijbloemen.
- Op lange __________ is dat voor de bevolking een catastrofe.
- De multinationals doen de grondstoffenprijzen __________.
- Ook de voedselprijzen __________ ineen.
- Tegen AIDS zijn er nu al wel zekere __________, maar die blijven erg duur.

We zochten: *termijn / storten / dalen / basisvoedsel / schuldenlast / medicijnen*

**7. En ten slotte: Waarom is er aan het begin van het stuk sprake van *hoogmissen*?**

# Blok 5 - Schwerpunkt Landwirtschaft, Umweltschutz und Gesundheit

Tekst 1

## Afkeer van kunstmest en bestrijdingsmiddelen

De biologische landbouw is van oorsprong een anti-kunstmestbeweging die zich rond 1910 ontwikkelde en die zich vanaf het begin ook steeds verzet heeft tegen de zware landbouwmechanisatie zoals die zich ontwikkelde in de VS. Daar werden, na de uitvinding van de diesel- en benzinemotoren, na 1900 reusachtige tractoren en dorsmachines in gebruik genomen die horen en zien deden vergaan.

Kunstmest was al veel langer in gebruik. Justus von Liebig beschreef in 1840 hoe en hoezeer planten afhankelijk zijn van mineralen, en dat had de vraag naar minerale mest tot grote hoogte opgevoerd. Chilisalpeter, superfosfaat, thomasslakkenmeel en patentkali zijn stuk voor stuk negentiende-eeuwse ontdekkingen.

Na een halve eeuw kwam de reactie. In Europa was de Oostenrijkse antroposoof Rudolf Steiner de eerste die, overigens op verzoek, richtlijnen gaf voor een meer verantwoorde landbouw. Steiner, die erg in de kracht van de natuur geloofde, ging voornamelijk intuïtief te werk en beschreef een bio-dynamische landbouw die steunde op compost en plantenpreparaten en die rekening hield met kosmische invloeden. Zijn leer kreeg snel aanhang in Duitsland, Zwitserland, Oostenrijk, Denemarken en Nederland.

Direct na de Tweede Wereldoorlog was voor landbouwidealisme in Nederland niet veel belangstelling. De revival kwam van de hippie- en flowerpowerbeweging (halverwege de jaren zestig) en de alternatieve stromingen in haar kielzog. Deze waren niet alleen anti-autoritair en antikapitalistisch, maar ook uitgesproken antitechnologisch en bezield door meer of minder heldere 'terug-naar-de-natuur'-gevoelens.

Inmiddels domineerde de angst voor en de afkeer van synthetische bestrijdingsmiddelen ('landbouwgif'). De schadelijke effecten van het gebruik van de persistente gechloreerde organische verbindingen (DDT, aldrin, dieldrin) waren nog tastbaar. In de biologische landbouw vestigde zich de mening dat de afwijzing van pesticiden en kunstmest vrijwel automatisch producten zou opleveren die veiliger, gezonder en smakelijker waren. Vermeldenswaard is dat de meeste aanhangers van de biologische landbouw min of meer vegetariër waren. Dierlijke eiwitten kwamen uitsluitend van zuivelproducten en eieren.

Het rapport aan de Club van Rome dat in 1972 verscheen, versterkte nog de indruk dat de mensheid werd bedreigd door òfwel uitputting van grondstoffen (zoals kunstmest) òf ophoping van gif- en afvalstoffen (zoals persistente bestrijdingsmiddelen). De kritiek op de conventionele landbouw werd zo hevig dat een groep Wageningse deskundigen het noodzakelijk achtte 'hun' landbouw met kracht van argumenten te verdedigen. In 1978 verscheen de pocket 'Omstreden landbouw' die weinig heel liet van de 'buitenwetenschappelijke' kritiek van de alternatievelingen.

De economische recessie in het begin van de jaren tachtig verhinderde een doorbraak van de biologische landbouw, die prijzige producten aflevert. Maar de rijkdom van de jaren negentig, waarin zich een frappante belangstelling voor voeding en voedsel ontwikkelde en waarin zich ongekende schandalen op het gebied van dierhuisvesting, veeziekten en voedselbesmetting voordeden, gaf de 'alternatieve' landbouw een nieuwe, krachtige impuls. Opeens verscheen er ook zoiets als 'biologische veeteelt' en 'diervriendelijk vlees'. Aanhangers van de biologische landbouw hoefden niet meer tegelijk vegetariërs te zijn.

Van groot belang was ook dat er in 1991 een EG-verordening kwam waarin nauwkeurig werd gedefinieerd wat voortaan in Europa biologische landbouw mocht heten en wat daarmee voor het EKO-keurmerk in aanmerking kwam. Tot dan hadden nogal wat alternatieve systemen naast en door elkaar bestaan. De verordening schept helderheid, wat niet betekent dat hij logisch en coherent is. De lange lijst van geboden en verboden maakt pijnlijk duidelijk dat de biologische landbouw tot voor kort nog grotendeels werd beheerst door intuïtieve antitechnologische en nostalgische overwegingen. Minerale mest wordt afgewezen, tenzij het als gemalen gesteente beschikbaar is of thomasslakkenmeel heet. Synthetische bestrijdingsmiddelen zijn verboden, tenzij ze al in de negentiende eeuw in gebruik waren (zoals kopersulfaat en zwavel). In de komende jaren zullen overigens veel nu nog toegestane preparaten van de lijst gehaald worden (zoals het kopersulfaat).

## Woordveld

❖ ***landbouw en veeteelt***

(kunst)mest / compost / bestrijdingsmiddel, pesticide / afvalstoffen
tractor, dorsmachine
dierhuisvesting, veeziekte

**1. Zonder meer herkenbaar?**

*vee / doorbraak / van groot belang / eiwit(ten)*
*helder(heid) / prijzig / tot voor kòrt / voortaan*
*tasten / tastbaar*
*grotendeels / overigens / opeens / uitsluitend*

**2. Waardoor verschillend?**

*uitvinden / uitputten / (zich) ophopen / krachtig*

**3. Typisch Nederlands?**

*afkeer / belangstelling / zuivel(product)*
*nauwkeurig / inmiddels / toestaan / (zich) voordoen / (zich) verzetten tegen*

**4. Valse vrienden?**

*bestrijden / betekenen*

**5. Wat *betekent* deze uitdrukking?**

*in het kielzog van*

**6. Wat is geen zuivelproduct?**

*melk / boter / bloemkool / ham / kaas / garnalen / room / wrongel*

**7. Welke verklaring is goed?**

- **(iets) van de lijst afhalen**

O schrappen
O niet willen doen
O verplichten

- ***Het doet horen en zien vergaan.***

O Je ziet en hoort er beter door.
O Je ziet of hoort niets meer.
O Het is bijzonder belangrijk.

- **weinig heel laten van iets**

O Alle argumenten worden weerlegd.
O De tegenstander wordt belachelijk gemaakt.
O Men trekt er zich niets van aan.

**8. Wat is het verschil tussen *voedsel* en *voeding*?**

Tekst 2

**Florerend dier**

Het goede nieuws is nog niet overal doorgedrongen, maar het staat vast: met de zeehond in de Waddenzee gaat het uitstekend. Bijna honderd jaar heeft het dier het moeilijk gehad, maar aan die misère kwam tien jaar geleden een einde en sindsdien groeit de zeehondenstand in duizelingwekkend tempo.

De jacht werd beëindigd: de vervuiling met PCB's en DDT nam af en de virusepidemie van eind jaren tachtig is achter de rug. De vruchtbaarheid van moederdieren steeg met sprongen en dat is de oorzaak van een gemiddelde populatiegroei van 17 procent per jaar.

Over nóg eens tien jaar zou in het huidig tempo de maximale capaciteit van de Waddenzee bereikt kunnen zijn. Dat zijn vijftienduizend zeehonden: dertig keer zoveel als in de rampzalige jaren zeventig, toen de alarmklok begon te luiden en de zeehondencrèche in Pieterburen werd opgericht. Die crèche werd gaandeweg het veldhospitaal van de Waddenzee en barst door de recente bevolkingstoename ook al bijna uit haar voegen.

Nu de oorlog voorbij is, zou ook het centrum van Lenie 't Hart kunnen worden opgeheven of veranderd in een klein, educatief museum. Maar de discussie daarover blijft al jaren vruchteloos. Terwijl biologen voorrekenen dat het niet meer nodig is, blijft het opvangcentrum wijzen op het individuele zeehondenleed dat nog steeds massaal wordt aangedragen.

Gemiddeld worden 150 dieren per jaar opgevangen: meest jonge zeehonden die lijden aan wormziektes en 'huilen' – althans tranen afscheiden uit grote, diepzwarte ogen waarvan menig dierliefhebber het te kwaad krijgt.

Begin deze maand publiceerde het ministerie van Landbouw, Natuurbeheer en Visserij een rapport van het LNV-expertisecentrum in Wageningen met de harde conclusie dat de tijd voor Pieterburen is verstreken. Op de huidige schaal, staat er, is de opvang van zeehonden niet langer gerechtvaardigd.

De wilde populatie is niet meer bedreigd en juist binnen een opvangcentrum ligt de verspreiding van ziektes op de loer, niet anders dan in een echt veldhospitaal. Bovendien werkt het centrum in strijd met internationale afspraken: met Duitsland en Denemarken is een verdrag getekend waarin is afgesproken dat de opvang van zeehonden beperkt moet worden tot een aantal specifieke gevallen. De crèche moet in omvang worden teruggebracht 'tot een zo laag mogelijk niveau' en uitsluitend voor educatieve doeleinden. Zo denken de experts op het ministerie daarover.

Ondertussen is een nieuw advies in de maak van het Wetenschappelijk Platform Zeehonden Waddenzee waarin alle partijen zijn vertegenwoordigd. Namens het opvangcentrum praat de viroloog prof. dr. Ab Osterhaus daarin mee. Hij is sceptisch over het rapport van het expertisecentrum.

Dat de populatie zo sterk is toegenomen, is volgens hem nog geen garantie voor de levensvatbaarheid ervan. 'Er zijn nog veel bedreigingen zoals vervuiling, verstoring en infecties. Bovendien neemt het aantal dieren dat moet worden opgevangen, sterker toe dan we hadden verwacht. Dat is een teken dat er iets mis is.'

Maar die visie wordt door weinigen gedeeld. Er zijn ook mensen die zeggen dat het aantal zieke zeehonden simpelweg toeneemt door de grotere populatie, zoals er in Amsterdam meer zieke mensen zijn dan op Texel.

Men verwacht niet dat die groei zo explosief zal blijven toenemen als de laatste tien jaar, waardoor in 2010 de natuurlijke limiet al zal zijn bereikt. Meestal gooit de natuur even roet in het eten met een ziekte of een plaag, waarna onder gunstiger omstandigheden het oude groeitempo weer wordt hervat.

### *Zeehondjes opvangen doet een mens goed*

*De maatschappij blijkt het oneens over de vraag wanneer dieren in de natuur hulpbehoevend zijn of wanneer mensen moreel verplicht zijn tegen 'natuurlijk' dierenleed op te treden. Die discussie speelt niet alleen bij zeehonden, maar ook bij zeevogels of eekhoorns, waarvoor eveneens opvangcentra bestaan.*

*Zelfs veldwerkers van de opvang van met olie besmeurde zeevogels twijfelen aan het nut van die inspanning. De oorzaak van de ellende ligt bij de mens en dat schept een sterke verantwoordelijkheid om te helpen. Maar omdat onderzoek lijkt aan te tonen dat niet meer dan 5 procent van de vogels na uitzetting overleeft, vraagt men zich af of opvang gerechtvaardigd is.*

*In andere gevallen, zoals bij eekhoorns of egels, zou volgens veldwerkers het laten sterven in de natuur beter zijn. Maar omdat het publiek de dieren toch niet met rust kan laten, is opvang door professionals dan beter. Die professionals moeten zich wel professioneel gedragen.*

*Mensen maken vaak een levensvervulling van de opvang. De verbondenheid kan daardoor zo groot worden dat een objectief oordeel over de noodzaak erg moeilijk wordt.*

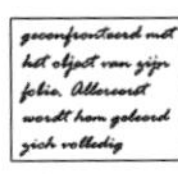

## Woordveld

❖ ***Gaat het goed / uitstekend / slecht met ...?***

misère, ellende, (zeehonden)leed / infectie / plaag / epidemie / vervuiling / verstoring
de alarmklok luiden / op de loer liggen / uit z'n voegen barsten / roet in het eten gooien
rampzalig / het kwaad krijgen / mis zijn / hulpbehoevend zijn / besmeuren
opvangen, opvangcentrum / achter de rug zijn / in de maak zijn

❖ **Contrastief bekeken - anders, maar herkenbaar?**

noodzaak, *noodzakelijk* / vocht
bereiken / vervullen / oprichten / zich afvragen / met rust laten / zich inspannen
*intussen* / ondertussen / meestal / bovendien

❖ **Typisch Nederlands?**

keer / advies
beperken / hervatten / (iets) afscheiden / vertegenwoordigen
duizelingwekkend
gaandeweg / althans / eveneens

# Blok 6 - Schwerpunkt Naturwissenschaft und Technik

Tekst 1-a

ONTDEK

## Zon verwoestte de Maya-cultuur

Verhoogde activiteit van de zon moet de oorzaak zijn geweest van de ineenstorting van de Maya-beschaving omstreeks het jaar 900. Die zonne-activiteit veroorzaakte zoveel droogte dat misoogsten het gevolg waren. Verlies van vertrouwen in de eigen cultuur en invallen van buurvolkeren deden de rest.

Het verband tussen de zon en het einde van de klassieke Maya-beschaving in Midden-Amerika is gelegd door Amerikaanse wetenschappers na bodemonderzoek op het Mexikaanse schiereiland Yucatan.

Op gezette tijden, bijvoorbeeld tussen 475 tot 250 voor Christus en tussen 750 en 1025 na Christus, werden verhoogde concentraties gips gemeten in het bodemsediment, schrijven de experts in *Science* van 18 mei. Bij droogte neemt het watervolume af, waardoor er minder gips in oplossing gaat en (meer) onopgelost gips zich afzet. De aldus - en op andere manieren - gesignaleerde droogteperioden komen overeen met resultaten van metingen elders in de wereld.

Uit alle metingen zijn droogteperiodes van 208 jaar te destilleren. Die komen overeen met de even lange tijden van verhoogde zonne-activiteit, zoals die worden afgeleid uit variaties in het voorkomen van bepaalde koolstof- en berylliumisotopen, stellen de onderzoekers. En, voegen ze eraan toe, volgens klimaatmodellen heeft zonne-activiteit invloed op het functioneren van de atmosfeer.

Overigens: na het einde van de klassieke periode van de Maya-beschaving bloeide deze cultuur opnieuw op om het definitief af te leggen tegen de Spanjaarden.

**Anders, maar herkenbaar?**

gevolg / bodem / buurvolk(eren) / klimaat
opnieuw / verhogen

**Geen *verband* met het Duits?**

verband / beschaving / (mis)oogst / schiereiland
het afleggen tegen / omstreeks / volgens / op gezette tijden

**Afleidingen op *–te***

droog-te (> < *vochtigheid*)
*warm-te / hoog-te / diep-te / vlak-te / sterk-te / zwak-te / dik-te / …*
maar: *lief-de / koud-e*
goed-heid / slecht-heid / schoonheid / …

Tekst 1-b

ONTDEK

**Trekvogel mist vervroegde lente**

De bonte vliegenvanger, een lange-afstandtrekvogel die in Nederland onder meer op de Veluwe voorkomt, heeft moeite met de vroeger invallende lente, die het gevolg is van klimaatverandering. De vrouwtjes beginnen na aankomst uit hun overwinteringsgebied in Afrika weliswaar eerder met broeden, maar voor veel jonge vogels komt deze inhaalslag te laat. Om het voorjaar bij te benen, zouden de vogels nog een week eerder moeten beginnen met eieren leggen. Dat is onmogelijk omdat zij dan nog onderweg zijn uit Afrika.

Door de late aankomst mist een deel van de vogels de insectenpiek van rupsen en andere, vliegende insecten in het vroege voorjaar. Hun jongen krijgen hierdoor te weinig eten. Het staat niet vast dat de soort als geheel te lijden heeft onder het klimaateffect. Het broedsucces van vroeg broedende vogels is juist hoger en de onderzochte populatie nam de afgelopen twintig jaar niet af, zo blijkt uit het langlopend onderzoek in natuurgebied het Nationale Park de Hoge Veluwe.

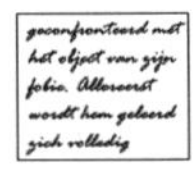

## Woordveld

❖ ***tijd en ruimte***

*inhalen*, inhaalslag, bijbenen, langlopend (onderzoek)
piek
voorjaar, lente / *zomer* / *herfst* / *winter*
vroeg, laat / eerder

**anders?**
trekvogel / afstand
weliswaar

Tekst 1-c

ONTDEK

**Jonge ster blaast bellen**

Dat babysterren gas de ruimte in slingeren is al langer bekend, maar dat ze volmaakte bellen blazen is nieuw. Toch is dat de conclusie van een internationaal team van astronomen van het Catalaanse Instituut voor Ruimteonderzoek in Spanje. De gasbel die Torrelles en zijn collega's ontdekten, wijkt nergens meer dan een tiende procent af van de perfecte bolvorm.

Sterren ontstaan uit samentrekkende wolken van gas en stof. Tijdens hun vorming wordt echter ook materie naar buiten geblazen. Meestal gebeurt dat in twee tegenovergestelde richtingen, langs de draaiingsas van de ster.

Met een netwerk van Amerikaanse radiotelescopen is nu echter een zeer dunne, perfect bolvormige gasschil ontdekt met een middellijn van 18,6 miljard kilometer (anderhalve keer zo groot als ons zonnestelsel), die uitdijt met een snelheid van 9 kilometer per seconde. De enorme gasschil moet dus 33 jaar geleden zijn uitgestoten.

In het centrum van de bel is een zeer zwakke bron ran radiostraling ontdekt. Vermoedelijk is dat de babyster, die nog aan het oog wordt onttrokken door dichte wolken van gas en stof. Waarom de jonge ster bellen blaast, is overigens niet bekend.

**Er is ook geen sluitende verklaring voor de volmaakte bolvorm van de gasschil. Je zou verwachten dat hij in ruim dertig jaar asymmetrisch wordt door dichtheidsverschillen in de omringende interstellaire netten.**

## Woordveld

❖ ***ruimte en beweging***

bol / bel / (draaiings)as
bellen blazen / slingeren / uitdijen / draaien / omringen

**Weer even vergelijken**
**Herkenbaar anders? Wat is *het verschil*?**

ruimte / ster / schil / zonnestelsel / stof
tegenovergesteld
een sluitende verklaring
bron

Tekst 2

**Elastische energie - Financiële prikkels drukken energie-consumptie**

Financiële prikkels, zoals de ecotax of de invoering van een kiloprijs voor het inzamelen van huishoudelijk afval, zijn geschikte instrumenten om het energieverbruik en het afvalaanbod te beteugelen. Uit het oogpunt van duurzaamheid is het wenselijk dat de overheid zorg draagt dat de reële prijzen voor gas, water en licht voldoende hoog blijven, bijvoorbeeld via belastingen.

Sinds 1950 is de vraag naar energie enorm toegenomen. Beschikte eerst een enkeling over een koelkast, nu heeft ieder huishouden er minstens een. Soms staan er twee, plus een diepvriezer en en magnetron, om van wasdrogers, zonnebanken, tv's, pc's en andere elektrische apparaten nog maar te zwijgen. Weliswaar is de nominale prijs van gas, water en licht omhooggegaan, maar omdat in diezelfde periode de koopkracht nog sterker steeg, zijn de reële energieprijzen juist sterk gedaald.

De hoge consumptie van energie staat op gespannen voet met het duurzaamheidsprincipe. In 1987 concludeerde de World Commission on Environment and Development (beter bekend als de Brundtland-commissie) dat de overheid er goed aan doet het energieverbruik te beteugelen met publiciteitscampagnes, wetgeving, financiële maatregelen en desnoods rantsoenering. Naast publieke acceptatie, politieke haalbaarheid hangt het succes van zulke maatregelen ook af van hun effectiviteit.

Geldt in het algemeen dat apparaten efficiënter dan vroeger met energie omspringen, een deel van die winst wordt teniet gedaan door de hogere prestaties (een koelkast met meer volume, toeters en bellen) die de consument van ze eist. Aan de hand van datasets voor koelkasten, diepvriezers, wasmachines en vaatwassers is er een negatief verband tussen gebruik en aanschafprijs. Een diepvriezer die 10 procent *minder* elektriciteit verbruikt is, bij gelijke overige kenmerken, 3 procent *duurder.* Ook al verdient de extra investering zichzelf terug, de consument prefereert het voordeel op de korte termijn.

Subsidie op de aanschafprijs van energiezuinige apparaten kan de consument alsnog over de streep trekken. Financiële prikkels hebben effect. De huidige trend van marktliberalisering in de elektriciteitssector heeft als risico dat door onderlinge concurrentie de prijzen dalen. Vanuit duurzaamheidsperspectief is het wenselijk dat de overheid dan ingrijpt en via belastingen de prijs hoog houdt.

In de gemeente Oostzaan betaalt de consument niet langer een vast bedrag voor het ophalen van zijn huisvuil, maar een prijs per kilo, waarbij GFT-afval en restafval van elkaar gescheiden zijn. Door toedoen van deze maatregel is de totale hoeveelheid ingezameld vuilnis in Oostzaan met circa 30 procent afgenomen. Vooral de prijselasticiteit van GFT-afval ligt hoog, ook al vanwege de mogelijkheid tot thuiscomposteren.

Het systeem vereist wel een zekere sociale controle: niet stiekem de vuilnisbakken bij de buren dumpen. Een effectief boetesysteem gaat wangedrag tegen. Zo'n 4 à 5 procent van het vuilnis, zo blijkt, vindt zijn weg naar een buurgemeente of het werkadres. Alles bij elkaar genomen zijn alle partijen beter af. De gemeente is goedkoper uit, terwijl de prijs voor het ophalen van huisvuil in Oostzaan veel minder is gestegen dan in buurgemeenten.

## Woordvelden

❖ ***overheid***

gemeente, buurgemeente / rantsoenering
(huishoudelijk) afval, huisvuil, vuilnis
GFT-afval = groente-, fruit- en tuinafval
ophalen, inzamelen / ingrijpen / beteugelen

❖ ***huishoudapparaten***

ijskast, koelkast / diepvriezer / magnetron / vaatwasser, vaatwasmachine, wasautomaat / centrifuge (NL), (was)droger, droogzwierder (B), elektrisch fornuis

❖ ***maatschappelijke verhoudingen***

oogpunt / wangedrag / enkeling / aan de hand van / door toedoen van
wenselijk / haalbaar / duurzaam
er goed aan doen, efficiënt / … met iets omspringen, goed / slecht / beter / slechter / … af zijn
op gespannen voet (met iemand) staan / iemand over de streep trekken

**Contrastief bekeken - typisch Nederlands?**

prikkel / toeters en bellen (= informeel voor "allerlei dingen")
zuinig / goedkoop
desnoods / alsnog

**1. Verdeel de volgende woorden over de open plaatsen in het verhaal:**

| afval / streep / duurzaam / desnoods / overheid<br>ophalen / alsnog / gespannen / magnetron / doen |
|---|

Zijn huishoudapparaten __________ gebruiksgoederen?

Een __________ is handig om een maaltijd op te warmen, maar als hij kapot en niet te repareren is, moet de gemeente hem dan __________? Sommige mensen gooien allerlei __________ ergens in een sloot.

Ze zouden er beter aan __________ oude apparaten terug te brengen naar de leverancier.

Kan de __________ dat soort mensen __________ (toch nog) over de __________ trekken? Moet ze __________ ingrijpen en de "milieumisdaad" beteugelen?

Of leven overheid en burgers altijd op __________ voet met elkaar?

Tekst 3

## FLAVIA PINTA met sterkere diesel*)

*Diesels zijn 'hot'. Vriend en vijand zijn het erover eens dat het ontwikkelingspotentieel voor de zelfontstekende verbrandingsmotor gróter is dan bij de benzinemotor, zodat er de komende jaren op dieselgebied nog heel wat kan worden verwacht. We reden met de iets opgevoerde 1.9 JTD van de Flavia Pinta.*

In de vernieuwde Flavia Pinta wordt een aangepaste versie van de bekende 1,9 liter JTD-viercilinder aangeboden. Het belangrijkste aspect daarbij is het licht toegenomen vermogen (van 110 naar 115 pk) en de verbeterde inspuiting, waardoor de motor stiller zou moeten zijn dan voorheen. Want dat is ontegenzeglijk een feit: wanneer je als eerste met een nieuwe techniek komt, zoals de Flavia Pinta met common rail, dan loop je het risico dat de merken die na je komen, nog nét even wat verfijnder en stiller kunnen zijn. Dat is ook met de 1,9 JTD het geval. Het is nog altijd een prima dieselmotor, maar er zíjn momenteel stillere direct ingespoten diesels. Door aanpassing van het inspuitmoment van de 1910 $cm^3$ metende viercilinder heeft Flavia daar nu wel wat verandering in gebracht, maar superstil kan de Pinta-motor nog steeds niet worden genoemd. Binnenin is wel minder lawaai te horen, maar dat komt ook door iets dikkere ruiten die nu in de portiersponningen zijn aangebracht.

### Veel trekkracht

Maar qua prestaties staat de Pinta 1,9 JTD absoluut zijn mannetje. De nieuwe Garrett turbocompressor met variabele geometrie zorgt ervoor dat de motor ook bij lage toerentallen vliegensvlug aanspreekt en dat een klein beetje brandstof geven al voldoende is om veel kracht te krijgen. Het koppel is met 275 Nm bij 2000 toeren onveranderd, wat borg staat voor veel trekkracht in een auto waarmee niet frequent geschakeld hoeft te worden. Wanneer je dat toerental niet onder zo'n 1800 tpm laat zakken, is er wat dat betreft niets aan de hand. De prestaties van de Pinta 1,9 JTD zijn overigens praktisch hetzelfde als voorheen. Hij haalt nog steeds zo'n 190 km / u en hij sprint in 11 seconden van nul naar honderd. Qua verbruik is er evenmin veel veranderd. Officieel wordt bijna 1 op 17 opgegeven en dat blijkt in de praktijk nog eenvoudig te halen ook. Wie nog meer kracht wil, kan voor de vijfcilinder 2.4 JTD (140 pk / 304 Nm) kiezen.

Uiterlijke veranderingen zullen bij de Pinta tevergeefs worden gezocht. Menigeen zal dat betreuren, want deze Flavia is door een grote meerderheid nooit als creatieve topprestatie op designgebied gekenmerkt. Wat wij zeker voor de Stationwagon een beetje een diskwalificatie vinden, want die heeft zeker geen lelijke achterkant en valt met zijn puntig toegesneden achterlichten in het dagelijkse verkeer behoorlijk op. Bovendien met een bagageruimte van 420 tot 1300 liter inhoud (achterbank neerklapbaar) als pakezel de moeite waard.

Binnenin slechts minieme zichtbare aanpassingen. De hoofdsteunen zijn wat anders van vorm en kunnen nu worden gekanteld. Onzichtbaar zijn voortaan op alle uitvoeringen standaard gemonteerde 'window' airbags. Samen met de gewone plofzakken en de laag opzij gemonteerde exemplaren zorgen die voor een nog betere beveiliging van de inzittenden. Tot de opties horen Xenon-gasontladingskoplampen en natuurlijk een navigatiesysteem. Gecombineerd met gsm-telefoon voor slechts 1520 Euro een koopje. Wel moet de softwareleverancier eens op z'n duvel krijgen, want een al ongeveer vijf jaar bestaande rondweg om een nieuwe wijk in de woongemeente van deze schrijver wordt nog steeds niet weergegeven. We toerden op het beeldscherm keurig door het weiland.

*(J.J.)*

*) De naam van de auto is veranderd

## Woordvelden

❖ ***carrosserie, chassis en afwerking***

uiterlijk: voorkant, achterkant / bumper
ruit, voorruit, achterruit / schokdemper / koplamp / knipperlicht / bagageruimte
portier, portiersponning
binnenin: inzittende, passagiersstoel / achterbank / hoofdsteun
wiel, reservewiel, wieldop / band

❖ ***motor***

ontsteking / inspuiting
prestatie / trekkracht / toerental / brandstof
verbranden / schakelen / aanspreken
zakken / dalen

❖ ***kwaliteit***

behoorlijk / keurig / verfijnd / stil > < lawaai
aantal
vriend en vijand / menigeen / heel wat

### ❖ *relaties / meningen*

ontegenzeglijk / de moeite waard / aan de hand zijn / tevergeefs / betreuren
een risico lopen / borg staan voor iets
z'n mannetje staan / op z'n duvel krijgen

**1. Om in te vullen:**

- Beveiligt een airbag de __________ echt bij een botsing?
- En beschermt een __________ dan je nek?
- Geen enkel systeem staat __________ voor een absolute veiligheid.
- Maar het risico voor kwetsuren is __________ kleiner.
- Zit jij het liefst vooraan of liever op de __________?
- Deze motor maakt maar weinig __________, je hoort nauwelijks iets.
- Het is niet toegestaan om stookolie als __________ te gebruiken.
- Was er gisteren iets aan de __________? Je deed zo opgewonden.
- Nee, eigenlijk niet, maar in een uur van Berlijn naar Potsdam rijden is tegenwoordig een hele __________.
- Ik probeer dat niet eens. Er tien minuten eerder zijn, vind ik niet de __________ waard.

Gevonden? Het ging om:

| *hand / brandstof / prestatie / ontegenzeglijk / moeite*<br>*hoofdsteun / lawaai / inzittenden / achterbank / borg* |
|---|

# SLEUTEL / SCHLÜSSEL

## MODUL I

### Les 1

- **1**: f = falsch / r = richtig
  f / - r / - r / - r / - f / - r / - r / - f / - r / - r
- **2** sechs /sieben / Süden; fünf / vier / ungefähr / flämisch; ausschließlich / Mensch
- **3** taal – tweetalig; gesproken – oost; tweetalig – twintig; gedeelte – Nederland; wetenschappelijk – België; worden – tegenwoordig

### Les 2

NIEDERLÄNDISCH ZWISCHEN DEUTSCH UND ENGLISCH

Das Niederländische nimmt nicht nur geographisch eine Zwischenstellung zwischen dem Englischen (im Westen) und dem Deutschen (im Osten) ein. Das ist auch so auf dem Gebiet der Morphologie. Vielleicht kann man sogar behaupten, dass die germanischen Stämme, die bei der Völkerwanderung nach Westen zogen, immer mehr Formen hinter sich gelassen haben: das Deutsche hat noch die meisten Formen, das Niederländische hat schon weniger und das Englische am wenigsten von den drei westgermanischen Sprachen:

- In der (unvollendeten) Gegenwart, dem Präsens, hat das Deutsche noch vier Formen, das Niederländische drei und das Englische nur noch zwei:
  Deutsch: ich höre, du hörst, er / ihr hört, wir / sie hören
  Niederländisch: ik hoor, je / hij hoort, we / jullie, ze horen
  Englisch: I / you / we / they hear, he hears
- Das Deutsche hat drei bestimmte Artikel: der, die, das; das Niederländische zwei: de, het; das Englische nur einen: the.
- Die Mehrzahl des Substantivs ist im Deutschen recht komplex; das Niederländische hat hauptsächlich die Endungen -en / -s (student-en / studente-s); das Englische fast nur -s. Außerdem hat das Niederländische einige Merkmale mit dem Deutschen, andere wieder mit dem Englischen gemeinsam-
- Die Endung des Infinitivs ist im Niederländischen und im Deutschen -en; das Englische hat eine solche Endung nicht: to hear / horen / hören.
  Das Englische hat auch nicht das Präfix ge-, welches für das Partizip Perfekt des Niederländischen und des Deutschen charakteristisch ist: heard / gehoord / gehört.
- Das Niederländische und das Deutsche haben am Ende des Wortes (Auslaut) keinen stimmhaften Konsonanten wie das im Englischen möglich ist: het bed, das Bett (als t ausgesprochen), the bed (als d ausgesprochen).
- Das Englische und das Niederländische sind dann wieder mit einander verwandt, weil keine von beiden Sprachen an der hochdeutschen Lautverschiebung teilgenommen hat: *en* pepper / *nl* peper – *de* Pfeffer; *en* two / *nl* twee – *de* zwei; *en* cook / *nl* koken – *de* kochen.

Dies gilt auch für den Wortschatz:

meat – vlees – Fleisch

wheel – wiel – Rad

Manchmal geht das Niederländische auch eigene Wege:

Easter – Pasen – Ostern

Das sahen wir übrigens auch bei den Lauten.

- **1** - r / - r / - f / - f
- **2** ein / weinen; Maus / Bauch / gebrauchen; auf / zaubern; sein / bleiben; kalt / Gold
Land / Zukunft / zwischen / kitzeln / Hitze / Salz; Pfahl / Pfanne / kaufen / Kopf;
Küche / suchen / brechen / Buch / Dach; Aussprache
schlürfen / Schlüssel
- **3** - entfernte Bekannte / - ohne große Mühe / - Sprachbeherrschung / - unerschöpflich / - Verhältnis
- **4** Der Oberst war seit einigen Monaten pensioniert, mietete eine Wohnung am Fluss und segelte jeden Tag. Zu Weihnachten hatte er einen Alptraum. Er war krank und behindert und durfte nicht mehr Haselnüsse und Schinken essen.

**Les 3**

DAS NIEDERLÄNDISCHE ZWISCHEN DEN ANDEREN GERMANISCHEN SPRACHEN

Aus diesem Schema ergibt sich der Platz des Niederländischen innerhalb des Germanischen.

Das Ostgermanische ist ausgestorben. Die wichtigste Sprache dieser Gruppe war das Gotische, in dem die ältesten bekannten germanischsprachigen Schriftstücke erhalten geblieben sind.

Die Gruppe der nordgermanischen Sprachen besteht aus dem Schwedischen, dem Dänischen, dem Norwegischen und dem Isländischen.

Innerhalb der westgermanischen Sprachen sind einerseits Englisch und Friesisch enger miteinander verwandt, andererseits Niederländisch und Deutsch.

Obwohl das Friesische (zum Teil) in den Niederlanden gesprochen wird, ist es kein Dialekt des Niederländischen, sondern – wie sich aus der Übersicht ergibt – eine selbständige Kultursprache, die selbst Dialekte hat. Es gibt eine Menge alte und neue friesische Literatur. Friesisch ist in dem betreffenden Gebiet Schulfach und man kann es an einigen Universitäten studieren. Ungefähr 400.000 Niederländer sprechen Friesisch als Muttersprache und verwenden es auch im öffentlichen Leben.

Niederdeutsch ist eigentlich keine eigentliche wirkliche Kultursprache, sondern eine Gruppe von Dialekten. Darum wird es in der Übersicht mit einer gestrichelten Linie aus dem Westgermanischen abgeleitet und wird in Klammern angegeben.

Afrikaans wird vielfach als Tochtersprache des Niederländischen betrachtet, weil es sich aus dem Holländischen des 17. Jahrhunderts entwickelt hat. Es hat eine noch einfachere Flexion und Konjugation als das Niederländische. Afrikaans ist die Sprache der Mischlinge und der Buren. Seit 1994 steht es unter Druck, weil es seinen offiziellen Status zu einem großen Teil verloren hat. Obwohl Afrikaans zweifellos eine selbständige Sprache ist, können Niederländisch- und Afrikaanssprachige einander ohne allzu große Mühe verstehen.

- **1** a) Nee, Gotisch is een dode taal. b) Nee, Fries is een cultuurtaal. c) Engels en Fries enerzijds, Nederlands en Duits anderzijds. d) Kleurlingen en Afrikaners. e) Een Nederlander
- **2** - **voorzetsel :** uit / met / van / voor / in / aan / tussen / onder / zonder
  **voegwoord :** hoewel / zoals / omdat / sinds
  **bijwoord :** daarom / binnen / toch / ongeveer / ook / veelal / grotendeels / ongetwijfeld / nog / zelfs
- **3** einige / manche / eine Menge / allzu viele
- **4** a) enerzijds, anderzijds; b) oud, jong / nieuw; c) maar; d) zelfstandige taal

## Les 4

DIE NIEDERLANDE UND BELGIEN: BEVÖLKERUNG UND POLITISCHE EINTEILUNG

Die Niederlande bestehen aus zwölf Provinzen; die jüngste Provinz ist Flevoland, dessen Oberfläche aus den drei Zuiderzeepoldern besteht. Eine der nördlichsten Provinzen ist Friesland. Diese Provinz ist zweisprachig, wie bereits im Text der vorigen Lektion gesagt wurde. Die – abgesehen von Limburg – südlichste Provinz der Niederlande hat den bemerkenswerten Namen „Nord-Brabant".

Gibt es denn auch so etwas wie „Süd-Brabant"? Durchaus, aber nicht in den Niederlanden. Die heutigen belgischen Provinzen Antwerpen, Flämisch-Brabant und Wallonisch-Brabant gehörten bis zum Ende des 16. Jahrhunderts zusammen mit "Nord-Brabant" zum Herzogtum Brabant. In Brüssel, das jetzt sowohl Hauptstadt Europas und Belgiens als auch Hauptstadt Flanderns ist, gab es damals durch den Einfluss Burgunds bereits ein zweisprachiges Bürgertum.

Jetzt ist Belgien ein Bundesstaat. Es hat „Regionen" und „Gemeinschaften"; „Region" ist ein territorialer Begriff, „Gemeinschaft" hat mit Menschen, ihrer Sprache und Kultur zu tun. Die Flämische Region ist niederländischsprachig, aber Niederländisch ist nur für etwas weniger als 20% der Einwohner der „Hauptstädtischen Region Brüssel" ebenfalls die Muttersprache. In einem kleinen Teil der Region Wallonien bilden ungefähr 60.000 Belgier die Deutschsprachige Gemeinschaft.

Obwohl das Außenministerium, dem die Botschaften im Ausland unterstehen, zu den belgischen Bundesangelegenheiten gehört, hat die Flämische Region auch eigene „Vertretungen", u.a. in Den Haag und Wien.

Im Jahre 1930 hatten die Niederlande und Belgien ungefähr gleich viele Einwohner: acht Millionen. Jetzt hat Belgien gut zehn Millionen und die Niederlande fast sechzehn Millionen, von denen fast anderthalb Millionen nicht in den Niederlanden geboren sind. Bis zur Mitte der 60er Jahre lag die niederländische Geburtenziffer über 2%. Seit dieser Zeit ist sie stark gesunken.

In der Flämischen Region wohnen etwa 60% der belgischen Bevölkerung. Bemerkenswert ist, dass von den fast eine Million Ausländern, die Belgien zählt, nur etwas über 30% in

Flandern wohnen. In Brüssel sind mehr als 25% der Bevölkerung Ausländer. Die Geburtenziffer ist in ganz Belgien ungefähr gleich und liegt etwas über 1%.

- **1** drie gewesten - kapittel / les 4 - tien miljoen - elf provincies - de zestiende eeuw - twintig procent - vijfentwintig procent - dertig procent - zestig procent - negentienhonderddertig - zestigduizend - tien miljoen
- **2 in** / tot / door / boven
  **morgen** / al / mee / dan / samen / nu / evenveel / zowat / sindsdien / minder / bijna
  **omdat** / als / maar (aber) / zowel ... als / maar (nur) / hoewel
- **3** tweetalig / zuidelijke - huidige - hoofdstad - gewesten / gemeenschappen - inwoners - geboortecijfer - evenveel - bevolking - Buitenlandse Zaken / ambassade
- **5** noordelijk / zuidelijk - tweetalig / Duitstalig - zowat / ongeveer - boven / onder - midden van de jaren zestig / eind van de zestiende eeuw
- **6** bemerkenswert - selbstverständlich
- **7 het** cijfer / **het** nummer / **het** getal

## Les 5

WISSENSCHAFTLICHER UNTERRICHT

Viele junge Leute gehen nach der weiterführenden Schule auf eine Universität bzw. Hochschule. Im Niederländischen besteht ein Unterschied zwischen den Begriffen „Universität“ und „Hochschule“. Eine Universität ist eine Einrichtung für wissenschaftlichen Unterricht, eine Hochschule erteilt höhere Berufsausbildung.

Zählt man die Fernuniversität Heerlen (in der Provinz Limburg) mit, haben die Niederlande 14 Universitäten. Die älteste ist Leiden (1575), die jüngste Maastricht (1976). Die anderen Universitäten mit einem umfangreichen Angebot an Studienfächern sind Groningen, Utrecht, Rotterdam, Amsterdam (Universität Amsterdam und Freie Universität), Nimwegen und Tilburg. Außerdem gibt es die Technischen Universitäten in Delft, Eindhoven und Twente und die Landwirtschaftliche Hochschule in Wageningen.

Die älteste Universität Flanderns ist Löwen (1425). Die Universität Gent wurde von König Willem I während des kurzen Zeitraums der Wiedervereinigung der Niederlande (1814-1830) gegründet. Die niederländischsprachige Freie Universität Brüssel und die Universität Antwerpen sind jüngeren Datums. Die Katholische Universität Brüssel und die Universität Hasselt haben nur eine begrenzte Anzahl Studienrichtungen.

Die Niederlande haben etwa 60 Hochschulen, Flandern fast 30. In Flandern hat der wissenschaftliche Unterricht nach lateinischer Tradition einen ziemlich schulischen Charakter, mit klar definierten Studienprogrammen und Prüfungen zu festen Zeitpunkten. Die Niederlande lehnen sich in dieser Hinsicht stärker an das angelsächsische System an.

In den Niederlanden sind Absolventen von vor 2006 nach Ablegen der „Doktoral“-Prüfung „doctorandus / doctoranda (drs. / dra.) oder „meester“ (mr.) der Rechtswissenschaft. In Flandern haben diese Absolventen den Titel „licentiaat“ (lic.). Seit dem Studienjahr 2003-2004 gilt auch in den Niederlanden und in Belgien die europäische „BA/MA“-Struktur. Nach drei Jahren kann man „Bachelor“ werden, nach vier oder fünf Jahren „Master“. Auch Absolventen der Studienfächer Medizin und Angewandte Wissenschaften werden „Master“, aber sie dürfen außerdem (weiter) den Titel „Arzt“ bzw. „Ingenieur“ führen. Den Titel

„doctor“ erlangt man nach der öffentlichen Verteidigung einer Doktorarbeit, auch als Dissertation bezeichnet.

Wer Medizin oder Zahnmedizin studieren will, muss in Flandern eine Aufnahmeprüfung bestehen. Dasselbe gilt für das Ingenieurstudium (an der Universität). In den Niederlanden gibt es für noch mehr Studienfächer einen „numerus clausus“, eine Höchstzahl von Studierenden, die zugelassen werden. Die Auswahl erfolgt durch ein Losverfahren, und eine „Zuweisungskommission“ bestimmt, an welcher Universität der „Glückliche“ sein Studium aufnehmen kann. In Flandern besteht also in dieser Hinsicht eine größere Freiheit, aber die große Auswahl erfolgt dort durch die „Hackbeilprüfungen“ am Ende des ersten Studienjahrs.

- **1 door** / tussen / via / tijdens / naar / bij / na
  **vrij** / dus / maar / zowat / verder / bijna / meer
- **2** verdedigen = verteidigen / dissertatie = Dissertation / gelden = gelten / aantal = Anzahl / toelaten = zulassen / eind = Ende / begrip = Begriff / rekenen = rechnen / studievak = Studienfach / hakbijl = Hackbeil / tellen = zählen
- **3** instelling = Einrichtung / oprichten = gründen / mag = darf / gebeuren = geschehen / uitbreiden = erweitern / verstrekken = erteilen / worden = werden
- **4** Los / Platz, Kommission / Zahn / genesen / Hinsicht / jüngeren Datums / Stück
- **5 (tijd)** na de middelbare school / na het afleggen van een examen / na drie jaar / na vier of vijf jaar / na het publiek verdedigen van een proefschrift
  **(richting)** naar het hoger onderwijs
  **(wijze)** naar Latijnse traditie
- **6** oud > < jong / hetzelfde > < verschil / beperkt > < uitgebreid / mag > < moet / vast > < vrijheid
- **7** ingenieur – toegepaste wetenschappen; tijdstip – datum; meester – rechten; studiejaar – periode; hakbijlexamen – selectie; geneeskunde – arts; studievak – aanbod;
  hogeschool – instelling; doctoraal – afgestudeerd; proefschrift – doctor
- **8** 1. verschil 2. maar 3. na 4. behalen 5. uitgebreid – beperkt 6. bepaalt – aflegt 7. naar 8. maar - geslaagd 9. afstuderen
- **9** honderdvijftig

## Les 6

NIEDERLÄNDISCHE UND BELGISCHE GESCHICHTE IN KURZFASSUNG

Im 16. Jahrhundert gehörten die Niederlande zum Habsburgischen Reich. Karl V., der 1500 in Gent geboren wurde, machte die Siebzehn Provinzen zu einer politischen und administrativen Einheit. Als er 1555 als Kaiser des Heiligen Römischen Reiches zugunsten seines Sohnes Philipp II. abdankte, hatte die Reformation auch in den Niederlanden bereits Fuß gefasst.

Der Bildersturm von 1566 im flämischen Steenvoorde (jetzt in Französisch-Flandern) diente dem neuen Kaiser als Anlass, die Protestanten durch Herzog Alba mit großer Härte unterdrücken zu lassen. 1568 wurden auf dem Großen Markt in Brüssel die populären Grafen Egmont und Hoorn öffentlich hingerichtet. Das Volk lebte in Angst.

Wilhelm von Oranien, der den Beinamen „der Schweiger“ trug, geboren 1533, war Graf von Nassau. Von einem Vetter väterlicherseits erbte er das selbständige Fürstentum Orange in Südfrankreich. Unter Karl V. und dessen Sohn und Nachfolger Philipp II. war er Statthalter in Holland, Zeeland und Utrecht. Als der Widerstand gegen Spanien immer stärker wurde und mehrere (vor allem nördliche) Regionen sich zur Union von Utrecht zusammenschlossen, wurde Willem I. ihr allgemein anerkannter Anführer. Daraufhin erklärte der spanische Monarch ihn für vogelfrei. Nachdem 1581 bereits ein Anschlag auf ihn verübt worden war, der misslang, wurde er 1584 in Delft ermordet.

1585 eroberten die gefürchteten Spanier unter dem Feldherrn Alexander Farnese Antwerpen, woraufhin die „Geusen“ die Schelde blockierten und die Hafenstadt, die im 16. Jahrhundert mit 100.000 Einwohnern nach Paris die zweitgrößte Stadt Westeuropas war, wirtschaftlich zugrunde ging.

Der Kampf zwischen Spanien und den Nördlichen Niederlanden dauerte noch bis 1648, als im Westfälischen Frieden die Republik offiziell anerkannt wurde, wodurch die Trennung zwischen Nord und Süd zu einer Tatsache wurde.

- **1** was - had - werd
- **2 bij** / tot / tegen / onder / te(n)
  **al** / nog / ook
  **nadat** / toen
- **3** - zugunsten von – *het voordeel;* zum Nutzen von – *de dienst*;
  erstens, zweitens, drittens;
  zur Sache; etwas zur Sprache bringen; anlässlich (von)
- **4** a. Ähnliche deutsche Äquivalente: darauf / Hafenstadt / Statthalter / selbständig / erben / vogelfrei / zugunsten (von)
  b. Falsche Freunde: hinrichten / Anlass / Neffe + Vetter / verüben
  c. abdanken (vgl. *abtreten*) / Fuß fassen (vgl. *Wurzel schlagen*) / Nachfolger (vgl. *folgen*) / zugrunde gehen (vgl. *untergehen*) / Trennung (vgl. *Scheidung*) / hevig (vgl. *heftig*)
- **5** N**e**derlanden / d**ee**l; **ee**n **ee**nheid; all**ee**n / Z**ee**land; St**ee**nvoorde /
  **ee**rste / b**ee**ldenstorm / N**e**derlanden; n**ee**f; w**e**rd / algem**ee**n erk**e**nde /
  verz**e**t; **ee**n veldh**ee**r; tw**ee**degrootste; v**ee**rtig / w**e**rd
- **6** w**a**s / gr**aa**f / v**a**n / m**aa**r / **a**ftr**a**d; Fr**a**ns-Vl**aa**nderen / pl**aa**ts;
  N**aa**r **aa**nleiding d**aa**rv**a**n / Sp**a**nj**aa**rden / **aa**nt**a**l w**a**s **a**l; N**a** / gr**a**ven **/ a**lm**aa**r
- **7**
  1. heroverden - in 1585
  2. was / vermoord - nadat
  3. terechtgesteld - nee
  4. had / gemaakt - Willem van Oranje
  5. voerde - de hertog van Alva
  6. was - de Zwijger
  7. noemde - ja
  8. had / geërfd / was - Nee, hij was ook stadhouder in Holland, Zeeland en
  9. Utrecht.
  10. blokkeerde - de Geuzen

11. duurde / gewapende / tussen - tot 1648
12. had - de definitieve scheiding van de Nederlanden
13. was / leefde - in 1533 / tot 1584

**Les 7**

NIEDERLÄNDISCHE UND BELGISCHE GESCHICHTE IN KURZFASSUNG (Fortsetzung)

Tatsächlich war der Westfälische Friede im Jahre 1648 kein Neubeginn, sondern die Bestätigung dessen, was 1579 mit der Union von Utrecht begonnen hatte. Inzwischen hatte die junge Republik sowohl wirtschaftlich als auch militärisch große Erfolge erzielt. Durch den Untergang Antwerpens hatten mehr als 100.000 Kaufleute und Intellektuelle den Süden verlassen. Mit ihrem Geld und Wissen wurde unter anderem die Vereinigte Ostindische Kompanie gegründet, die einen großen Teil des Handels mit den asiatischen Ländern kontrollierte. Im Dienste der Westindischen Kompanie hatte Piet Hein 1628 die berühmte Silberflotte gekapert, und Statthalter Frederik-Hendrik hatte den Spaniern Teile von Flandern, Brabant und Limburg abgetrotzt.

Das Amt des Statthalters wurde zu einem nationalen und später sogar zu einem erblichen Amt, was im 18. Jahrhundert auch zu Machtmissbrauch und zu Aufständen führte. Schon bald nach der Französischen Revolution von 1789 rückten die französischen Truppen in die südlichen Niederlande ein; im Winter 1794-1795 eroberte Frankreich auch die Republik der Vereinigten Niederlande. Der letzte Statthalter, Willem V., flüchtete nach England, und merkwürdigerweise hieß ein erheblicher Teil der Bevölkerung die Franzosen als Befreier willkommen.

Nach der Niederlage Napoleons in Leipzig – in der Völkerschlacht von 1813 – gewannen die Niederlande ihre Souveränität zurück. Mehr noch: die Einheit mit den südlichen Niederlanden wurde wiederhergestellt, und im März 1815 wurde der Sohn des letzten Statthalters als Willem I. zum König gekrönt. In dem (neuen) südlichen Teil fühlten die französischsprachigen Aristokraten und Beamten sich jedoch durch die Sprachpolitik des Königs bedroht, und die katholische Kirche hatte Angst vor dem Übergewicht des protestantischen Nordens. Diese Spannungen führten zur Revolution von 1830 und zur Unabhängigkeit Belgiens.

Bis 1890 hatten die Niederlande einen König. In diesem Jahr endete mit dem Tod von Willem III. die männliche Erbfolge. Danach hatten die Niederlande nur noch Königinnen: erst Wilhelmina, die ein halbes Jahrhundert regierte, danach Juliana, und seit 1980 Beatrix. Mit Konprinz Willem-Alexander ist wieder ein männlicher Thronfolger und somit ein König in Sicht.

Das junge Belgien bekam eine konstitutionelle Monarchie, mit Leopold von Sachsen-Coburg-Gotha als erstem König. Der jetzt regierende König, Albert I., ist seinem 1994 verstorbenen Bruder Baudouin nachgefolgt, der – nach der Abdankung ihres Vaters Leopold III. im Jahre 1950 – zuerst Thronanwärter und danach König wurde und im ganzen Land sehr beliebt war.

- **1** inzwischen / Missbrauch / Niederlage / Ende / Fürst / beliebt / Bücher / unabhängig / aufständisch / heutig / führen zu
- **2** herauslocken / ansehnlich / willkommen (heißen) / (hin)einrücken / Beamter / heil (= ganz) / allein noch (= nur noch) / Kunde (= Wissen) / selbst (= sogar)
- **3** bald / jedoch / also / schlimm / wieder
- **4** wiederholen / aufatmen / wiedervereinen(ig)en / umverteilen / Neuauflage / wieder verwenden, recyclen
- **5** erfriert / erzwingen / erwarten / erhebt, erniedrigt / erworben / Erklärung
- **6** overlijden / binnenrukken / wegvluchten / bedreigen / beginnen / leiden / krijgen
- **7** 1. hun 2. zijn 3. haar 4. Mijn / Onze 5. je 6. uw
- **8** 9 6 4 7 8 5 3 1
- **9** a. Er is nog ... / Er zijn ... / Dat is een groot succes / Dat leidt tot ... / De ambtednaren / ... opgericht / ... in de achttiende eeuw / ... het overwicht ... / ... de opvolger ...
  b. ... gestorben (overleden) / ... beliebt (geliefd)

## Les 8

DIE NIEDERLANDE UND BELGIEN NACH DEM KRIEG

1914 waren die Niederlande nicht von den deutschen Truppen angegriffen worden. Belgien dagegen entkam nicht den Gräueln des Ersten Weltkriegs. Nach dem Sieg im Jahre 1918 genoss die kleine Nation überall in der Welt viel Sympathie. Viele Länder halfen Belgien auch bei seinem Wiederaufbau.

Während des Zweiten Weltkriegs erging es den Niederlanden ganz anders. Unter anderem von der Bombardierung Rotterdams, der Judenverfolgung und dem Hungerwinter 1944 behielt der größte Teil der Bevölkerung ein tiefes Trauma zurück.

Während der ersten Nachkriegsjahre hatten die Niederlande eine große politische Einigkeit erlebt, mit Regierungen von Katholiken und Liberalen. Aber je mehr es zu verteilen gab und je mehr der Wohlstand zunahm, um so weniger blieb davon übrig. Die von der Sozialistischen Partei (Partei der Arbeit) propagierte Planwirtschaft stieß außerdem auf mehr Widerstand, weil sich erwies, dass diese im Widerspruch zu der starken Wirtschaftsexpansion stand. Ein wichtiger Faktor beim Wirtschaftswachstum war die Bevölkerungsexplosion in der zweiten Hälfte der vierziger Jahre. 1940 hatten die Niederlande ungefähr 8 Millionen Einwohner, 1949 wurde der zehnmillionste Niederländer in das Standesregister eingetragen, und 1965 war die Einwohnerzahl auf 12 Millionen angestiegen. Um den vielen jungen Leuten Arbeit zu geben, musste industrialisiert werden. Die Löhne blieben niedrig und die Niederlande konnten viel exportieren. Der Rotterdamer Hafen wuchs mit Europoort ins Meer hinein, und die niederländischen multinationalen Firmen Philips, Shell, Unilever, Akzo u.a. dehnten ihre Macht aus. Ein Glücksfall war auch die Entdeckung großer Gasmengen in der Provinz Groningen (Slochteren).

In Belgien verliefen die ersten Jahre nach dem Krieg nicht so friedlich. Bei der Bestrafung von Kollaborateuren kam es zu zahlreichen Exzessen, und die „Königsfrage“ – die Frage, ob Leopold III. weiter König bleiben könnte – führte zu einer tiefen Kluft in verschiedenen Bereichen von Gesellschaft und Politik. Leopold war 1944 bei dem Abzug des deutschen Heers mitgeführt worden und hielt sich nach der Kapitulation in der Schweiz auf. 1950 kehrte er nach Belgien zurück, aber ein Volksaufstand in Wallonien und Brüssel zwang ihn zur Abdankung.

In der internationalen Zusammenarbeit wurden beide Länder Vorreiter. Bereits 1945 hatten die Niederlande, Belgien und Luxemburg ein Zollabkommen miteinander abgeschlossen, 1958 unterzeichneten sie den Vertrag zur Errichtung der Wirtschaftsgemeinschaft Benelux, die schon bald zum Vorbild für die spätere Europäische Gemeinschaft (EG) und die Europäische Union (EU) wurde.

- **2**
  voorzetsel : tijdens
  voegwoorden : naarmate – omdat
  bijwoorden : overal – onder meer – almaar – heel anders – bovendien – daarentegen
  in te vullen :
  1. Tijdens 2. overal / Bovendien 3. Naarmate 4. almaar 5. heel anders 6. onder meer 7. daarentegen / omdat
- **3** hoog >< laag; weinig >< heel wat; hetzelfde >< verschillend; vrijwillig >< gedwongen; oorlogszuchtig >< vreedzaam; afnemen >< groeien; pech >< meevaller
- **4** 1. valt / meevaller / tegenvaller 2. viel / valt 3. aanvallend / aangevallen 4. aangevallen / aangrijpend
- **5** moest / moesten - kon / konden
- **6** 1. die / met wie 2. Wie / die / dat 3. die / Deze / Die 4. Tegen wie / Dit / die / die 5. deze
- **7** 1. Mag 2. kan / wil 3. Zal 4. moeten / hoeft
- **8** kwam – was – hielp – gaf – vond – had – hield – viel – deed – zei – bleef – bleek
- **9**
  1. Nee, het werd niet door de Duitse troepen aangevallen.
  2. Het grootste deel van de bevolking heeft er een trauma aan overgehouden.
  3. Aanvankelijk was er een grote politieke eensgezindheid.
  4. Nee, toen de welstand groeide, bleef daar niet veel van over.
  5. Nee, die bleek in strijd met de sterke economische expansie.
  6. Om de vele jonge mensen werk te geven.
  7. Omdat de lonen laag bleven.
  8. Ja, (er zijn grote hoeveelheden) in Slochteren, in de provincie Groningen.
  9. Die sloeg een diepe kloof op verschillende terreinen van maatschappij en politiek.
  10. Een douane-overeenkomst.

**Les 9**

DAS DREISPRACHIGE BELGIEN: KONFLIKTE UND KOMPROMISSE

Nach 1830 beherrschte die französischsprachige Aristrokratie Politik und Gesellschaft des unabhängigen Belgien. Erst am Ende des 19. Jahrhunderts erhielten die Niederländischsprachigen gewisse Sprachrechte. Auf Sekundar- und Hochschulwesen in ihrer eigenen Sprache mussten sie aber noch bis 1930 warten. In diesem Sprach- und Kulturkampf spielte die Flämische Bewegung eine wichtige Rolle.

Solange Kohle und Stahl Pfeiler der westlichen Wirtschaft waren, lag der belgische industrielle Schwerpunkt in Wallonien. Von den sechziger Jahren des 20. Jahrhunderts an profitierte Flandern mit seiner jüngeren Bevölkerung und seinen relativ billigen Arbeitskräften davon, dass die ausländischen Investitionen boomten. Es entstanden auch viele kleine und mittlere Unternehmen (KMU), und der Wohlstand nahm schnell zu. Seit den achtziger Jahren ist Flandern die reichste Region Belgiens und jährlich fließen etliche Milliarden Euro nach Wallonien.

Von einem wirklichen Sprachenkampf kann kaum noch die Rede sein, außer in den Randgemeinden von Brüssel, die zu Flandern gehören und in denen viele Französischsprachige wohnen. Die Zwietracht zwischen Niederländisch- und Französischsprachigen hat sich eher auf die wirtschaftliche Ebene verlagert. Der traditionelle Gegensatz zwischen konfessionell Gebundenen (Katholiken) und nicht religiös Orientierten („Freisinnigen") verliert an Bedeutung, weil die Kirche weniger Einfluss hat und der Glaube bei Wahlen so gut wie keine Rolle mehr spielt. Die Christliche Volkspartei, die 2000 in die Opposition verwiesen wurde, überlegt sogar, ob sie nicht lieber einen anderen Namen annehmen sollte, aus dem das C wegfallen sollte. Die klassische Säulenbildung bei Gewerkschaften und Krankenkassen (christlich / sozialistisch / liberal) besteht jedoch noch immer. Die Macht dieser Insti-tutionen, zusammen mit der von Parteivorständen, Standes- und Arbeitgeberorganisationen, durchkreuzt die belgische Politik ständig. Immer wieder müssen Kompromisse geschlossen werden, was einerseits viel Zeit und Geld kostet, andererseits aber verhindert, dass schlimmere Konflikte entstehen.

Dieses Kompromisssystem führt auch zu einer proportionalen Vertretung politischer Parteien in den Aufsichtsräten aller wichtigen öffentlichen Institutionen, wie beispielsweise des Flämischen Rundfunks und Fernsehens (VRT), der Staatlichen Belgischen Eisenbahngesellschaft (NMBS) und der von den Gemeinschaften verwalteten Universitäten. – Viele behaupten, dass Belgien nur dann existiert, wenn die Roten Teufel Fußball spielen, oder bei einem großen Radrennen, aber sie sehen auch ein, dass die überwältigende Mehrheit der Belgier keine andere Lösung sieht, als in einem starken Europa zusammen zu bleiben.

- **1** maar – Pas
- **2** nooit – soms – vaak – altijd
- **3** meer > < minder; werknemer > < werkgever; minderheid > < meerderheid; duur > < goedkoop; binnenland > < buitenland; arm > < rijk; hoger onderwijs> < middelbaar onderwijs maandelijks > < dagelijks / jaarlijks; privé > < openbaar; gelijkheid > < tegenstelling
- **4** veeleer – Vanaf – Behalve
- **5 sport :** wielerwedstrijd / voetbal
  **bedrijfswereld :** raad van bestuur / vakbond / KMO / arbeidskracht / werkgevers
  **politiek en maatschappij** : verkiezingen / ziekenfonds / verdeeldheid / partij / verzuiling / spoorwegen / gemeente
- **6 denken :** overwegen / beseffen
  **zeggen :** sprake zijn van / beweren
- **7** verwalten / fließen / verschieben / vertreten / proportional / durchkreuzen / mittlere, Mittel- / Seite / Lösung / Unterricht / billig / Eisenbahn / Schwerpunkt / Ebene
- **8** 1. ontstond 2. kreeg 3. lag 4. nam
- **9** 1. Waarover sluiten de Frans- en Nederlandstaligen compromissen ?

2. De verdeeldheid verschuift naar het economische vlak.
3. Ontstaan er veel KMO's ?
4. Krijgt ook Brussel geld van Vlaanderen ?

- **10** 1. ... af zal nemen 2. ... af moet wachten 3. ... mee mag gaan 4. ... over heeft gehouden 5. ... af moeten dwingen
- **11**
  1. De Franstalige aristocratie.
  2. Aan het eind van de negentiende eeuw.
  3. In de taal- en cultuurstrijd.
  4. Kolen en staal.
  5. Van een buitenlandse investeringsboom.
  6. Door zijn jongere bevolking en relatief goedkope arbeidskrachten.
  7. KMO's = Kleine en Middelgrote Ondernemingen.
  8. Vlaanderen is nu het rijkste gewest van België.
  9. In de randgemeenten van Brussel die bij Vlaanderen horen.
  10. Naar het economische vlak.
  11. Bij vakbonden en ziekenfondsen.
  12. In de raden van bestuur van (alle) belangrijke openbare instellingen.
  13. Een oplossing.
  14. Bij wielerwedstrijden bijvoorbeeld.

**De vraagwoorden zijn :**
Wie (*wer*) / wat / waar / waarin / waarvan / waardoor / wat / wanneer (*wann*) / hoe (*wie*)

## Les 10

IST DEUTSCH EINE SCHWIERIGE SPRACHE? – IST NIEDERLÄNDISCH EINE SCHWIERIGE SPRACHE?

Das für Anderssprachige so schwierige Wort *er* (soweit es nicht ein Substantiv ersetzt wie in *Ik heb er drie*) kann didaktisch am besten als Kurzform von *daar* eingeführt werden:

*Daar woont hij nog altijd.* >< *Hij woont er nog altijd.* (Da wohnt er noch immer. >< Er wohnt da noch immer.)

Auch als Teile pronominaler Adverbien können *daar* und *er* in dieser Weise präsentiert werden:

*Daar heb ik toch op gewezen.* >< *Ik heb er toch op gewezen.* (Darauf habe ich doch hingewiesen. >< Ich habe doch darauf hingewiesen.)

Im Gegensatz zum Deutschen ist die Trennung pronominaler Adverbien ganz normal.
Man kann sagen, dass die Schwierigkeiten des Niederländischen für Anderssprachige in anderen Dingen liegen als in einer umfangreichen Deklination. Und zu diesen Schwierigkeiten gehören einige verbale Endgruppen, u.a. die von soeben: *is gaan maken.* Wir haben offenbar mehr Hilfsverben, die einen Infinitiv bei sich haben können oder bei denen mehr Verben im Infinitiv stehen können. Gruppen wie *Ik sta hier maar te kletsen* und *Ik mocht hier komen spreken* haben im Deutschen kein direktes Äquivalent. Vielleicht denken wir alle:

*We hadden nog veel meer collega's een lezing moeten kunnen laten komen houden.* (Wir hätten noch viel mehr Kollegen herkommen lassen sollen, um einen Vortrag zu halten.)

Aber im Deutschen ging das nicht, weil *können müssen* einerseits und *halten kommen* nicht in dieser Weise zusammenpassen. Doch brauche ich den Satz mit den fünf Infinitiven von soeben – auch einige Niederländischsprachige werden ihn stilistisch vermutlich nicht so schön finden – nicht, um *weiterhin behaupten zu können,* dass die verbale Endgruppe im Niederländischen auf eine andere Weise schwer ist als die des Deutschen. Sie ist nämlich syntaktisch gleichzeitig sehr einfach und raffiniert. Das Hauptverb bleibt am Ende und die Hilfsverben werden dort in ihrer semantischen Hierarchie nach vorne geschoben:

*U laat me een lezing houden.* (Sie lassen mich einen Vortrag halten).
*U wou me een lezing laten houden.* (Sie wollten mich einen Vortrag halten lassen.)
*U hebt me een lezing willen laten houden.* (Sie haben mich einen Vortrag halten lassen wollen.)

Im Deutschen bleibt in einem vergleichbaren Hauptsatz die semantische Prädikatsgruppe *einen Vortrag halten* zusammen:

*Sie lassen mich einen Vortrag halten.*
*Sie wollten mich einen Vortrag halten lassen.*

Das Verb *lassen,* das durch die neue konjugierte Form *wollten* verdrängt wird, wechselt nach hinten.
Und dasselbe geschieht in:

*Sie hätten auch noch andere Kollegen einen Vortrag halten lassen wollen.*

Auf diese Weise wird der Infinitiv, der als letzter hinzugefügt wird, auch das letzte syntaktische Element in der deutschen Satzklammer. Für einen Deutschsprachigen ist das niederländische Vorschiebsystem schwieriger, weil er das Prädikat *lezing houden* nicht mehr hat und weil er bei der Konstruktion seine „vertraute Zange" nicht findet.

Hierüber wäre noch viel zu sagen, aber:

*Ik mag u echt niet langer laten zitten luisteren.* (Ich darf Sie wirklich nicht länger sitzen und zuhören lassen.)

- **1** + moeite – moeilijk + moeilijkheden – vermoeiend / moe
- **2** gebeurd – zover – kader – fraaie
- **3** a. misschien – waarschijnlijk – allicht – blijkbaar – zeker // b. geen / enkele / **sommige** / veel / alle // c. Manchmal ist nicht so oft wie oft, aber öfter als nie!
- **4** a. vooraan > < achteraan - over vijf minuten > < daarnet - gescheiden worden > < bij elkaar blijven - afzonderlijk > < tegelijk - naar voren > < naar achteren - ergens blijven wonen > < verhuizen // b. eenvoudig > < moeilijk - enerzijds > < anderzijds - anders > < vergelijkbaar - indirect > < rechtstreeks - met groot verschil > < op die manier - moeilijk > < (ge)makkelijk
- **5** nodig – kwijt – elkaar
- **6** a. Kun je morgen komen? > Zou je morgen kunnen komen? // b. ... , we zullen het moeten laten repareren. // c. Jan staat aan de tapkast op je te wachten. Die twee

liggen elkaar in het Auditorium Maximum te kussen. Gisteren zaten ze hier tijdens het hoorcollege te slapen.

- **7** a. Hierover zou nog veel te zeggen zijn. Daarvan kun je niet veel meer verwachten. Waarmee heb je die brief geschreven? // b. Heb je **er** nog iets over gehoord ? **Daar** kunnen we niets mee beginnen. Moet **er** vandaag nog opgebeld worden ? Ik heb **er** niet meer aan gedacht. Dat ziet **er** goed uit. // c. Hoeveel eet jij **er** morgenochtend ? Sinds vorig jaar hebben ze **er** drie. ... Nee, dank je, ik heb **er** al drie gehad.
- **8** a. overal **zou** ! / b. had / ging – was / hadden
- **9** - Verb / Hilfsverb
  Substantiv / Adjektiv
  Pronomen / Personalpronomen / Possessivpronomen / Relativpronomen / Demonstrativpronomen
  Adverb / Pronominaladverb
  Satz / Wortgruppe / verbale Endgruppe

# MODUL II

## Hoofdstuk 1
### inleidend deel

- **1.** woont – heeft – is – ligt – spreekt – kent – leert – begrijpt – zegt
  zoon – neef – Nederland – Duits – Nederlands –meisje – Vlaanderen – België – augustus
  samen met – op – al – op – Sinds – uit – en – niet – maar –
  van – dus – beetje – Daarom – nu ook – al – aardig – moeilijk –
  heel – zonder – duidelijk – absoluut
- **2.** Dat is Uta. Ze *heeft* een *neef* in Utrecht.
  Dat is Peter. Hij *kent* een *meisje* uit Antwerpen en hij *heeft* een *zusje* van zeventien.
  Dat is Joke. Ze *woont* in Antwerpen.
- **3.** *Mag* ik je morgen bellen ?
  Waar *kan* ik je dan bereiken ?
  Je *hoeft* niet absoluut te bellen, maar het *mag* natuurlijk. Ik *wil* ook zelf bellen, als het *moet.*
- **4.** bellen – uitnodigen – zeggen – lukken – antwoorden – vragen
- **5.** nummer – plezier – week – keer – tijd
- **6.** laat – uur – net – vanavond – gauw – thuis
- **7.** want – immers
- **8.** zelf – zelfs
- **9.** de telefoon – het nummer – de tijd – het uur – de week – het plezier

### hoofddeel

- **1.** heeft – kan – moet – zal – hoeft – mag – wil
- **2.** 1. lukken / 2. uitnodigen / 3. bellen / 4. weten / 5. spreken / 6. praten / 7. maken /

8. halen / 9. kiezen / 10. antwoorden / 11. herinneren / 12. kloppen - nakijken / 13. vragen

- **3.** de telefoon – de tijd – de woonkamer – het concert – de kast – het geluk – de vakantie – de trein – het station – het plezier – de week – de uitnodiging – het uur – de keer – de zin – de zaterdag
- **4.** woonkamer – telefoon – kast – concert – week – vakantie – zin – uitnodiging – trein – station – uur
- **5.** zelf – zelf – zelfs – zelfs / zelf – zelfs – zelf – zelf
- **6.** want – maar – maar – maar – want
- **7.** want – dus – want – Dus – want – dus – dus
- **8.** daar – er – er – daar – er – Daar

## Hoofdstuk 2
### inleidend deel

- **1.** de baas – het bedrijf – de klant – het standpunt – de medewerker – het inzicht
- **2.** baas – bedrijf – medewerkers – klant – standpunt
- **3.** helemaal – allemaal
- **4.** ongeduldig – vervelend – kwalijk – nieuw – zenuwachtig
- **5.** hem – haar – hun

### hoofddeel

- **1.** a. je – me – ik – je – je – Jij – jou – je – mij – haar – mijn
  b. uw – mij – uw
  c. zijn – haar
  d. zijn – haar – Haar – haar – haar – hun – haar – Haar – Hij – zijn
  e. hun – zijn – Onze – ons
- **2.** de hoek / de straat / het raam / de kant / de klant / het scherm / de boom
  het plan / het nadeel / het kind / de informatie / de firma / het blad
  het probleem / het ontwerp / de reclame / de opzet / het lawaai /
  hoeken / straten / ramen / kanten / klanten / schermen / bomen
  plannen / nadelen / kinderen / – / firma's / bladeren
  problemen / ontwerpen
- **3.** raam – kant – straat – hoek – kinderen – bladeren – bomen – lawaai
  firma – informatie – ontwerp – opzet
  plan – scherm – probleem – klant – reclame – nadeel
- **4.** vervelend – erg – zenuwachtig – rustig – klaar – aardig - betrouwbaar
- **5.** laat – straks – even – tevoren – daarna – Alvast
- **6.** erg – helemaal – aardig – best – minder – zo – echt – vrij
- **7.** over – naar – aan – door – op – op – over – Tot – voor – op
- **8.** Ik ben het er helemaal eens mee.
  Ik heb er geen tijd voor.
  Ik maak me er niet druk over.
  Ik wind me er niet over op.

## Hoofdstuk 3
### inleidend deel

- **1.** de trein – het station – de vertraging – de bus – de krant – de groet – de familie – de koffie – het kopje
- **2.** station – druk – laat – haasten – halen – wacht – vertraging – krant - even – bus – Hartelijk – alsof – blij – zin – Met – gaat – Iedereen – hartelijke – ouders – kopje koffie
- **3.** wachten – haasten – druk – halen – station – krant – bus – samen

### hoofddeel

- **1.** geweest – gehad – opgelet - omgeroepen
- **2.** kopen – haast – wacht – halen – let op
- **3.** de bagage – het kwartier – het loket – de boekhandel – de krant – het kopje – het uur – het tasje – de vetraging – de rij – de leeftijd – de jongeman – de koffie – de minuut – het jaar – de stationshal – het perron – de tas
- **4.** dit tasje – Dit jaar – Deze koffie – dit loket – dit uur – Deze krant
- **5.** vijftien minuten = een kwartier; dertig minuten = en half uur; vijfenveertig minuten = drie kwartier; zestig minuten = een uur; twaalf uur = een halve dag; vierentwintig uur = een hele dag; zesendertig uur = anderhalve dag
- **6.** perron – boekhandel – vertraging – kwartier – kopje – jongelui – rij – bagage
- **7.** een drukke straat – geen groot huis – Een goed half uur – een drukke dag – de hele tijd – mooi weer – geen zware koffers – een klein tasje – Een zwart tasje – een verstandig én een aardig meisje – een grote – Jonge dame – zwarte haren – Hartelijk welkom – onze lelijke bussen – hartelijke groeten – een lekker kopje koffie – lekkere koffie
- **8.** een mooie reis – geen zware koffers – een kleine tas – een late trein – een oude krant – het hele weekend – een ander nummer – zijn oude nummer
- **9.** druk – verstandig – begrijpelijk – gelukkig – mooi – lelijk – ver – uitstekende – triest – slechte
- **10.** op – over – naar – Rond – met - mee – bij – van – tegen – aan – naast
- **11.** Er staat een lange rij. – Het is er druk. – Jan koopt er een krant. – Er staan een paar jongelui (naast hem). – Je kunt er je bagage beter bij je houden. – Ze nemen er de bus. – Een half uur later zijn ze er.

## Hoofdstuk 4
### inleidend deel

- **1. verkeer:** lawaai – helikopter – file – politie – rijstrook – stuur – chauffeur
  **water:** haven – rivier – zee – oever – kust
- **2.** haven – zee – rivier – kust – oever – helikopter – chauffeur – file – stuur – politie – lawaai – rijstrook
- **3.** veilig – gevaarlijk – verstandig – moeilijk – belangrijk – begrijpelijk
- **4.** rechterkant – linkerkant – linkerhand – rechterhand – rechterkant

**hoofddeel**

- **1.** dames – chauffeurs – gevallen – dromen – auto's – wegen – nummerplaten – gaatjes – steden – rivieren
- **2.** Nederland – Belg – Engelse – Franse – Amerikaan – Duitsers
- **3.** een schoon hemd – Vuile hemden – Een lieve glimlach – mooi weer – een blauwe tandenborstel of een gele – een relatief grote stad – een klein tasje – goede reis – witte nummerplaten – met rode cijfers
- **4.** Ga je – ik rijd – vertrekken – halen – kijken – vliegen – schiet ... op – aarzelen
- **5.** gekregen – beloven – duurt – gebruiken – raak – stopt – zie – stapt ... uit – afzet – instappen – stopt
- **6.** wit – geel – blauw – groen – rood – zwart – oranje – grijs – paars – roze
- **7.** van – voor – naar – met – voor – om – van – tot – Naar – Op – uit – van – in – Bij – met – buiten

## Hoofdstuk 5

**inleidend deel**

- **1.** a. het brood – de kaas – het vlees – de vis – de jam // b. confituur // c. de lepel – de vork – het mes
- **2.** aan tafel – uit de keuken – voor – zonder
- **3.** vanochtend / vanmorgen – 's avonds – 's middags – 's ochtends – vannacht – vanochtend / vanmorgen
- **4.** altijd – bijzonder – meestal – trouwens – Eigenlijk – gewoon

**hoofddeel**

- **1.** was – geweest – Waren – hadden – afgelegd – had
- **2.** **Vroeg** ze dat ? – Waar **stond** dat ? – **Wist** je dat nog niet ?<br>Ja, maar Koos **wou** niet mee. – Nee, ik **kon** echt niet.<br>Ja, voor hem **was** het best. – Nee, het **hoefde** niet.
- **3.** de structuur – het systeem – de studie – de lifter<br>de studieduur – de smaak – het probleem – het cijfer<br>het diploma – de moeite – het verschil – de titel<br>het resultaat – het geval – de band – de arts
- **4.** het syst**ee**m – het result**aa**t – het probl**ee**m – de struct**uu**r<br>de m**oei**te – het diplom**a** – de studied**uu**r – de sm**aa**k<br>het c**ij**fer – het v**a**k – het programm**a** – de n**aa**m<br>r**aa**r – m**oo**i – ser**ieu**s – gr**aa**g – w**aa**rd – v**a**st – bl**ij**
- **5.** problemen – examens – vakken – cijfers – jaar – verschillen – structuren – Systemen – generaties – keer – auto's – chauffeurs – ingenieurs
- **6.** raar > < gewoon – moeilijk > < makkelijk – soepel > < strak – volgende > < vorige – vast > < los – streng > < tolerant
- **7.** belangrijk / serieus – blij / vrolijk – charmant / vriendelijk – plat / vlak – jaarlijks / maandelijks

- **8.** de langste – langer – de hoogste – hoger – meer of minder – veel meer – mooier – het mooiste – liever – het liefst – lekkerste
- **9.** na – op – voor – binnen – tussen – behalve – in – naar

## Hoofdstuk 6
### inleidend deel

- **1.** werken – wonen – komen – proberen – helpen – halen – vinden – blijven – kopen – gaan
- **2.** gesloten
- **3.** afwijken
- **4.** pensioen – pint – grappen – kwalijk – doorgaan
- **5.** boven – beneden – naar boven – naar beneden
- **6.** naar boven – naar beneden
- **7.** in de mijn = plaats / de mijn in = richting
  de mijn in – hun tuin in
- **8.** Vroeger – Toen – altijd – pas – Nu – Soms – meteen -

### hoofddeel

- **1.** vond – wist – lag – vroeg – kwam – hielp – viel – kocht – dacht
- **2.** gerookt – gewacht – gegaan – gekozen
- **3.** verkozen – wisten – moest – kwam – gaf – werd – nam
- **4.** kathedraal – toren – stadhuis – standbeeld – eeuw – wijk – haven - buurt
- **5.** jongelui – schepen – gebreken – containers – mijnwerkers – steden
- **6.** kusje – grapje – wandelingetje – luchtje – huisje – pintje – bolleke – mosseltjes – frietjes
- **7.** Volgens – bij – tegen – om – van – met – van – uit – voor – tot

## Hoofdstuk 7
### inleidend deel

- **1.** gesteld – gesolliciteerd – gekregen – ontvangen – gekozen – toegestuurd – gegeten gewend – belegd – gebleken
- **2.** het aantal – het voordeel – het formulier – het verschil – het nieuws
- **4.** deelnemers – seminars – excursies – kamers – commissies
- **5.** vanzelfsprekend – positief – eigen – aankomend
- **6.** geregeld – daarentegen – weliswaar - vaak – immers – uiteraard
- **7.** allebei – ieder – iedereen
- **8.** zoals – sinds – hoewel
- **9.** al – maar – maar

### hoofddeel

- **1.** zal – moet – moet – zal – Zullen
- **2.** had – was – Had – Hadden – was – had – was – had
- **3.** doorrijden – afslaan – draaien – vertrokken – zou – zal – moet
- **4.** opschieten – vertrekken – vergeten – begrepen – onthouden – instappen – genomen – zwaaien

- **5. de** auto en **het** verkeer : autowegen – vrachtwagens – files – tunnels – knooppunten – rotondes
- **6.** notoir – leuk – verkeerd – serieus – blij – verschillend – opgetogen – moeilijk – 'Geweldig' – absoluut

## Hoofdstuk 8

### inleidend deel

- **1.** het feest – het terras – het programma – de koorts
  de ochtend – de hoofdpijn – het geval – de keel
- **2.** terrasjes – programma's – aspirines – gelegenheden
- **3.** Toen – nadat
- **4.** het best – Het liefst
- **5.** ziek – koorts – verkouden – keelpijn – hees – hoofdpijn
- **6.** gevierd – afscheidsfeest – gekraakt – doorgezakt – opgebleven – bang voor – ochtend – komt ... op hetzelfde neer – Zo'n gelegenheid – klok rond – hoentje

### hoofddeel

- **1.** beteren – zeuren – duren – kloppen– doen – slaan – geraken
- **2.** oversteken – ophouden – overtuigen – opdoen

## Hoofdstuk 9

### inleidend deel

- **1.** zuinig – jarig – eettentje – vochtig – vertalinkje / wandelingetje
  Nee, want niemand van hen lust geen champagne – in plaats van

### hoofddeel

- **1.** blijven zitten praten – moeten leren zwijgen
- **2.** Ik zou naar de stad moeten. – Zou dat kunnen? – Zouden ze straks komen?

## Hoofdstuk 10

### inleidend deel

de zetel – de vergadering / de lidstaat / om beurten / de stadswijk / de samenstelling / meningsverschillen / belangrijk / het lawaai / dreigen / De Europese Raad kom bijeen.

### hoofddeel

- **1.** de loodgieter – de tolk – een airhostess – een kunstenaar / kunstenares – academicus
- **2.** delokalisering = b.v. een fabriek verplaatsen (meestal naar een land waar de lonen lager zijn – werkgelegenheid exporteren = 'jobs' naar het buitenland verplaatsen, het gevolg van 'delokalisering' – vakbond = dt. 'Gewerkschaft' / engl. 'Union' / fr. Syndicat – strategisch denken = op lange termijn plannen – een lagelonenland = land waar de lonen van arbeiders laag zijn / waar arbeiders minder verdienen – een decennium =

periode van tien jaar – receptieve taalvaardigheid = het begrijpen van gesproken en / of geschreven taal – tolk spelen = mondeling vertalen

- **4.** België → Brussel / Bulgarije → Sofia / Cyprus → Nicosia / Denemarken → Kopenhagen / Duitsland → Berlijn / Estland → Tallin / Finland → Helsinki / Frankrjk → Parijs / Griekenland → Athene / Hongarije → Boedapest / Ierland → Dublin / Italië → Rome / Letland → Riga / Litouwen → Vilnius / Luxemburg → Luxemburg / Malta → Valetta / Nederland → Amsterdam / Oostenrijk → Wenen / Polen → Warschau / Portugal → Lissabon / Roemenië → Boekarest / Slovakije → Bratislava / Slovenië → Ljubljana / Spanje → Madrid / Tsjechië → Praag / Verenigd Koninkrijk → Londen / Zweden → Stockholm

# MODUL III

## Blok 1

### Tekst 1

- **2.** verschil – hersenen – spieren – afgesplitst – kwaadspreker – verhaal – stotteren – woord ... uitbrengen – olifant – stelling – reeks

### Tekst 2

- **1.** (links) ouders – leeftijd – voldoende – opgroeien – achterstand – pas
  (rechts) woordvolgorde – bijzin – onrustig – ongerust – in orde komen – door elkaar gooien
- **3.** Dat kan geen kwaad. / Dat is van het grootste belang. / Ja, het kind kan twee taalsystemen van elkaar scheiden. / Hij gooit de woordvolgorde door elkaar.
- **4.** worstelen – verdwalen – blootstellen
- **5.** schließlich (= endlich) / schließlich (= immerhin)

## Blok 2

### Tekst 1

- **1.** meinen – bestimmen – zeigen
  erklären – lähmen – verrenken, zerrütten – erhöhen – steigern
  gebürtig – gruselig, schaurig – allmählich – danach, weiter – tatsächlich
- **2.** prikkel – monster – stopcontact
  kunstmatig – onaangenaam – zonder twijfel
  langzaam – als het ware

### Tekst 2

- **1.** traurig / geeignet
- **2.** keuze / plezier / behoefte
  gebruiken / besteden / spijbelen / stellen / betogen

### Tekst 3

- **1.** (un)abhängig: im Deutschen liegt die Betonung auf der ersten Silbe, im Niederländischen auf dem *a* von ...hank... / Lösung: nicht "Auflösung" / Drohung / Gewohnheit / verkünden: nicht "verkündigen" / glaubwürdig: im Deutschen liegt die

Betonung auf der ersten Silbe, im Niederländischen auf dem *aa* von ...waardig / früh / Gleichgewicht / jeder: nicht "jeder einer"

- **2.** völlig / Ziel(setzung) / voraussetzen / sprudelnd, schäumend / einig, einzig, einfach / nur / sich trauen, wagen

## Blok 3

### Tekst 1

- **1.** unparteiisch / benachteiligen / gerecht, angemessen / errichten
- **3.** op hun beurt = ihrerseits – aan de beurt zijn = an der Reihe sein / zijn beurt afwachten = warten, bis man an die Reihe kommt / om de beurt = der Reihe nach, abwechselnd
- **4.** ähnlich

### Tekst 2

- **2.** plötzlich / gründlich / abwesend / besonders / doppelt / Kollege(n) / Bilanz
- **3.** Auszug / Maßnahme / Funktionstrennung / gegensätzlich / Bankkonto / Kostennachweis
- **4.** offenbar / oft / außer / während / wer auch immer
- **5.** Loch / Miete
  lasch / zuständig, Zuständigkeit / sachverständig, Sachverständige(r)
  genehmigen / enttäuschen / ausstellen / ausweisen / abgrenzen / entlassen / zwischenzeitlich

## Blok 4

### Tekst 2

- **1.** vernehmen, verhören / erreichbar, Erreichbarkeit / eintauschen / (sich) fortbewegen / Ehescheidung / zur Verfügung stellen
- **2.** nauwelijks / uiteraard / trotseren / anders uitdraaien
- **3.** zeuren
- **4.** overspannen
- **6.** openbaar vervoer / onderweg / file / veiligheid / industrieterreinen / traject / onderdelen

### Tekst 3

- **2.** Geschenk, Spende / medicijn (= Medizin, Arzneimittel), medicijnen (= 1. Arzneimittel (Plural) 2. Medizin (Wissenschaft, Studienfach))
- **3.** Patent / groß angelegt / zusammenbrechen / fast
- **4.** Dat is de kern van het probleem.
- **5.** Hiermee is het probleem niet verholpen.
- **6.** schuldenlast / basisvoedsel / termijn / dalen / storten / medicijnen

## Blok 5

### Tekst 1

- **4.** bestrijden = bekämpfen / betekenen = bedeuten
- **5.** im Kielwasser von ...

- **6.** bloemkool / ham / garnalen
- **7.** schrappen / Je ziet of hoort niets meer. / Alle argumenten worden weerlegd.
- **8.** voedsel = Nahrung / voeding = Ernährung

## Blok 6

**Tekst 2**

- **1.** duurzaam / magnetron / ophalen / afval / doen / overheid / alsnog / streep / desnoods / gespannen

**Tekst 3**

- **1.** inzittenden / hoofdsteun / borg / ontegenzeglijk / achterbank / lawaai / brandstof / hand / prestatie / moeite

## QUELLENVERZEICHNIS

Wir danken den Personen, Institutionen, Unternehmen und Verlagen, die den Abdruck von Texten und Abbildungen genehmigt haben, die in dieser Auflage erscheinen.

Allgemeine Quellen:


- Arntz, Reiner (1999): *Passive Mehrsprachigkeit: Eine Chance für die „kleinen" Sprachen Europas.* In: Kischel, G./Gothsch, E. (Hrsg.) (1999), S. 101-114
- Arntz, Reiner/Ré, Andrés (2007): *Kontrastsprache Portugiesisch: Ein neuer Weg zum Portugiesichen auf der Grundlage des Spanischen.* Wilhelmsfeld: Gottfried Egert Verlag
- Arntz, Reiner/Wilmots, Jos (2002): *Kontrastsprache Niederländisch – ein neuer Weg zum Leseverstehen.* Hildesheim: Hildesheimer Universitätsschriften, Band 10
- Blanche - Benveniste, Claire et al. (ed.) (1997) : *Eurom4 – Apprentissage Simultané de Quatre Langues Romanes.* La Nuova Italia Editrice : Scandicce (Firenze)
- Bodmer, Frederick (1943): *The Loom of Language, London: Allen & Unwin; dt. Ausgabe: Die Sprachen der Welt* (1997) Köln: Parkland
- Cavagnoli, Stefania / Veronesi, Daniela (1997): *Glottodidattica settoriale modularizzata per gruppi specifici: L' italiano per giuristi ed economisti.* Bolzano: Accademia Europea Bolzano.
- Hufeisen, Britta (2002): *Concepts of Multilingualism in the Germanic Languages – Statt einer Einleitung.* In: Kischel, G. (Hrsg.) (2002), S. 199
- Kischel, Gerhard (Hrsg.) (2002): *EuroCom – Mehrsprachiges Europa durch Interkomprehension in Sprachfamilien.* Hagen: Fernuniversität
- Kischel, Gerhard/Gothsch, Eva (Hrsg.) (1999): *Wege zur Mehrsprachigkeit im Fernstudium.* Hagen: Fernuniversität
- Klein, Horst G. (1999): *Von der Intercomprehension zur Eurocomprehension am Beispiel der romanischen Sprachen.* In: Kischel, G./Gothsch, E. (Hrsg.) (1999), S. 53-66
- Klein, Horst G./Stegmann, Tilbert D. (2000): *EuroComRom – Die sieben Siebe: Romanische Sprachen sofort lesen können.* 3., korr. Auflage. Aachen: Shaker
- Wandruszka, Mario (1969): *Sprachen, vergleichbar und unvergleichlich.* München: Fink
- Zybatow, Lew (2002): *Slawistische Interkomprehensionsforschung und EuroComSlav.* In: Kischel, G. (Hrsg.) (2002), S. 357-371

Quellen der Texte im Modul 3:

- S. 154: Autor: Jos Wilmots
- S. 157: Hijmans, A. / vanden Tweel, H. (Hrsg.) (1990): Van functies, fractals en fobieën, S. 53f
- S. 161: Hijmans, A. / vanden Tweel, H. (Hrsg.) (1990): Van functies, fractals en fobieën, S. 14f
- S. 163: Wilma de Rek *in* de Volkskrant (Amsterdam), 19.05.01
- S. 166: Erik Verreet *in* De Financieel-Economische Tijd (Antwerpen), 2.6.01
- S. 175: Hans Wilmots
- S. 180: De Financieel-Economische Tijd (Antwerpen), 2.6.01
- S. 183: J.L. Heldring *in* NRC Handelsblad (Rotterdam), 19.05.01
- S. 185: De Standaard (Brüssel) Luc Coppens, 12./13.05.01
- S. 188: Stefaan Declercq *in* OXFAM-Nieuws (Brüssel), Nr. 120/2001
- S. 192: Jeroen Trommelen *in* NRC Handelsblad (Rotterdam), 19.5.01
- S. 195: Jeroen Trommelen *in* De Volkskrant (Amsterdam), 19.5.01
- S. 198, 199 und 200: Algemeen Dagblad (Amsterdam), 19.5.2001
- S. 201: Dirk van Delft *in* NRC Handelsblad (Rotterdam), 19.5.01
- S. 204: De Telegraaf (Amsterdam), 20.7.01

Abbildungen:

S. 6 A. Ré / S. 7 A. Ré / S. 14 R. Arntz / S. 18 A. Ré / S. 70 J. Wilmots; NMBS; Nederland Spoorwegen / S. 71 R. Midderhoff / S. 83 A. Ré / S. 89 J. Wilmots / S. 97 A. Ré / S. 106 J. Wilmots / S. 115 www.bancodasfotos.br / S. 124 J. Wilmots / S. 133 J. Wilmots / S. 141 J. Wilmots / S. 146 A. Ré

In einigen Fällen ist es uns trotz intensiver Bemühungen nicht gelungen, einen Kontakt zu den berechtigten Personen bzw. Institutionen herzustellen.